Model, Algorithm, Application of Information Dissemination in Online Social Networks

# 社交网络信息传播模型、算法及应用

朱建明 ◎著

**图书在版编目（CIP）数据**

社交网络信息传播模型、算法及应用 / 朱建明著.
北京：机械工业出版社，2025.2（2025.7重印）.
ISBN 978-7-111-77154-8

Ⅰ．G206

中国国家版本馆CIP数据核字第20240M6X97号

机械工业出版社（北京市百万庄大街22号　邮政编码100037）
策划编辑：刘　慧　　　　　　　　　责任编辑：刘　慧
责任校对：孙明慧　李可意　景　飞　责任印制：张　博
北京建宏印刷有限公司印刷
2025年7月第1版第2次印刷
186mm×240mm・14.75印张・282千字
标准书号：ISBN 978-7-111-77154-8
定价：79.00元

电话服务　　　　　　　　　　网络服务
客服电话：010-88361066　　　机　工　官　网：www.cmpbook.com
　　　　　010-88379833　　　机　工　官　博：weibo.com/cmp1952
　　　　　010-68326294　　　金　书　网：www.golden-book.com
封底无防伪标均为盗版　　　　机工教育服务网：www.cmpedu.com

# 前　言

在信息技术迅猛发展的当下，社交网络已经成为人类社会的重要组成部分。它不仅是人们交流沟通的平台，更是信息传播、舆论形成、社会影响力扩散的关键途径。社交网络的广泛应用对政治、经济、文化等诸多领域产生了深远的影响，研究社交网络的结构特征、信息传播机制及其社会影响已成为学术界的重要课题。

信息和影响力在网络中传播的研究是典型的交叉学科研究领域，涉及计算机科学、复杂网络、统计物理学、概率论、社会学、心理学、管理科学等多个学科。研究者从不同学科视角对信息传播和影响力扩散的各个方面进行探讨。本书主要从计算机科学的角度出发，介绍有关网络信息传播及其影响力的研究成果，同时介绍相关复杂网络领域的研究进展和实际应用。

本书主要围绕社交网络信息传播的模型、算法和应用进行阐述。首先，我们介绍信息传播的基本模型。接着探讨在这些模型基础上的主要优化问题及对应的算法，并进一步介绍各种扩展模型及相关的优化算法。最后，本书将通过多个实际案例展示这些模型和算法在数字营销、舆情分析、公共健康传播等领域的应用。这些应用案例不仅体现了理论的实用价值，也为读者提供了将研究成果应用于实际问题的宝贵经验和见解。通过对模型、算法和应用的全面介绍，读者将能够系统地理解信息传播研究的多维度内容及其在不同领域中的广泛应用。

书中不仅介绍了社交网络相关理论基础，还结合实际应用场景，分析了不同类型社交网络中的信息传播特点和规律。理论分析和实证研究相结合的方法，不仅增强了内容的科学性和可读性，也为实际应用提供了有力支持。特别是在最后一章展望了社交网络研究的未来发展趋势，提出了一些前沿研究问题，为读者提供了进一步研究的方向。

本书共八章，内容涵盖了社交网络的基本概念、信息传播模型、影响力估计、网络结构特征及其影响等方面。第 1 章概述社交网络的基本概念，社交网络的图论表示、结构特征、相关理论工作，以及社交网络中负面信息的影响范围及传播机制。通过这一章，读者将初步了解社交网络的基本面貌、网络的内在结构及其对信息传播和社会互动的影响，理解其与现实社会互动的独特之处。第2章探讨社交网络信息传播的理论基础。信息传播模型可帮助读者理解和预测信息在社交网络中的传播方式和传播效果。通过模拟信息在网络中的传播过程，可以识别关键影响节点，优化传播策略，并预测信息扩散的范围和速度。本章不仅详细介绍了几种经典的信息传播模型，还引入了几种新颖的传播模型，探讨这些模型的应用和发展。第3章聚焦于信息传播影响力的估计。信息传播影响力估计主要研究如何量化信息在网络中的传播效果，即在给定的传播模型和初始条件下，如何计算某条信息能够影响的节点数量。这一问题在不同的传播模型下表现出不同的复杂性。由于在线网络中的信息传播过程是一个随机过程，其目标函数是一个离散的集函数，因此，第4章深入探讨集函数在社交网络信息传播研究中的应用，介绍集函数的基本性质及其在不同传播模型中的表现，并探讨这些性质对信息传播的影响。在社交网络中，信息传播的复杂性和不确定性对传播影响力的精确计算提出了挑战，抽样近似方法成为解决大规模信息传播问题的重要手段。第5章将探讨这些方法的理论基础和应用实例，重点分析如何在不确定条件下优化信息传播模型，以提供更有效的解决方案。第6章重点探讨信息传播相关问题的计算复杂度，并介绍几种近似算法。通过分析这些算法的近似性、复杂度以及实际效果，可以优化信息传播机制，提升整体算法效果，以期为解决大规模网络问题提供有效途径。第7章将聚焦社交网络信息传播研究在实际中的多种应用。信息传播模型和算法不仅在理论上具有重要价值，在实际应用中也展现了巨大的潜力和广泛的应用场景。我们将通过具体案例展示如何将前述理论和方法应用于数字营销、舆情分析、公共健康传播等领域。这些应用案例不仅展示了信息传播理论和方法在实际问题中的解决能力，还为未来的研究提供了丰富的实战经验和启示。通过这一章的学习，读者将能够更加全面地理解信息传播研究的实际价值和广阔前景，同时学习将理论应用于实践的宝贵经验。第8章展望未来社交网络研究的发展趋势，提出了一些前沿研究问题，如异构社交网络信息传播模型研究和动态网络演化模型研究等。希望这一章能够启发读者对未来研究方向的思考，推动社交网络研究领域的持续创新。

在本书的写作过程中，倪培昆、朱晓平、高玉昕、戴佳伶、李润芝、李元、李文钰、李育涛、孙平平、陈璐、徐珍旎、雷鸣、黎晓威、杨俊豪、尹弘毅、张万里等同学做出了重要的贡献，黄钧教授和王国庆教授给予了大力支持。感谢我的女儿朱羽萱提供的有趣插图，以及朱晓平同学对图片的润色。

本书的出版得到国家自然科学基金项目"群组效应下虚假信息传播机理与最优干预策略研究"（No.72074203）的支持，在此表示感谢。

希望通过本书，读者能够深入理解社交网络的复杂性和多样性，掌握信息传播的规律和机制，熟悉相关的数学模型，进一步推动社交网络研究的深入发展。

# 目　录

前言

## 第1章　社交网络概述 ……………… 1

1.1　社交网络与在线社交网络 ……… 1
　1.1.1　社交网络 ………………… 1
　1.1.2　在线社交网络 ……………… 3
1.2　社交网络分析的理论与相关
　　　工作 ……………………………… 6
　1.2.1　社交网络分析研究方向 …… 8
　1.2.2　社交网络分析研究方法 …… 14
1.3　在线社交网络的表示 …………… 20
　1.3.1　图论 ………………………… 20
　1.3.2　图论分析社交网络的优势 … 29
　1.3.3　图论模型：节点与边的
　　　　　表示形式 ………………… 29
1.4　在线社交网络结构特征 ………… 30
　1.4.1　规则网络 …………………… 31
　1.4.2　随机网络 …………………… 31
　1.4.3　复杂网络 …………………… 32
　1.4.4　社交网络的节点中心性 …… 33
　1.4.5　群组 ………………………… 38
　1.4.6　超图 ………………………… 44
1.5　在线社交网络中的负面信息 …… 46
　1.5.1　负面信息的影响 …………… 47
　1.5.2　负面信息的传播机制 ……… 48
　1.5.3　研究意义 …………………… 49
1.6　本章小结 ………………………… 49

## 第2章　信息传播模型 ……………… 51

2.1　独立级联模型 …………………… 51
2.2　线性阈值模型 …………………… 54
2.3　传染病模型 ……………………… 58
　2.3.1　SI 模型 ……………………… 58
　2.3.2　SIS 模型 …………………… 58
　2.3.3　SIR 模型 …………………… 59
　2.3.4　SEIR 模型 ………………… 60
2.4　触发模型 ………………………… 61
2.5　渗流模型 ………………………… 63
2.6　竞争线性阈值模型与竞争独立
　　　级联模型 ………………………… 65
　2.6.1　竞争线性阈值模型 ………… 65
　2.6.2　竞争独立级联模型 ………… 68
　2.6.3　基于竞争独立级联模型下
　　　　　的竞争影响最大化问题 …… 71
2.7　通用阈值模型与通用级联
　　　模型 ……………………………… 71
2.8　本章小结 ………………………… 74

## 第3章　信息传播影响力的估计 …… 75

3.1　影响力估计的复杂性 …………… 75
3.2　反向影响集抽样方法 …………… 76
　3.2.1　反向影响集抽样算法 ……… 77
　3.2.2　竞争传播过程中的反向
　　　　　影响集构造 ………………… 79
　3.2.3　抽样复杂度分析 …………… 80

3.3 分布式抽样技术 ⋯⋯⋯⋯⋯⋯⋯ 80
   3.3.1 分布式抽样算法 ⋯⋯⋯⋯⋯ 81
   3.3.2 抽样复杂度分析 ⋯⋯⋯⋯⋯ 88
3.4 图神经网络的影响力估计 ⋯⋯⋯ 89
   3.4.1 图神经网络 ⋯⋯⋯⋯⋯⋯⋯ 89
   3.4.2 算法设计 ⋯⋯⋯⋯⋯⋯⋯⋯ 91
3.5 本章小结 ⋯⋯⋯⋯⋯⋯⋯⋯⋯⋯ 93

## 第4章 集函数的性质 ⋯⋯⋯⋯⋯ 94
4.1 次模函数定义及优化方法 ⋯⋯⋯ 94
   4.1.1 次模函数定义 ⋯⋯⋯⋯⋯⋯ 95
   4.1.2 贪心算法 ⋯⋯⋯⋯⋯⋯⋯⋯ 96
   4.1.3 模性定义 ⋯⋯⋯⋯⋯⋯⋯⋯ 98
   4.1.4 超模性定义 ⋯⋯⋯⋯⋯⋯⋯ 98
4.2 非次模函数优化 ⋯⋯⋯⋯⋯⋯⋯ 99
   4.2.1 次模比的定义 ⋯⋯⋯⋯⋯⋯ 99
   4.2.2 曲率的定义 ⋯⋯⋯⋯⋯⋯⋯ 100
   4.2.3 集函数的连续化 ⋯⋯⋯⋯⋯ 101
   4.2.4 非次模函数的优化方法 ⋯⋯ 102
   4.2.5 非次模函数优化的实际
        应用 ⋯⋯⋯⋯⋯⋯⋯⋯⋯ 103
4.3 本章小结 ⋯⋯⋯⋯⋯⋯⋯⋯⋯⋯ 105

## 第5章 抽样近似性 ⋯⋯⋯⋯⋯⋯ 107
5.1 蒙特卡罗仿真 ⋯⋯⋯⋯⋯⋯⋯⋯ 107
5.2 近似算法 ⋯⋯⋯⋯⋯⋯⋯⋯⋯⋯ 108
   5.2.1 近似算法 AA ⋯⋯⋯⋯⋯⋯ 108
   5.2.2 停止规则算法 ⋯⋯⋯⋯⋯⋯ 109
5.3 下界 ⋯⋯⋯⋯⋯⋯⋯⋯⋯⋯⋯⋯ 110
5.4 证明 ⋯⋯⋯⋯⋯⋯⋯⋯⋯⋯⋯⋯ 111
   5.4.1 证明的准备工作 ⋯⋯⋯⋯⋯ 111
   5.4.2 停止规则定理的证明 ⋯⋯⋯ 113
   5.4.3 AA 定理的证明 ⋯⋯⋯⋯⋯ 114
   5.4.4 下界定理的证明 ⋯⋯⋯⋯⋯ 115
5.5 本章小结 ⋯⋯⋯⋯⋯⋯⋯⋯⋯⋯ 118

## 第6章 复杂度分析与算法近似性 ⋯ 120
6.1 复杂度分析中的基本概念 ⋯⋯⋯ 120
   6.1.1 P 问题 ⋯⋯⋯⋯⋯⋯⋯⋯⋯ 121
   6.1.2 NP 问题 ⋯⋯⋯⋯⋯⋯⋯⋯ 121
   6.1.3 NP 完全问题 ⋯⋯⋯⋯⋯⋯ 121
   6.1.4 NP 难问题 ⋯⋯⋯⋯⋯⋯⋯ 121
6.2 信息传播问题中的复杂度
    分析 ⋯⋯⋯⋯⋯⋯⋯⋯⋯⋯⋯ 122
6.3 信息传播问题中求解算法的
    近似性 ⋯⋯⋯⋯⋯⋯⋯⋯⋯⋯ 124
   6.3.1 贪心算法求解近似性 ⋯⋯⋯ 125
   6.3.2 三明治算法求解近似性 ⋯⋯ 126
   6.3.3 集函数分解算法求解
        近似性 ⋯⋯⋯⋯⋯⋯⋯⋯ 126
6.4 本章小结 ⋯⋯⋯⋯⋯⋯⋯⋯⋯⋯ 128

## 第7章 应用 ⋯⋯⋯⋯⋯⋯⋯⋯⋯ 130
7.1 从众效应下的影响力最大化
    问题 ⋯⋯⋯⋯⋯⋯⋯⋯⋯⋯⋯ 130
   7.1.1 问题背景 ⋯⋯⋯⋯⋯⋯⋯⋯ 130
   7.1.2 模型构建 ⋯⋯⋯⋯⋯⋯⋯⋯ 131
   7.1.3 理论分析 ⋯⋯⋯⋯⋯⋯⋯⋯ 132
7.2 社交网络群组影响力最大化
    问题 ⋯⋯⋯⋯⋯⋯⋯⋯⋯⋯⋯ 138
   7.2.1 问题背景 ⋯⋯⋯⋯⋯⋯⋯⋯ 138
   7.2.2 模型构建 ⋯⋯⋯⋯⋯⋯⋯⋯ 139
   7.2.3 理论分析 ⋯⋯⋯⋯⋯⋯⋯⋯ 140
7.3 社交网络中群组影响力收益
    最大化问题 ⋯⋯⋯⋯⋯⋯⋯⋯ 144
   7.3.1 问题背景 ⋯⋯⋯⋯⋯⋯⋯⋯ 144
   7.3.2 模型构建 ⋯⋯⋯⋯⋯⋯⋯⋯ 144
   7.3.3 理论分析 ⋯⋯⋯⋯⋯⋯⋯⋯ 145
7.4 社交网络中谣言源不确定情形
    下的鲁棒控制问题 ⋯⋯⋯⋯⋯ 147
   7.4.1 问题背景 ⋯⋯⋯⋯⋯⋯⋯⋯ 147

7.4.2　模型构建 …………… 148
　7.4.3　理论分析 …………… 151
7.5　社交网络中谣言源不确定情形
　　　下的随机优化控制问题 ……… 154
　7.5.1　问题背景 …………… 154
　7.5.2　模型构建 …………… 155
　7.5.3　理论分析 …………… 156
7.6　社交网络回音壁效应分析与
　　　影响力最大化问题 …………… 157
　7.6.1　问题背景 …………… 157
　7.6.2　模型构建 …………… 158
　7.6.3　理论分析 …………… 161
　7.6.4　算法设计 …………… 163
7.7　虚假信息交互量最小化问题 … 165
　7.7.1　问题背景 …………… 165
　7.7.2　模型构建 …………… 166
7.8　虚假信息群组回音壁效应
　　　最小化问题 …………………… 168
　7.8.1　问题背景 …………… 168
　7.8.2　模型构建 …………… 168
7.9　虚假信息跨虚实交互网络传播
　　　最小化问题 …………………… 169
　7.9.1　问题背景 …………… 169
　7.9.2　模型构建 …………… 170
7.10　虚实交互社交网络中竞争虚假
　　　　信息关注度最小化问题 …… 171
　7.10.1　问题背景 ………… 171
　7.10.2　模型构建 ………… 172
7.11　社交网络中虚假信息多源头
　　　　溯源问题 …………………… 173
　7.11.1　问题背景 ………… 173
　7.11.2　模型构建 ………… 173
7.12　动态社交网络中虚假信息

　　　　多源头溯源问题 …………… 176
　7.12.1　问题背景 ………… 176
　7.12.2　模型构建 ………… 177
7.13　有符号在线社交网络中净正面
　　　　交互信息量最大化问题 …… 178
　7.13.1　问题背景 ………… 178
　7.13.2　模型构建 ………… 180
　7.13.3　理论分析 ………… 183
7.14　基于马尔可夫链的谣言动态
　　　　传播问题 …………………… 185
　7.14.1　问题背景 ………… 185
　7.14.2　模型构建 ………… 186
　7.14.3　理论分析 ………… 195

**第8章　未来愿景与研究展望** ……… 198
8.1　社交网络信息传播问题前沿
　　　热点 …………………………… 198
　8.1.1　异构社交网络信息传播
　　　　　模型研究 ……………… 198
　8.1.2　动态网络演化模型研究 … 200
　8.1.3　虚实空间交互下虚假信息
　　　　　一体化治理研究 ……… 201
8.2　社交网络信息传播理论前瞻
　　　研究 …………………………… 203
　8.2.1　基于次模比与曲率的非
　　　　　次模函数优化方法研究 … 203
　8.2.2　自适应次模性优化问题研究 … 205
　8.2.3　深度学习在社交网络中的
　　　　　应用 …………………… 207
8.3　社交网络典型数据集架构与
　　　采集 …………………………… 208

**参考文献** ………………………………… 212

# 第 1 章　社交网络概述

社交网络是指由个体或组织之间的社交关系构成的网络结构,通过互联网平台连接用户,允许他们交流信息、分享内容、建立关系。常见的社交网络平台包括微博、微信、Facebook、Twitter、LinkedIn 等,它们使人们能够跨越地理和时间限制进行互动。

社交网络的重要性体现在多个方面。首先,社交网络极大地提高了信息传播的效率,使新闻、事件和个人观点可以迅速传播到全球各地,促进了信息流通。其次,在商业营销方面,企业利用社交网络进行品牌推广和产品营销,通过精准投放广告和用户互动,提高了营销效果和用户忠诚度,用户生成的内容和口碑对品牌形象也有显著影响。此外,在社会行为分析中,研究人员通过社交网络数据可以了解人们的行为模式、社交关系和兴趣偏好,从而为公共政策、心理学研究和市场分析提供有价值的见解。总之,社交网络不仅改变了人们的交流方式,还在信息传播、商业营销和社会行为分析等多个应用场景中发挥着极为重要的作用。

## 1.1　社交网络与在线社交网络

### 1.1.1　社交网络

社会网络是由社会个体成员之间因为互动而形成的相对稳定的关系体系,是由许多节点构成的一种社会结构。节点通常是指个人或组织,社会网络代表各种社会关系,经由这些社会关系,把从偶然相识的泛泛之交到紧密结合的家庭关系的各种人或组织串联起来。社会关系包括朋友关系、同学关系、生意伙伴关系、种族信仰关系等。随着互联网技术的飞速发展,大量的社交平台将社会网络延伸到虚拟空间中,并形成了规模庞大的社交网络。

2004 年之后相继上线的微博、微信、抖音、Facebook、YouTube、Twitter 等社交媒体平台改变了人们获取信息的方式和途径,使人之间的信息分享从物理世界的人际关系网络转变为虚拟社交网络。截至 2023 年 4 月,Facebook 的月活跃用户数为 29.89 亿。据据

CNNIC互联网研究中心公布的最新2022年版第49期《中国互联网络发展状况统计报告》,截至2021年12月,我国网民规模已达10.32亿,同时互联网普及率也已达到73.0%。在线社交网络是一种以互联网为基础,由用户集合及用户之间基于相互认识、兴趣爱好或个人崇拜等因素建立的连接关系从而构成的复杂社会性结构[1]。社交媒体(网站、APP等)已经成为人们日常生活中不可或缺的部分,人们借助在线社交网络建立自身的"社交身份",对外发布信息和获取外部的信息,从而达到与其他人交流的目的。以微信为例,当用户给列表好友发送信息时,对方可以接收信息,也可以转发该信息,该信息从而沿着好友关系的关系结构传播开。在线社交网络的方便性和广泛性引起了各领域的广泛关注,人们通过社交网络分析(social network analysis)对网络中的信息进行获取、处理和预测,运用信息学、数学、社会学、管理学等多领域的知识,从信息传播的角度理解人类的社交关系结构、行为特点和信息传播规律等,为人们研究群体属性、应急突发事件等提供了方法依据。

**社交网络**是指社会个体成员之间通过社会关系结成的网络体系。图1.1表示了信息传播过程,形象地说明了现实社交网络中信息如何在个体之间传播。个体在网络中表示为节点,可以是组织、个人等实体,或网络ID等虚拟个体。个体间的连接关系在网络中表示为边,边可以是个体与个体间的双向或单向的信息交流等[2]。在互联网出现之前,人们已经对传统社交网络的信息传播展开研究,许多领域都对信息传播有着一定的研究,例如,生物医学领域对病毒传染的研究和动物学对动物行为传播的研究等。

图1.1 信息传播

## 1.1.2 在线社交网络

近年来，随着在线社交服务的快速发展，社交网络进入我们社会经济生活的各个方面，演变为无处不在的计算平台和信息传播平台。为理解社交网络运行机制的各个方面，本书聚焦分析社交网络运行演化过程中紧密联系的一系列关键性要素——社交网络的结构属性及其演化规律、社交群体及其互动规律和网络信息及其传播方式，探讨社交网络分析的科学问题，介绍社交网络分析研究所面临的问题与挑战，并对社交网络的研究方向进行展望。

**信息检索**

在社交网络中，用户面对大量的网络信息，并非都是自己感兴趣或者想要获取的信息，因此如何从冗杂的信息中检索到自己想要的信息，便需要对信息检索进行研究。**信息检索**（information research，IR）是从大量的非结构化数据集（通常主要是存储在计算机中的文本）中检索信息（通常是文档）的过程，为了满足用户对信息的需求[3]。不同于传统结构化数据库，非结构化数据库没有明显结构标记的数据，如自然语言文本等，用户可以通过检索系统搜索文本或图像，从而获取想要的信息。

信息检索的目的是从文档集中返回和搜索相关的文档，相关程度被称为文档和查询之间的相关性。信息检索系统通常根据文档与查询之间的相关性对文档进行排序，再返回给用户。但查询结果的精确度往往还需要进一步修改，用户可以对查询进行扩展或重新制定，还可以在返回的检索结果中进行相关性反馈和评价等。

**信息传播**

在社交网络中，信息传播需要以用户之间的社交关系为基础，沿着社交网络传递信息。信息传播以真实存在的用户朋友关系为基础，不断向外扩展网络中用户个体的社交范围，形成一个大规模的社会化网络。从传播学的角度来看，社交网络信息传播过程中的信源与信宿、传播信息、传播范围、传播媒介、传播方式等都有自己的特殊性[2]。在社交网络中，当信源发送或分享一条消息时，朋友们会在不同时刻看到该消息，而且感兴趣的人会以一定的概率转发它。

目前对信息传播的研究也颇多，在刻画流行程度、分析信息的传播机制、信息溯源、预测结果等方面都有较多成果[1]。宏观上来看，信息在网络中的传播通常用流行度衡量；微观上来看，信息从一个节点传播到另一个节点，形成了信息级联。而由于信息的复杂性，相比于正面信息，会对人们生活造成不良影响的负面信息往往更容易被关注。本书将在已有研究的基础上，对在线社交网络的负面信息的传播进行研究。

**情感分析**

在线社交网络情感分析有着广泛的应用,随着网络社交媒体的发展,越来越多的人愿意在社交平台上发表自己的观点和情绪,因此一部分研究采用自然语言处理等方法,对网络用户的观点进行分析,这便是情感分析。社交网络情感分析属于观点挖掘的范畴,它根据用户在社交网络中的行为(如评论、口碑等),以逻辑学、语言学、心理学理论为基础,采用自然语言处理等方法,分析用户对实体(如产品、服务、个人、事件等)表达的观点、情绪和态度[2]。但大量的数据也会对情感分析算法造成一定的挑战。

流程图 1.2 描述了情感倾向分析的过程。首先,文本数据经过分词处理,生成词语序列。然后,这些词语被匹配到包含程度副词、正面情感词、负面情感词和否定词的词库中。接下来,结合这些词语和复杂规则来综合分析文本内容,从而得出情感倾向。比如,利用情感分析对消费者关于消费的产品及服务的观点。对淘宝、京东等商品的评论区进行分析,从而对产品的质量、销售和服务进行分析,并据此制定推广计划。但是,商家也会通过红包等一些措施改变消费者的真实评价,从而对真实的情感分析产生误导。情感分析也可应用到政治领域、金融市场以及评价交易系统等。比如,近年来对社交平台的青少年言论分析,通过该群体对一些热点时事的看法进行情感分析,从而对青少年的价值观采取更有针对性和合理性的引导措施。

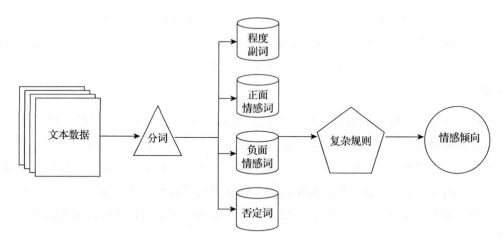

图 1.2 情感倾向分析流程图

**热点追踪**

在线社交平台的交互性、非线性、强关系等群组化传播特征,使得对于热点事件话题,人们更容易通过网络传播极端信息;同时正面负面双向信息的交互,使得社交网络成为热点事件极端信息传播的温床，导致大面积群体的负面情绪产生[4]。由于社交网络具有交互性、参与性、公开性等特性，因此为信息传播提供了跨时空和低成本的媒介。社交网络承载着大量的信息和受众群体，成为热点事件爆发的主要信息源。热点事件主要基于现实社会中的某种现象或问题产生，而且事件的发生具有很强的偶然性。当社会事件在网络上被曝光后，可能会引发用户较多的关注并被用户快速传播，进而成为热点事件。图 1.3 形象地展示了热点跟踪。用户会参与话题互动（如评论、点赞、转发等）来表达自身的价值观念及诉求，进而促进信息的传播。同时，社交网络是信息传播的重要渠道，对用户的情绪和价值观有一定的影响。因此，研究社交网络热点事件的传播机理及传播影响因素具有一定的理论与现实意义。

图 1.3  热点跟踪

**影响力最大化**

**影响力最大化问题**（influence maximization problem）是一个在社交网络中寻找一组种子节点，以使信息或影响力通过这些节点的传播能够覆盖尽可能多的其他节点的优化问题。影响力最大化问题广泛应用于病毒式营销、信息扩散、舆情引导等领域，该问题确定网络中有影响力的用户的子集，解决如何有效地平衡时间消耗甚至内存成本之间求解精度的问题，以便为疫情检测、病毒式营销等现实问题提供解决方案。

2001 年，Domingos 和 Richardson 首次提出用马尔可夫随机场来模拟信息传播过程[5]，开始了对影响力最大化问题的研究。2003 年，Kempe 等将影响力最大化问题定义为一种 top-$k$ 的离散最优化问题，即找出影响力传播范围最大的 $k$ 个种子节点[6]。研究最大化问题常用的传播模型包括独立级联模型、线性阈值模型和触发模型等。基于这些模型，学者们提出基于贪心算法、启发式、反向影响集抽样和上下文感知等的算法[7]。

图1.4展示了一张简单的社交网络图。其中，较大的节点代表被选为种子节点的用户，这些用户在网络中的位置和连接度通常较高，他们在传播信息或影响力方面更为关键。通过这样的网络图，我们可以观察到影响力如何从中心节点向外扩散，并通过节点间的连接实现广泛的覆盖。正确地选择种子节点和深入理解网络结构是实现影响力最大化的关键。

图1.4 社交网络图

## 1.2 社交网络分析的理论与相关工作

研究社交网络需要以图论为基础，图研究的是数据元素之间的多对多关系。在图中，任意两个元素之间可能存在关系，即节点之间的关系可以是任意的，图中任意元素之间都可能相关。图的应用极为广泛，已渗入社交网络、生物网络等，具体内容我们将在下一节继续展开。

进入21世纪，对在线社交网络的研究热度逐步攀升，根据中国知网的研究数据分析（见图1.5），关于社交网络的研究论文数量迅速上升。在研究内容方面（见图1.6），研究主题主要集中在信息传播、情感分析、社区发现等方向[2]。目前积极展示在线网络社交方向的会议有知识发现与数据挖掘国际会议（SIGKDD）、信息和知识管理国际会议（CIKM）以及数据挖掘顶尖学术会议（ICDM）等。

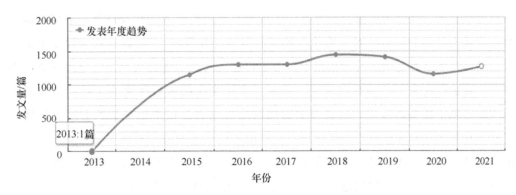

图 1.5　近年来社交网络分析方向的论文发表数量（中国知网）

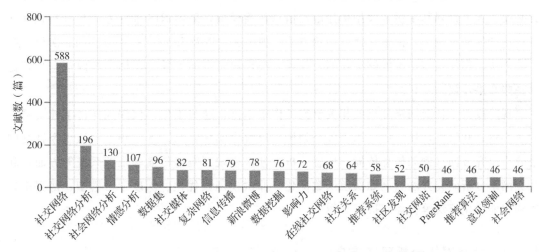

图 1.6　近年来社交网络分析的研究内容方向（中国知网）

对于信息传播方向的研究，大多数构建单信息传播模型或多信息传播模型来表述信息在网络中的传递，且通过模型进行预测信息未来的传播路径和趋势。对于信息溯源方向的研究，一般采用基于节点属性的方法或基于传播模型的推理法来找出信息传播的源头，例如，通过信息溯源技术来识别不良信息的源头。对于流行度分析的方向，更多采用基于用户行为的方法或基于时间序列的方法来预测消息传播的未来流行程度和趋势。

本书重点关注网络空间治理领域的研究。许多学者关注虚假信息，研究网络谣言的传播规律，给出许多治理策略，对笔者有许多启示。首先，已有研究中信息传播模型的构建具有一定的局限性。虚假信息的传播过程应着重考虑在线社交媒体信息传播中的"回音壁效应"[8]、"过滤气泡"[9]、从众性、同质化网络、扭曲传播等特征，现有信息传播模型难以确切刻画虚假信息传播过程。其次，大规模社交网络上信息传播影响力的计算仍然是优化过程中的瓶颈。已有研究证明影响力函数的计算是#P难的[10]，需要通过抽样方法对目标进行近似计算,通常采用蒙特卡罗方法,然而对于规模较大的社交网络,近似计算目标函数会消耗大量的空间和时间。另外一种新的 RIS 抽样算法[11]可以在较大程度上减少计算量,然而在本书群组效应传播模型下,由于构造反向可达集比较困难,导致该方法不能适用,需要进行改进以适应新的模型。最后,求解非次模函数优化的工具和方法依旧不足。虚假信息干预策略优化中的许多关键问题均可以通过构造集函数的方法进行优化建模,其中存在大量非次模函数的优化模型,目前可以借鉴的方法有两类:一类是难以分析理论结果的启发式算法;另一类是有一定理论分析的方法,如最新的三明治近似框架、DS 分解方法等。亟待研究新的理论与方法,推进非次模函数优化研究。

可见,开展虚假信息传播模型构建、传播影响力计算、非次模函数优化方法的研究十分必要。本书计划基于伊辛模型构建虚假信息传播模型,采用 RIS 抽样方法与分布式抽样方法估计传播影响力,探索迭代三明治方法、拟牛顿法以及 Lovász 扩展方法的非次模函数优化方法,相信从理论上能够有新的发现和突破,同时也能为社交媒体中虚假信息治理提供一些政策建议。

现阶段关于社交网络分析的相关研究工作很丰富,这些工作不仅深入探讨了社交网络的核心概念和特点,还广泛应用于各个领域,以解决实际问题。下面将分别从当今社交网络分析研究方向(例如信息传播、情感分析、社区发现、舆情传播和推荐系统等方面)和社交网络分析研究方法(例如次模函数优化、非次模函数优化、深度学习模型、博弈论方法和智能优化算法等方面)进行介绍。

## 1.2.1 社交网络分析研究方向

**信息传播**

社交网络分析(SNA)的研究呈现出多角度、多层次的特点。1967 年 Stanley Milgram 在其发表的 *The Small World Problem*(小世界问题)中提出了六度分隔理论。在这篇文章中,他通过连锁信实验的结果,提出了著名的六度分隔理论,即任何两个互不相识的美国人之间,平均只需要通过六个人就能建立起联系。这一理论揭示了人际网络中人们关系的紧密性,并对后来的社交网络研究产生了深远影响。

关于信息传播的研究主要分为流行度分析、信息传播建模和信息溯源三个方面。针对流行度分析,Szabo 和 Huberman 等[12]提出了 SH 模型,通过回归分析预测信息的流行度。他们为流行度分析建立理论基础,利用数学模型和数据分析方法,探索信息流行度的形成和演化机制。胡长军等的《在线社交网络信息传播研究综述》[1]系统地总结了流行度预测和流行度演化分析的方法,包括基于回归分析、用户行为和时间序列的方法。

较常用的信息传播模型主要有独立级联模型（in-dependent cascade model，IC）和线性阈值模型（linear threshold model，LT）以及传染病模型中的 SI 模型、SIS 模型、SIR 模型、SIRS 模型、SEIR 模型等。Myers 和 Leskovec[13]研究了多条信息在社交网络中的竞争与合作机制。他们基于博弈论和传染病模型，分析复杂信息交互对传播效果的影响，建立了更加精细的传播模型。2001 年，Domingos 和 Richardson 提出了基于马尔可夫随机场（Markov random field）的社交网络影响力模型，这一模型主要用于分析社交网络中用户行为之间的相互依赖关系，特别是在信息传播和影响力扩散过程中。方滨兴等的《在线社交网络分析》中介绍了单信息传播建模方法和多信息传播建模方法，特别是基于复杂网络理论和动态变化特性的模型，通过改进传统传播模型，考虑时间延迟、异步传播等因素，更准确地描述信息传播过程。

信息溯源方面的研究起步较早，理论基础较为扎实，研究方法多样化、精细化。很多学者不仅关注溯源算法的准确性和效率，还注重溯源技术在公共健康、信息传播控制等领域的应用。例如，Lokhov 等[14]提出了一种基于动力学消息传递算法的溯源方法，利用网络中节点间的连接关系和观测到的感染状态，反向推算出最可能的感染源。该方法在复杂网络环境下表现出较高的准确性和效率。他们在研究中应用了三种算法——动态信息传递算法、SIR 模型假设法以及统计推理法。动态信息传递算法通过在网络中迭代传递信息来更新每个节点作为潜在源头的概率。在每次迭代中，每个节点根据其邻居节点的状态和连接关系，计算并更新其被感染的概率，从而逐步逼近真实的感染源。SIR 模型假设法通过假设信息传播遵循 SIR（易感者-感染者-恢复者）模型，即节点处于易感（S）、感染（I）或恢复（R）三种状态之一，并通过一定的概率在这些状态间转换。最后结合动力学信息传递和统计推理的方法，对网络中每个节点作为源头的可能性进行评估和排序，最终确定最可能的感染源。Prakash 等的研究探讨了在不完全时间戳条件下的信息溯源问题，提出了基于部分观测数据的溯源算法。Zang 等[15]研究了在社交网络中发现多个信息传播源节点的问题，提出了基于反向传播与节点分区的多源溯源方法。国内学者在信息溯源领域主要关注复杂社交网络结构下的高效、准确溯源方法。研究方法包括基于节点属性的方法、基于传播模型的推理法以及结合大数据和机器学习的创新方法。胡长军等[1]综述了信息溯源的基本方法、挑战和最新进展，介绍了基于中心度测量、统计推理等的多种溯源技术。方滨兴等探讨了社交网络分析中的信息溯源问题，特别是在不完全观测条件下的溯源方法。

**情感分析**

社交网络分析最早由英国著名人类学家 Radcliffe-Brown（拉德克利夫-布朗）提出，他主张对社会结构进行分析，并呼吁学者开展社会网络的系统研究与分析。而情感分析

(sentiment analysis)的引入，是作为一种对自然语言处理（NLP）的技术发展起来的，旨在对人类言论等行为所表达的情感导向进行分析。社交网络分析的情感分析，严格意义上来说属于观点挖掘的范畴，根据用户在社交网络中的一系列行为（如评论、点赞等），以心理学、行为学等理论为基础，采用自然语言分析处理技术等方法，分析社交网络用户对实体（如产品、事件、观点、个人等）表达的观点与情感倾向等[16]。

随着互联网技术的快速发展，在线社交网络如Facebook、Twitter、微博等迅速崛起，成为人们日常生活中不可或缺的一部分，这些平台为用户提供了分享生活、表达观点和情感的空间，产生了大量的用户生成内容（UGC），包括文本、图片和视频等。社交网络数据具有规模庞大、动态性和多样性等特点，为情感分析提供了丰富的数据源，同时这些数据包含了用户的真实情感表达，对于理解公众情感、预测社会事件等也具有重要意义。这使得企业、政府和学术界对理解公众情感的需求日益增长，情感分析成为自然语言处理（NLP）领域的一个研究热点。而情感分析旨在从文本数据中提取情感信息，如情感倾向、情感强度等，以支持决策制定、市场研究和舆情监控等应用。这些具有特殊性的情感处理需求与情感分析的特定效果的结合，使情感分析应用格外重要。

社交网络分析和情感分析的结合是计算机科学、社会学和心理学等多学科交叉融合的结果，不同领域的学者从各自学科的角度对这一问题进行研究，也推动了情感分析在社交网络分析方面的应用和发展。

**社区发现**

社区发现（community detection）是指在社交网络中识别和提取具有高度内部连接的节点子集或群体的过程。社区通常代表社交网络中结构紧密、联系密切的子群体，如朋友群、兴趣小组或专业网络。发现这些社区对于理解网络的结构和功能具有重要意义。社交网络分析中关于社区发现方面的研究已经取得了丰硕的成果，并发表了大量相关文献。这些研究不仅提出了多种社区发现算法，还探索了社区发现在社会网络分析、信息传播和推荐系统等多个领域的应用。在社区发现算法的相关成果中，较为常见的有基于模块度的优化算法、谱聚类算法、标签传播算法以及动态社区发现算法等。

在基于模块度的优化算法中，较为常见的有Newman快速贪心算法，Girvan等[17]首次系统地研究了复杂网络中的社区结构，并提出了该算法。他们首先定义了网络中的社区结构（即网络可以被划分为若干个内部连接紧密而外部连接稀疏的子图）和边介数（即网络中所有最短路径中经过某条边的比例）。基于边介数设计了一种迭代算法来发现网络中的社区结构。算法的基本步骤是不断移除网络中边介数最高的边，每次移除后重新计算剩余网络的边介数，直到网络被完全划分成孤立的节点或达到某个预设的停止条件。通过对多个真实网络的分析，展示了 Girvan-Newman 算法的有效性。

**谱聚类算法**（spectral clustering）是一种基于图论的聚类方法，它通过数据的相似度矩阵（或称为亲和度矩阵）的特征值和特征向量来进行聚类。在社交网络分析的研究中通过构建社交网络中的用户关系图，谱聚类算法可以发现社交网络中的社区结构。Luxburg 等[18]详细介绍了谱聚类的理论基础、算法步骤及其在不同场景下的应用。他们从图割（graph cut）的视角出发，解释了谱聚类算法的本质和优点，探讨了谱聚类算法的一致性问题，即随着样本量的增加，谱聚类算法是否能够稳定地收敛到真实的聚类结构。通过理论证明，分析了谱聚类算法在特定条件下的一致性问题。这些条件包括数据的生成模型、相似度矩阵的选择，以及聚类数量的确定等。同时探讨了谱聚类算法在不同条件下的收敛速度，以及收敛到真实聚类的充分必要条件。这些分析为谱聚类算法的应用提供了重要的理论依据，最终从理论上证明了谱聚类算法在某些条件下的收敛性和一致性，为谱聚类算法的应用提供了坚实的理论基础。Ng 等[19]提出了一个具体的谱聚类算法，并分析了其性能。该算法基于数据的相似度矩阵的特征向量，通过 $K$-means 等简单聚类方法完成最终的聚类过程。

**标签传播算法**（label propagation algorithm，LPA）是一种基于图的半监督学习方法，主要用于数据聚类或任务分类。Zhu 等[20]首次提出了标签传播算法，该算法通过构建数据项之间的相似度图，将已标记节点的标签信息通过图结构传播到未标记节点。算法的基本思想是基于图的局部一致性假设，即相邻节点倾向于具有相同的标签，并将其应用于半监督学习问题中。2007 年，Wang 等[21]提出了一种新的标签传播策略，即利用节点的线性邻域关系来指导标签的传播。他们引入了线性邻域的概念，即每个节点不仅与其直接邻居相连，还与其邻居的邻居（二阶邻居）等以线性方式相关。这种线性邻域关系通过考虑更广泛的上下文信息来改进标签的传播。此外，为了提高算法的效率，他们还提出了一种基于稀疏矩阵的优化方法，利用稀疏矩阵运算来加速标签的更新过程。2010 年，Liu 等[22]研究了在大规模图上构建有效标签传播算法的方法，通过构造稀疏图结构来降低计算复杂度，同时保持较高的分类性能。

动态社区发现算法主要关注如何在动态网络中有效地识别和跟踪社区的演化。随着社交网络的兴起和在线交互数据的爆炸性增长，动态社区发现成为了复杂网络分析中的一个重要研究领域。Greene 等[23]对动态社交网络中的社区演化进行了研究，通过关注动态社交网络中社区随时间的变化过程，指出动态社交网络中的社区结构是随时间不断变化的。他们介绍了多种社区发现算法，例如模块度优化算法，同时提出了一种适用于动态网络的社区发现算法，该算法能够处理网络拓扑结构的快速变化，并跟踪社区的演化过程。此外还定义了量化社区演化过程的指标，如社区存活时间、社区大小变化率等，用于评估社区演化的稳定性和动态性。通过这些指标，可以对不同社区的演化模式进行比较和分析。

**舆情传播**

舆情传播是指在社交网络和媒体平台上，公众意见、情感和态度的形成和扩散过程。随着互联网和社交媒体的普及，舆情传播的速度和影响力显著增强，成为社会舆论和公共政策的重要组成部分。舆情传播已成为社交网络分析的一个热门研究领域，吸引了众多学者的关注。国内在社交网络分析及其在舆情传播中的应用方面也取得了显著进展。国内学者通过改进经典的信息传播模型（如独立级联模型、线性阈值模型），提出了多种适用于社交网络的信息传播模型，以更好地描述舆情传播的过程。在舆情监测与预警方面，基于社交网络大数据，研究舆情事件的监测、预警机制，以及舆情演化的趋势预测。例如，国内多个研究团队开发了舆情监测系统[24,25]，通过实时监测社交网络中的关键词、情感倾向等指标，为政府和企业提供舆情预警服务。

国外在社交网络分析与舆情传播方面的研究起步较早，研究成果丰富多样。国外的研究者不仅关注舆情传播的基本机制，还深入探讨了舆情传播与社会现象、公众情绪、政治态度等之间的关系。同时，国外的研究还注重跨学科合作，将计算机科学、社会学、心理学等多个领域的知识和方法结合起来，形成了一套较为完善的研究体系。国外学者从复杂网络、传染病模型、博弈论等多个角度提出的信息传播理论，为解释舆情在社交网络中的传播机制提供了重要的理论框架。其中，Myers 和 Leskovec[13] 提出的竞争传播模型考虑了信息间的竞争与合作关系，能够预测多种信息在社交网络中共同传播的情况。他们基于进化博弈论的思想构建了一个信息传播模型，用于模拟多种信息在社交网络中的传播过程。该模型考虑了信息间的竞争与合作机制，通过量化信息间的相互作用来预测不同信息的传播情况。试验后发现，这种基于进化博弈论的信息传播模型能够较好地预测多种信息在社交网络中的共同传播情况，且与传统的独立级联模型相比，该模型在预测精确度上有显著提高，能够更好地捕捉信息间的相互作用。这种模型为舆情传播研究提供了一种新的视角和方法，有助于更深入地理解舆情在社交网络中的传播规律和机制。同时，这种理论框架也为舆情监测、预警和管理提供了有效的工具和方法，对于监测舆情传播效果、维护社会稳定具有重要意义。Vosoughi 等[26] 收集大量来自不同在线社交网络（如 Facebook、Twitter 等）的真实新闻和虚假新闻传播数据，通过分析和对比，发现虚假新闻在某些情况下传播得更快、更广。他们探讨了真实新闻和虚假新闻在社交网络中的传播差异，对理解舆情传播中的信息真实性问题具有重要意义。

国内研究不仅关注舆情传播的宏观过程，还深入微观层面，分析个体行为、社交关系、信息传播路径等因素对舆情传播的影响。研究成果广泛应用于政府决策、企业公关、社会舆论监控等领域,为相关部门提供了重要的参考依据。

**推荐系统**

**推荐系统**(recommend system)是一种通过分析用户行为和偏好,为用户提供个性化产品、服务或信息建议的技术。推荐系统广泛应用于电商平台、社交媒体、流媒体服务、新闻网站等,旨在提高用户体验和满意度,同时增加平台的用户黏性和商业收益。社交网络分析在系统推荐方面也有许多研究,其中一些研究较为深入,这里我们将在三个研究方向对这些研究进行探究。

第一个方向是基于图结构的推荐算法,它将社交网络视为图结构,利用图算法来挖掘用户之间的潜在联系,进而改进推荐效果。例如 Baltrunas[27]强调在实际应用中,用户的兴趣和偏好是随时间变化的。因此,传统的静态推荐方法往往无法准确捕捉用户的动态需求,他提出了构建时间感知推荐系统的必要性,旨在通过考虑时间因素来提高推荐的准确性和个性化程度。他还探讨了如何利用隐式反馈数据来构建推荐模型,特别是如何从这些非直接反映用户喜好的行为中提取有用的信息,与显式反馈(如用户评分)相比,隐式反馈(如浏览历史、点击行为等)更为丰富且易于获取。他介绍了一种基于时间感知的协同过滤推荐算法,该算法在建模过程中考虑了时间因素对用户兴趣和偏好变化的影响,利用时间戳对用户的隐式反馈数据进行排序和分组,通过分析不同时间段用户行为的差异来捕捉用户的动态兴趣变化。最后通过实验表明该算法在准确性和个性化程度方面均有显著提升。

第二个研究方向是社交影响与推荐,通过研究用户在社交网络中的相互影响行为,探究如何利用这种影响来增强推荐的可信度和接受度。例如 Ozsoy 等[28]探讨了基于信任的推荐系统,强调了在社会化网络中,用户之间的信任关系对于推荐效果有着显著影响。用户的信任网络提供了关于用户偏好和可靠信息源的重要线索。他们还分析了传统推荐系统(如基于内容的推荐、协同过滤等)的局限性,特别是它们在处理稀疏性和冷启动问题上的不足,以及忽视用户间信任关系的缺点。通过介绍不同类型的信任度量方法,包括显式信任和隐式信任,讨论了如何构建信任网络,并基于这些信任网络来改进推荐算法。例如,通过整合信任网络信息和用户评分数据来生成更加准确的推荐。最终通过实验和案例分析证明了考虑用户间信任关系对于提高推荐系统性能的重要性。基于信任的推荐系统能够生成更加符合用户实际需求和偏好的推荐结果,从而提高用户的满意度和忠诚度。

最后一个研究方向是深度学习在社交网络推荐中的应用,其利用深度学习模型(如卷积神经网络、循环神经网络、图神经网络等)来处理社交网络中的复杂数据,实现更加精准的推荐。

## 1.2.2 社交网络分析研究方法

**次模函数优化**

在社交网络分析中，**次模函数**（submodular function）被广泛应用，特别是在信息扩散、影响力最大化、社区检测等领域。次模函数具有"递减的边际收益"，即增加一个元素到集合中，其带来的额外收益（或价值）随着集合规模的增大而减少。这种属性使得次模函数非常适合于优化问题，尤其是在资源有限的情况下。次模函数在社交网络分析的研究中有着多方面的应用，例如在影响力最大化、社区检测以及资源分配等方面。

首先介绍的是影响力最大化，在社交网络中，影响力最大化是一个经典问题，旨在找到一组种子用户，通过它们的信息传播，能够最大化影响网络中的其他用户。由于影响力传播函数通常具有次模性，因此可以利用次模函数的优化算法来求解这一问题。Chen 等[29]提出了几种基于次模函数优化的高效影响力最大化算法。通过改进贪心算法的执行效率，并利用社区结构来减少搜索空间，显著提高了算法的运行速度。Gomez-Rodriguez 等[30]研究了连续时间扩散网络中的影响力最大化问题。他们提出了一个基于生存分析的框架来建模信息的连续时间扩散过程，并证明了该过程中的影响力函数是次模的。基于这一发现，他们提出了有效的贪心算法来求解该问题。

其次为次模函数在社区检测问题中的应用，在社区检测问题中，次模函数虽然不直接作为主要的建模工具，但其优化特性可以被间接用来指导社区发现过程或评估社区质量。次模函数具有"递减的边际收益"，这种属性在社区检测中可以用于优化社区的选取或评估社区划分的优劣。例如在社区质量评估中可以通过定义一个次模函数来评估社区的质量。这个函数可以衡量社区内部的紧密程度（如内部连接密度）和社区之间的分离程度（如外部连接稀疏性）。由于次模函数的优化能够找到使函数值最大化的集合，因此可以通过优化这个次模函数来发现高质量的社区结构。在 Newman[31]的研究中，虽然没有直接使用次模函数，但他介绍了模块度这一衡量社区划分质量的指标，该指标可以被视为一种特殊形式的次模函数。

在基于优化的社区检测算法中，一些社区检测算法可以间接地利用次模函数优化来指导社区的划分。例如，一些算法首先将网络划分为多个候选社区，然后通过优化一个次模函数（如模块度优化）来调整这些候选社区，以获得最终的社区划分结果。Blondel 等[32]针对大型网络中的社区发现问题，提出了一种高效的算法，称为 Louvain 方法。社区发现是网络科学中的一个重要任务，旨在将网络中的节点划分为若干个子集（社区），使得同一社区内的节点连接紧密，而不同社区间的节点连接稀疏。Louvain 方法特别适用于处理大规模网络，能够在合理的时间内给出高质量的社区划分结果。Louvain 方法是一种基于模块度优化的启发式算法，其基本思想是通过迭代地优化网络的局部结构来提高全局的模块度。算法分为两个阶段，重复进行直到模块度不再显著增加。第一个阶段是局部搜索阶段：在当前的网络划分下，算法尝试将每个节点移动到其邻居所在的社区，以最大化模块度的局部增加。如果一个节点移动到另一个社区能够导致模块度的增加，则该移动被执行。这个过程会重复进行，直到没有任何移动能进一步增加模块度。第二个阶段是凝聚阶段：在第一阶段完成后，算法构建一个新的网络，其中每个社区被视为一个新的节点，社区间的连接权重是所有连接两个社区内节点的边权重之和。然后，算法在新构建的网络上重复第一阶段的过程。这个过程不断重复，直到整个网络的模块度不再增加。

最后是次模函数在资源分配中的应用，在资源有限的情况下，如何在社交网络中合理分配资源以达到最优效果是一个重要的问题。例如，在广告投放、病毒营销等场景中，可以利用次模函数来优化资源的分配，使得资源覆盖的用户群体达到最大化收益。

**非次模函数优化**

在社交网络分析中，虽然次模函数因其特有的边际收益递减性质而被广泛应用于资源分配、影响力最大化等问题，但非次模函数同样有其应用场景和研究价值。非次模函数在处理某些不具有边际收益递减特性的复杂问题时可能更为适用。非次模函数在社交网络分析中有多方面应用，下面将从它在社交网络分析的复杂传播模型、竞争与合作关系以及动态网络分析三个方面的应用进行介绍。

首先是非次模函数在复杂传播模型中的应用，在社交网络中，信息的传播过程可能受到多种复杂因素的影响，如用户的兴趣变化、网络结构的动态演变等。这些因素可能导致信息传播函数不再满足次模性质。因此，在非次模框架下研究信息传播机制可能更贴合实际。Beutel 等[33]研究了在复杂网络中多个病毒（或信息）同时传播时的共存问题。他们扩展了传统的 SIS 模型，提出了一个名为 SI1I2S 的新模型，用于描述网络中两个病毒之间的相互作用。在这个模型中，节点可以处于四种状态之一：同时感染两种病毒（I12），只感染病毒 1（I1），只感染病毒 2（I2），或易感状态（S）。节点通过一定的概率在这四种状态之间转换。他们通过理论分析和实验验证，研究了两个病毒在复杂网络中的传播行为，特别是它们是否能共存以及共存的条件。实验采用了 Hulu 和 Blockbuster 两个视频服务网站以及 Firefox 和 Google Chrome 两种浏览器的使用数据作为案例，展示了新模型在拟合实际数据方面的有效性。他们系统地研究了复杂网络中两个病毒同时传播时的共存问题，揭示了病毒间相互作用的复杂性及其对传播动力学的影响。这为理解复杂网络中多病毒或多信息的传播提供了新的视角和工具，为后续的研究奠定了理论基础。

非次模函数在竞争与合作关系中的应用是指在多个信息或观点同时在社交网络中传播的场景下，不同信息之间的竞争与合作关系可能导致整体传播效果不再遵循简单的边际收益递减规律。此时，非次模函数更能准确描述这种复杂的相互作用关系。

2012 年，Myers 等[13]研究了在社交网络中多个信息同时传播时的竞争与合作关系。他们基于博弈论的思想，提出了一个统计模型来分析这些信息之间的相互作用及其对传播效果的影响。他们将社交网络中的信息传播类比为生物进化过程中的博弈，信息被视为不同的生物体，信息的特征或类别类比为生物体的遗传基因，信息的传播过程则类比为生物繁衍的过程。通过量化信息间的竞争与合作效应，他们建立了信息相互作用和信息传播的关系模型。该模型能够预测不同信息在社交网络中的传播情况，包括哪些信息会获得更大的传播范围和影响力，以及这些信息之间的相互作用如何影响彼此的传播效果。研究发现，在社交网络中，不同信息之间既存在竞争关系也存在合作关系。竞争式传播降低了每条信息传播的概率，而合作式传播则促进了信息的传播。他们提出的模型在 Digg 数据集上的实验结果表明，该模型的预测精确度较传统的独立级联模型有显著提高，具有更高的 F1-Score。这表明考虑信息间的相互作用对于准确预测信息传播具有重要意义。该研究不仅提供了预测信息传播的实用工具，还深化了我们对社交网络中信息传播机制的理解。通过揭示信息间的竞争与合作关系，为信息传播研究提供了新的视角和思路。

最后是非次模函数在动态网络分析中的应用，主要体现在处理那些网络结构或属性随时间变化的场景。在动态网络分析中，社交网络的结构和属性（如用户关系、活跃度等）随时间不断变化，由于信息的传播过程受到网络结构变化、用户行为变化等多种因素的影响，这种动态性使得在固定网络结构下推导出的次模性质不再适用，而非次模函数能够更灵活地捕捉网络结构和属性的动态变化，从而提供更准确的模型和分析结果。

Myers 等[34]研究了 Twitter 信息网络的爆发性动态特性。通过分析 Twitter 上大量数据的统计特征，揭示了信息传播在 Twitter 上的非平稳性、爆发性和自相似性。研究发现 Twitter 上的信息传播具有高度的突发性和不规则性，即信息的传播速度和规模在短时间内会突然增加，然后迅速衰减。这种爆发性动态特性对于理解信息传播机制、预测信息传播趋势以及制定相关策略具有重要意义。虽然 Myers 没有直接讨论非次模函数，但对信息传播动态性的分析为非次模函数在动态网络分析中的应用提供了背景。

### 深度学习模型

深度学习作为一种强大的机器学习技术，近年来在社交网络分析领域得到了广泛应用。利用深度学习模型对用户行为进行预测有巨大优势。首先，社交网络数据通常规模庞大且复杂多样，深度学习模型能够高效处理这些数据，并从中发现隐藏的规律和模式。其次，用户行为往往受到多种非线性因素的共同影响，深度学习模型通过多层非线性变换，能够较好地捕捉这些复杂关系，提高预测的准确性。最后，训练好的深度学习模型可以轻松地迁移到新的场景和任务中，具有较好的泛化能力。这对于快速变化的社交网络环境尤为重要。深度学习模型能够自动从大规模社交数据中提取特征，进而用于各种分析任务，如用户行为预测、信息传播建模、社区检测以及情感分析等。

深度学习模型在用户行为预测中扮演着重要角色，其强大的特征提取和模式识别能力使得从海量用户数据中挖掘出有价值的信息成为可能。2015年，Tang等[35]提出了一种用于大规模信息网络嵌入的LINE模型，该模型是一种用于大规模信息网络嵌入的算法，旨在学习网络中节点的低维表示，同时保留网络的原始结构信息。LINE模型能够处理各种类型的信息网络，包括无向图、有向图以及带权图。它的核心思想是通过一阶相似度和二阶相似度来保持网络结构信息。一阶相似度衡量的是节点之间的直接连接关系，即如果两个节点之间存在边，则它们的一阶相似度较高。二阶相似度则衡量的是节点的邻域结构相似性，即两个节点的邻居节点集合越相似，它们的二阶相似度就越高。LINE模型在大规模信息网络嵌入方面取得了显著的效果，能够学习到高质量的节点嵌入表示，进而支持各种社交网络分析任务，如节点分类、链接预测和可视化等。实验结果表明，LINE模型在多个数据集上均表现优异，不仅在效果上超过了传统的网络嵌入方法，还在训练效率上具有明显优势。此外，LINE模型还具有很好的可扩展性和灵活性，能够适用于不同类型和规模的信息网络。

情感分析又称为意见挖掘（Opinion Mining），是自然语言处理（NLP）和文本挖掘领域的一个重要任务，旨在自动识别和提取文本中的主观信息，特别是作者对所讨论主题的情感倾向（如正面、负面或中立）。深度学习模型因其强大的特征表示能力，近年来在情感分析领域取得了显著进展。这些模型能够自动从文本数据中学习高级特征，有效捕捉复杂的语言模式和情感表达。Kim等[36]提出了一种基于卷积神经网络（CNN）的句子分类方法，包括情感分析。CNN通过卷积层和池化层自动从句子中提取局部和全局特征，有效提高了情感分类的准确性。实验结果表明，CNN在多个情感分析数据集上表现优异。Liu等[37]探讨了循环神经网络（RNN）及其变体（如LSTM、GRU）在情感分析中的应用，并结合多任务学习来提高模型性能。RNN能够捕捉文本中的序列信息，对情感倾向的连贯性建模尤为重要。实验证明，多任务学习进一步提升了RNN在情感分析任务中的表现。

**博弈论方法**

博弈论在社交网络分析中的应用主要聚焦于信息传播建模和信息扩散动态过程，特别是多信息传播建模和信息相互作用的场景中。博弈论为研究不同信息间的竞争与合作关系提供了理论框架，帮助我们理解信息在社交网络中的传播机制。

在国内，随着社交网络的普及和大数据分析技术的发展，博弈论在社交网络分析中的应用逐渐受到重视。国内学者通过构建基于博弈论的信息传播模型[25]，分析信息在社交网络中的扩散规律，为市场营销、信息推荐、舆论监控等领域提供理论依据。然而，相较于国外，国内在这一领域的研究起步较晚，但发展迅速，已经取得了一些具有影响力的研究成果。

国外在博弈论与社交网络分析相结合的研究方面起步较早，研究成果丰富。不仅提出了多种基于博弈论的信息传播模型，还通过实证分析验证了这些模型的有效性。这些研究不仅深入探讨了信息间的竞争与合作关系，还揭示了社交网络结构对信息传播的影响。此外，国外学者还关注信息溯源、影响力最大化等前沿问题，将博弈论应用于更广泛的社交网络分析场景中。

2012年，Myers等[13]提出了一个基于博弈论的信息传播模型，该模型假设每个用户在有限的时间内只能参与有限数量的信息传播活动。不同信息间存在竞争关系，用户选择参与哪种信息的传播受到多种因素的影响，包括信息的内容、用户的兴趣和社交关系等。同时，某些信息间也可能存在合作关系，例如相互推广或协同传播。该模型能够量化不同信息间的竞争与合作关系。另外，他们经过实证验证了信息间的相互作用对传播效果的影响。

由于在社交网络中，信息的传播往往不是孤立的，而是多种信息相互交织、共同作用的复杂过程。因此Su等[38]提出了不同信息在社交网络中的传播如何相互影响以及信息的特征或类别如何决定其在网络中的传播能力等问题。为解决这个问题，他们引入进化博弈论的思想，将社交网络信息间的相互作用类比为生物的进化博弈。信息被视为不同的"生物体"，其特征或类别类比为"遗传基因"，信息的传播过程类比为"生物繁衍"。通过建立信息相互作用和信息传播的关系模型，预测不同信息在相互作用下的传播情况。在模型的构建过程中，模型假设信息的传播能力由其特征或类别决定，传播能力强的信息能够获得更大的网络影响力。信息的传播情况不仅取决于信息本身，还取决于它与其他信息的互动方式。最后通过模拟信息的传播过程，研究信息间的竞争与合作如何影响传播效果。最终经过实验，他们得出，信息的传播能力不能单纯在孤立状态下测量，必须在整体的社交网络环境中，在与其他信息的相互作用下评估，而且信息间的竞争降低了每条信息传播的概率，而合作则促进了信息的传播，他们的研究成果对于理解复杂社交网络中的信息传播机制具有重要意义。

在信息过载的社交媒体环境中，用户的注意力是有限的。Weng等[39]关注这种有限注意力条件下，不同"模因"（meme，即在网络上迅速传播的信息或行为）之间的竞争关系。他们建立了一个能够模拟多个模因在有限注意力环境中的竞争过程的模因传播模型。该模型还考虑了用户的注意力分配机制，即用户如何根据模因的特征和自己的兴趣选择性地关注某些模因。他们得出的结论是，有限注意力是制约模因传播的关键因素，只有那些能够吸引用户注意力的模因才能成功传播，同时模因的新颖性、趣味性等特征对其吸引用户注意力的能力具有重要影响。此外，在有限注意力条件下，模因之间存在激烈的竞争关系。一种模因的流行可能会抑制其他模因的传播。模因间的竞争结果取决于多种因素的综合作用，包括模因的特征、用户的兴趣和社交关系网络的结构等。

博弈论在社交网络分析中的应用为我们提供了深入理解信息间竞争与合作关系的有力工具。有关这一领域的研究取得了丰富的研究成果。未来，随着社交网络的不断发展和数据分析技术的提升，博弈论在社交网络分析中的应用前景将更加广阔。

**智能优化算法**

智能优化算法在社交网络分析中扮演着重要的角色。这些算法通常基于模拟自然界或人类行为的启发式规则，能够高效地解决一些复杂的社交网络问题，如谣言控制、影响力最大化等。例如，Parimi 等[40]提出了一种基于遗传算法的多目标优化方法，通过在社交网络中传播反谣言来减少谣言的影响。该方法设计了一种基于用户信念的优先级模型，并将寻找最小种子用户集的问题建模为多目标优化问题，采用分解的多目标遗传算法进行求解。这种启发式算法可以有效地控制社交网络中谣言的传播。Khatri 等[41]提出了一种基于离散化 Harris Hawks 优化算法的方法，用于解决社交网络中的影响力最大化问题。该方法利用社区结构特征，并引入邻居侦察策略来增强算法的搜索能力。他们还提出了一种基于候选节点的随机群体初始化方法，加快了算法的收敛过程。这种基于启发式优化算法的方法在效率和性能方面都优于现有的启发式方法。Hu 等[42]提出了一种混合聚类的 SF-LA-PSO 算法，用于在社交网络中及时和实时地破除谣言。该方法首先对社交关系进行分解，提出一种新的谣言辟谣信任机制。然后，利用 SFLA 的局部搜索能力和 PSO 的快速收敛特性，设计两个子算法分别用于及时和实时地破除谣言。此外，他们还提出了信息时效性和能耗模型，以解决持续更新真相的影响问题。这种基于启发式算法的方法可以有效地阻止谣言在社交网络中的传播。

总的来说，这些启发式算法方法能够解决社交网络中的关键问题，如谣言控制、影响力最大化等，展现出较好的性能。未来的研究可以进一步探索如何将更多的启发式算法引入社交网络分析中，以提高分析的效率和准确性。

## 1.3 在线社交网络的表示

图论是数学的一个分支，它以图为研究对象。图论中图的节点和边直接映射网络中的节点和节点之间的关系，用图论研究社交网络，可以清晰地表示社交网络中的节点（个体）和边（关系）。这种表示方式便于分析网络结构、节点的重要性和社区发现等问题。而且，图论中的算法（如最短路径算法、最大流算法、图分割算法等）可以有效地处理大规模社交网络的数据，揭示网络中的潜在模式和规律。此外，图论方法能够量化网络特性，如中心性、连通性和聚集系数等，为社交网络的动态分析和预测提供了坚实基础。因此，图论应用在社交网络研究中不仅提升了数据分析的效率，还增强了对复杂网络行为的理解和预测能力。

### 1.3.1 图论

**基本性质**

一个图 $G$ 由两部分组成，一部分是叫作**节点**（也称为顶点）的元素的有限集合 $V=\{v_1,v_2,v_3,\cdots,v_n\}$，另外一部分是叫作**边**的不同节点对的有限集合 $E=\{e_1,e_2,e_3,\cdots,e_m\}$。我们用 $G=(V,E)$ 来表示图，其中 $V$ 是节点集，$E$ 是边集。集合 $V$ 中的节点的个数 $n$ 叫作图 $G$ 的**阶**。如果 $a=\{x,y\}=\{y,x\}$ 是 $G$ 的一条边，就称 $a$ 连接 $x$ 和 $y$，且 $x$ 和 $y$ 是**邻接的**；也称 $x$ 和 $a$、$y$ 和 $a$ 是**关联的**。由定义，图是一个抽象的数学实体，但如果把它用平面上的图形来表示的话，也可以认为图是一个几何实体。我们用不同的点表示节点，两个节点之间用一条简单的曲线来连接，当且仅当这两个节点确定图 $G$ 的一条边 $a$。我们称这样的一条曲线为**边曲线**，用 $a$ 来标记。画图时必须注意：一条边曲线 $a$ 通过一个节点 $x$，仅当 $x$ 是边 $a$ 的一个节点，否则我们的图形将含糊不清。

如果改变一下图的定义，允许某些节点对构成的边多于一条，则这样的图叫作**多重图**。在多重图 $G=(V,E)$ 中，$E$ 是一个多重集。边 $a=\{x,y\}$ 在 $E$ 中出现的次数，叫作它的**重数**，用 $m\{x,y\}$ 表示。更一般地，若允许图中有环，即允许有形如 $\{x,x\}$ 的边，使一个节点自邻接，则这样的图叫作**一般图**。

一个 $n$ 阶图叫作**完全图**，如果它的任意一对不同节点都构成一条边。或者说，在一个完全图中，任意一个节点都与其他所有节点邻接。一个 $n$ 阶完全图有 $n(n-1)/2$ 条边，并记为 $K_n$。

图 1.7 给出了完全图 $K_1,K_2,K_3,K_4,K_5$ 的图形。不难看出，在任意一个 $K_5$ 的图形

中，至少有两条边相交于一个不是节点的点。

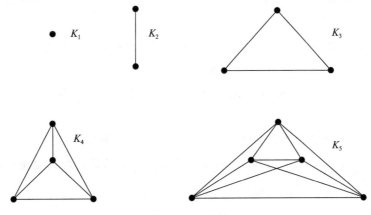

图 1.7 完全图

一个一般图 $G$ 是平面的，如果能在平面上画出它的图形，使其任意两条边仅在节点处相交。这样的图形也叫作**平面图**，或叫作图 $G$ 的**平面图表示**。在图 1.7 中，$K_1,K_2,K_3$，$K_4$ 的图形是平面的，因此，这些图都是平面图，$K_5$ 的图形不是平面的，因为它有两条边相交于一个非节点的点。

在一般图 $G$ 中，与节点 $x$ 相关联的边的数目叫作该节点的**度**（或次数），记为 $\deg(x)$。

如果 $a=\{x,x\}$ 是 $x$ 的一个环，则 $a$ 使 $x$ 的度增加 2。对任意一个一般图 $G$，将其节点的度按一种非增的顺序排列如下：$(d_1,d_2,\cdots,d_n)$，$d_1 \geqslant d_2 \geqslant \cdots \geqslant d_n \geqslant 0$，则称该序列为 $G$ 的**度序列**。完全图 $K_n$ 的度序列为 $(n-1,n-1,\cdots,n-1)$（$n$ 个 $n-1$）。

**定理 1.1** 设 $G$ 是一个一般图，则其所有节点的度之和 $d_1+d_2+\cdots+d_n$ 是一个偶数，从而，其奇度数节点的个数也必为偶数。

**证明** $G$ 的每条边对节点度数之和的贡献是：使与其关联的两个节点度各增加 1，或使一个带有环的节点度增加 2。如果一些整数的和是偶数，那么其中奇数的个数也必为偶数。

**定理 1.2** 两个同构的一般图具有相同的度序列，但具有相同度序列的图不一定同构。

**定理 1.3** 设 $G=(V,E)$ 是一般图，则其节点集 $V$ 可以被唯一地划分为非空子集 $V_1$，$V_2,\cdots,V_k$，满足下述条件：

(1) 由 $V_1,V_2,\cdots,V_k$ 导出的一般子图 $G_1=(V_1,E_1),G_2=(V_2,E_2),\cdots,G_k=(V_k,E_k)$ 都是连通的。

(2) 对任意的 $i \neq j$，$V_i$ 中任一节点 $x$ 与 $V_j$ 中任一节点 $y$ 之间不存在连接它们的途径。

在定理 1.3 中，一般图 $G_1,G_2,\cdots,G_k$ 叫作 $G$ 的**连通分支**，其中 (1) 说明这些连通分图确实都是连通的，（2）强调这些连通分图都是由连通导出的最大的一般子图；也就是说，对任意的 $i$ 和任意的节点集 $U$，当 $V_i$ 包含于 $U$ 且 $V_i \neq U$ 时，由 $U$ 导出的一般子图是不连通的。

**定理** 1.4  设 $G$ 和 $G'$ 是两个一般图，则 $G$ 和 $G'$ 同构的必要条件有

（1）如果 $G$ 是简单图，则 $G'$ 也是简单图。

（2）如果 $G$ 是连通图，则 $G'$ 也是连通图。更一般地，$G$ 和 $G'$ 具有相同数目的连通分图。

（3）如果 $G$ 有一个长度为某整数 $k$ 的圈，则 $G'$ 也有一个长度为 $k$ 的圈。

（4）如果有一个 $m$ 阶完全图 $K_m$ 是 $G$ 的（导出）一般子图，则 $G'$ 也有一个这样的一般子图。

**欧拉迹**

1736 年，欧拉在他发表的图论文章中解决了著名的哥尼斯堡七桥问题。在东普鲁士，古老的哥尼斯堡城位于普雷格尔河畔，河中有两个岛，城区的四个部分通过七座桥连接起来，如图 1.8 所示。每到星期日，哥尼斯堡城的居民将会环城散步，由此提出了这样一个问题：能否以一种方法环绕全城，经过每座桥且只经过每座桥一次。欧拉把哥尼斯堡地图改画成了一个一般图，如图 1.9 所示。就这个一般图 $G$ 而言，用我们已介绍过的术语来叙述的话，上述问题就是要确定 $G$ 中是否存在一条闭迹，使它包含 $G$ 的所有边。

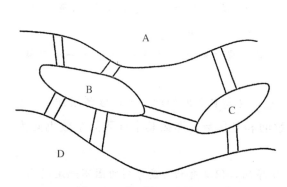

图 1.8  哥尼斯堡七桥问题示意图

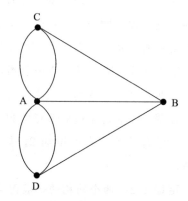

图 1.9  哥尼斯堡七桥问题抽象成一般图

受这些问题的启发，我们做出一些定义。一般图 $G$ 中的一条迹叫作**欧拉迹**，如果它包含了 $G$ 中所有的边。回想迹在一般图中的定义，迹中包含每条边最多一次，我们对此的解释是：一条边在迹中重复的次数不得超过它的重数。无论是哥尼斯堡城的居民还是邮递员，都是在寻找一条闭欧拉迹。可以很容易发现，图 1.9 所表示的哥尼斯堡七桥问题的一般图中，不存在闭欧拉迹。因为如果我们真的漫步在一般图中一条闭欧拉迹上，除了第一

次离开的那个节点，也就是起始的那个节点外，每次都进入一个节点并离开它而到一条新的边，即还未走过的边，当漫游结束时，我们回到了起始的那个节点，但不再离开。这就意味着，与一个给定节点关联的边是成对出现的，其中的一条用于进入该节点，另一条则用于离开该节点。如果与一个节点关联的边能够成对出现的话，那也就意味着在每个节点处边的数目必然是偶数。因此，我们得到了在一般图中存在闭欧拉迹的一个必要条件，即每个节点的度数是偶数。由于在哥尼斯堡七桥问题的一般图中，四个节点的度数都是奇数，所以该图中不存在闭欧拉迹。

**定理 1.5**　设 $G$ 是一个连通一般图，则 $G$ 中存在闭欧拉迹，当且仅当 $G$ 中每个节点的度数是偶数。

**定理 1.6**　设 $G$ 是一个连通一般图，则 $G$ 中存在一条开欧拉迹，当且仅当恰好有两个奇度节点 $u$ 和 $v$，且这条开欧拉迹连接 $u$ 和 $v$。

**定理 1.7**　设 $G$ 是一个连通一般图，并设 $G$ 中奇度节点的个数 $m>0$，则 $G$ 的边可以被划分为 $m/2$ 个开迹，但不能被划分为少于 $m/2$ 个开迹。

**定理 1.8**　设 $G$ 是一个具有 $K$ 条边的连通一般图，则 $G$ 中存在一条长度为 $2K$ 的闭路径，在该路径中，每条边的重复次数等于它重数的 2 倍。

### 哈密顿路径和哈密顿圈

19 世纪，威廉·罗曼·哈密顿爵士发明了一个智力游戏，在一个十二面体的边上找出一条路径，该路径起始于某个节点，当经过其他每个节点恰好一次后，又回到起始的那个节点。一个十二面体的节点和边确定了一个具有 20 个节点（因此阶数为 20）和 30 条边的图，如图 1.10 所示，右图中的粗线边是哈密顿游戏的一个解，该解和其他的一些解很容易被找到。

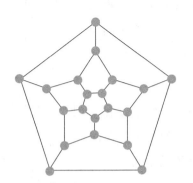 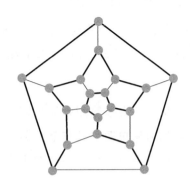

图 1.10　哈密顿游戏

哈密顿游戏适用于任意的简单图。设 $G$ 是一个简单图，能否确定一条路径，从 $G$ 的某一节点出发，沿 $G$ 的边到达其他每个节点恰好一次后，又返回起始节点。

现在，我们把图 $G$ 中哈密顿游戏的解叫作**哈密顿圈**。更确切地说，$n$ 阶图 $G$ 的一个哈密顿圈是 $G$ 中一个长度为 $n$ 的圈。回忆圈的定义：圈是一条闭路径，圈中除了第一个节点与最后一个节点相同外，其他节点互不相同。因此，$n$ 阶图 $G$ 中的一个哈密顿圈是一个长度为 $n$ 的圈 $x_1 \text{—} x_2 \text{—} \cdots \text{—} x_n \text{—} x_1$，其中 $x_1, x_2, \cdots, x_n$ 是 $G$ 的以某种顺序排列的 $n$ 个节点。连接 $G$ 的节点 $a$ 和 $b$ 的长度为 $n-1$ 的路径 $a = x_1 \text{—} x_2 \text{—} \cdots \text{—} x_n = b$ 叫作 $G$ 中的一条**哈密顿路径**。因此，$G$ 中的一条哈密顿路径是 $G$ 的 $n$ 个节点的一个排列，在该排列中，相邻两个节点之间由 $G$ 的一条边连接，哈密顿路径从排列中的第一个节点起，依次连接到最后一个节点。哈密顿路径中的边与哈密顿圈中的边是有区别的。我们也可以在一般图中考虑哈密顿路径和哈密顿圈的问题，但边的重数并不影响哈密顿路径和哈密顿圈的存在性，哈密顿路径和哈密顿圈的存在与否，只与某些节点对之间是否有一条边连接有关，而与连接这些节点对之间的边的重数无关。

**定理 1.9** 带有桥的连通图中不存在哈密顿圈。

设 $G$ 是一个 $n$ 阶简单图，考虑下面的性质，$G$ 可能满足这个性质，也可能不满足。Ore 性质：对所有不邻接的不同节点对 $x$ 和 $y$，有 $\deg(x) + \deg(y) \geq n$。

**定理 1.10** 设 $G$ 是一个满足 Ore 性质、阶数 $n \geq 3$ 的简单图，则 $G$ 中存在哈密顿圈。

**定理 1.11** 在一个 $n$ 阶简单图中，如果每对不邻接节点的度之和至少是 $n-1$，则图中存在哈密顿路径。

## 二分多重图

### 二分图

设 $G = (V, E)$ 是无向图，若节点 $V$ 可分割为两个互不相交的子集 $(A, B)$，且图中的每条边 $(u, v)$ 所关联的两个节点 $u$ 和 $v$ 分别属于这两个不同的节点集，$(u \in A, v \in B)$，则称图 $G$ 为**二分图**，如图 1.11 所示。

### 多重图

社交网络分析中，大多数图是简单图。若一个图中没有自环和重边，它被称为**简单图**。具有至少两个节点的简单无向图中一定存在度相同的节点。如果一个图中有自环或重边，则称它为**多重图**。

图 1.12 展示了多重无向图和多重有向图。在多重无向图中，节点 $A, B, C, D$ 之间存在多条无向边，包括自环和多重边。

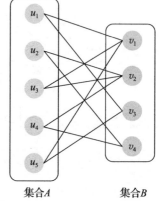

图 1.11 二分图

多重有向图则显示了相同节点之间的多条有向边，包括自环和多重有向边。灰色的边和自环强调了多重边的存在，而黑色的边显示了基本的连接关系。这种图结构在表示复杂网络关系时非常有用。

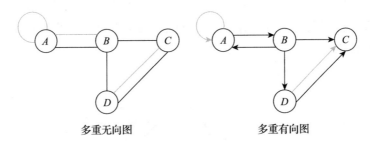

多重无向图　　　　多重有向图

图 1.12　多重图

设 $G=(V,E)$ 是一个多重图，如果节点集 $V$ 可以被划分为两个子集 $X$ 和 $Y$，使得 $G$ 的任意一条边的一个节点在 $X$ 中，另一个节点在 $Y$ 中，则称 $G$ 是二分的，具有这种性质的一对 $X,Y$，称为 $G$ 的（也称节点集 $V$ 的）一个**二分划**。二分划中属于同一子集的节点之间是不邻接的，我们通常这样来画一个二分图的图形：将 $X$ 中的节点画在左边（因此也称为左节点），将 $Y$ 中的节点画在右边（因此也称为右节点）。注意，二分图中不存在任何环，与二分图同构的多重图也是一个二分图。

**定理 1.12**　一个多重图是**二分的**，当且仅当它的任意一个圈的长度是偶数。

**定理 1.13**　设 $G$ 是一个具有二分划 $X,Y$ 的二分图，如果 $|X|\neq|Y|$，则 $G$ 中不存在哈密顿圈。如果 $|X|=|Y|$，则 $G$ 中不存在起始于 $X$ 中的顶点又终止于 $X$ 中节点的哈密顿路径。如果 $X$ 和 $Y$ 相差至少是两个顶点，则 $G$ 中不存在哈密顿路径。如果 $|X|=|Y|+1$，则 $G$ 中不存在起始于 $X$ 终止于 $Y$ 的哈密顿路径，反之亦然。

### 树形图

树形图是一种特殊的图结构，用于表示层次关系。树形图中的顶点常称为节点。树形图由节点和连接这些节点的边组成，且不存在环路。树形图通常用于数据结构、网络结构和层次化信息的可视化。以图 1.13 为例，本节将详细介绍树形图的特点及组成部分。

（1）**根节点**：树形图有一个唯一的根节点，代表树的起始点。在该图中，$A$ 是根节点。

（2）**父节点和子节点**：每个节点可以有零个或多个子节点，并且每个子节点有且只有一个父节点。例如，$A$ 是 $B$ 和 $C$ 的父节点，$B$ 是 $D$，$E$，$F$ 的父节点。

（3）**叶节点**：叶节点是没有子节点的节点，位于树的最底层。在该图中，$J$，$K$，$L$，$O$，$P$ 都是叶节点。

（4）**边**：边是连接节点的线，表示节点之间的关系。在树形图中，边有方向，指示从父节点到子节点的方向。例如，从 $A$ 到 $B$ 和 $A$ 到 $C$ 的边表示 $A$ 是 $B$ 和 $C$ 的父节点。

（5）**子树**：子树是树的一个分支，包含一个节点及其所有后代节点。例如，以 $B$ 为根的子树包括节点 $B$、$D$、$E$、$F$、$I$、$J$ 和 $K$。

树形图没有环路，确保每个节点有且只有一条路径到达根节点；清晰地表示层次关系，便于理解和分析复杂的信息；每个节点有唯一的父节点（根节点除外），使得结构明确且易于遍历和操作。

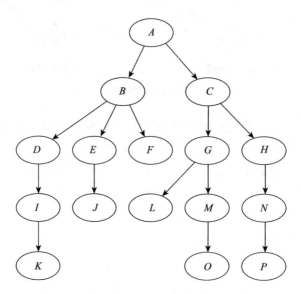

图 1.13  树形图

假如我们要建立一个 $n$ 阶连通图，要求使用最少数目的边"刚好能够做到"。一个简单的构造方法是：选择一个顶点，将它与其他 $n-1$ 个顶点之间都连上一条边，结果得到一个完全二分图 $K_{1,n-1}$，我们把它叫作**星**。星 $K_{1,n-1}$ 是连通的，且有 $n-1$ 条边，如果从中去掉任何一条边，则得到一个不连通的图，其中的一个顶点不和任何边连接。另一个简单的构造方法是：用一条路径连接 $n$ 个顶点，其结果也是一个连通图，有 $n-1$ 条边，如果从中去掉任意一条边，也将得到一个不连通的图。那么，我们能构造出一个具有 $n$ 个顶点、少于 $n-1$ 条边的连通图吗？

假设有一个 $n$ 阶连通图 $G$，试想一个一个地把边放入 $G$ 中，这样我们是从有 $n$ 个顶点、没有边、因而有 $n$ 个连通分图的图开始，每放入一条边，能减少的连通分图的数目最多为 1。如果新边连接的两个顶点已在同一个连通分图中，则连通分图的数目保持不变；如果新边连接的两个顶点不在同一个分图时，则这两个分图变成一个连通分图，而其余分图保持不变。因为我们起始于 $n$ 个分图，而每条边最多只能减少一个连通分图，所以至少需要

$n-1$ 条边，才能将连通分图的数目减少到 1，即得到一个连通图。因此，我们证明了下面的基本结论。

**定理 1.14** 一个 $n$ 阶连通图至少有 $n-1$ 条边。此外，对任意一个正整数 $n$，存在一个恰好为 $n-1$ 条边的连通图。从 $n$ 个顶点、$n-1$ 条边的连通图中去掉任意一条边，得到一个不连通的图，因此，每条边都是一个桥。

树定义为这样一个连通图，去掉其任意一条边后就不再连通。因此，树是一个连通图，其每条边都是桥，即每条边对图的连通性都是必不可少的。

**定理 1.15** 一个 $n \geqslant 1$ 阶的连通图是树，当且仅当它恰好有 $n-1$ 条边。

**定理 1.16** 设 $G$ 是一个连通图，$a = \{x, y\}$ 是 $G$ 的一条边，$a$ 是桥，当且仅当 $G$ 的任何圈中不包含 $a$。

**定理 1.17** 设 $G$ 是一个 $n$ 阶连通图，$G$ 是树，当且仅当 $G$ 中不存在圈。

**定理 1.18** 一个图 $G$ 是树，当且仅当任意一对不同的顶点 $x$ 和 $y$ 之间，都有唯一的一条路径连接，且这条路径必是连接 $x$ 和 $y$ 的最短路径。

**定理 1.19** 设 $G$ 是一个阶数 $n \geqslant 2$ 的树，则 $G$ 中至少有 2 个悬挂顶点。

**定理 1.20** 任何连通图都有一个生成树。

**定理 1.21** 设 $T_1$ 和 $T_2$ 是连通图 $G$ 的两个生成树，$\beta$ 是 $T_1$ 的一条边，则 $T_2$ 中必有一条边 $\alpha$，使得 $T_1$ 中加入 $\alpha$ 而去掉 $\beta$ 后，得到的图仍是 $G$ 的一个生成树。

## 有向图

有向图类似于无向图，但是在有向图中，边是有方向的，并叫作**弧**。因此，有向图用来模拟非对称的关系，同理，无向图用来模拟对称的关系。

有向图 $D = (V, A)$ 有一个顶点的元素集合 $V$ 和一个弧的有序顶点对（两顶点可以相同）的集合 $A$，其中，每条弧的形式为 $\alpha = (a, b)$，其中，$a$ 和 $b$ 是顶点，我们认为弧 $\alpha$ 是离开 $a$ 进入 $b$ 的，即从 $a$ 指向 $b$。在有向图中，$(a, b)$ 和 $(b, a)$ 是不同的。今后我们将使用与无向图类似的术语，但这是有区别的，这些术语只用于有向图，而不用于无向图，比如，弧 $\alpha = (a, b)$ 具有起始顶点 $\epsilon(\alpha) = a$ 和终止顶点 $\tau(\alpha) = b$。在有向图中，可能同时包含弧 $(a, b)$ 和弧 $(b, a)$，也可能包含形如 $(a, a)$ 的环，环 $(a, a)$ 进入和离开的是同一个顶点 $a$。我们可以将有向图一般化，使其成为允许有多重弧的一般有向图。画一般有向图的图形与画无向图的图形是一样的，但对有向图，必须在每条边上画个箭头表示它的方向。

**定理 1.22** 在一般有向图中，顶点的入度之和等于出度之和，且都等于图中弧的个数。

**定理 1.23** 设 $D$ 是一个连通有向图，则 $D$ 中存在闭的有向欧拉迹，当且仅当其每个顶点的入度都等于它的出度。

**定理 1.24** 设 $D$ 是一个连通有向图，$x$ 和 $y$ 是 $D$ 的不同顶点，则 $D$ 中存在一条从 $x$ 到 $y$ 的有向欧拉迹，当且仅当

$x$ 的出度比其入度大 1；

$y$ 的入度比其出度大 1；

任意顶点 $z \neq x, y$，$z$ 的入度与出度相等。

**定理 1.25** 设 $D$ 是一个没有任何环的强连通有向图，如果对任意顶点 $x$，都有（$x$ 的入度）$+$（$x$ 的出度）$\geqslant n$，则 $D$ 中存在有向哈密顿圈。

下面我们来说明，一个竞赛图中总存在哈密顿圈，也就是说，总能使选手按下面的顺序排列 $p_1, p_2, \cdots, p_n$，使得 $p_1$ 胜 $p_2$，$p_2$ 胜 $p_3$，$\cdots$，$p_{n-1}$ 胜 $p_n$。由于我们并没有强调每个选手必须胜他后面的所有选手，所以这个排列并不意味着是选手之间相容的排列。实际上，一个竞赛图中甚至可能存在有向哈密顿圈，这意味着，排列 $p_1, p_2, \cdots, p_n$ 中的每个选手都是第一名！

**定理 1.26** 任意一个竞赛图中存在哈密顿路。

**定理 1.27** 设 $G=(V, E)$ 是连通图，则 $G$ 有一个强连通有向图，当且仅当 $G$ 中没有任何桥。

## 网络

**网络**是带有两个不同顶点 $s$ 和 $t$ 的有向图，其中的每条弧都带有一个非负的权重，叫作它的**容量**。如果把每条弧都想象成一个管道，其中流动着某种物质，弧的容量就好比是单位时间内流过该管道的流量，这里的一个重要问题是，在所给容量的限制下，找出从"源" $s$ 到"目标" $t$ 的最大可能流量。对此问题的回答以及随之产生的构造最大流量的算法，是由最大流最小割（max-flow min-cut）定理给出来的。

网络是一个有向图 $(V, A)$，其中给出了两个特殊的顶点，源 $s$ 和目标 $t$，这里 $s \neq t$，且每条弧 $\alpha$ 都有一个非负的权重 $c(\alpha)$，叫作该弧的容量，$N=(V, A, s, t, c)$ 表示一个网络。网络中要处理的一个基本问题是，在有向图中所给定的弧及所给定弧的容量的限制下，把一种物质从源移到目标。正式地说，网络 $N$ 中的流（flow）定义为一个函数 $f$，它为每条弧 $\alpha$ 定义了一个实数 $f(\alpha)$，满足下列限制条件：

(1) $0 \leqslant f(\alpha) \leqslant c(\alpha)$（通过一条弧的流是非负的，且不超过弧的容量）；

(2) 对每个顶点 $x \neq s, t$，$\sum_{\epsilon(a)=x} f(a) = \sum_{\tau(a)=x} f(a)$（对每个不同于源和目标的顶点 $x$，进入 $x$ 的流量等于流出 $x$ 的流量）。

**定理 1.28** 设 $N=(V, A, s, t, c)$ 是一个网络，则 $N$ 中一个流的最大值等于 $N$ 中一个

割的最小容量。换句话说，一个最大流的值等于一个最小割的容量。如果所有弧的容量都是整数，则存在一个所有值也都是整数的最大流。

**定理 1.29** 设 $s$ 和 $t$ 是有向图 $D=(V,A)$ 中的不同顶点，则从 $s$ 到 $t$ 的逐对弧不相交的路径的最多数目等于一个 $st$-分离集中弧的最少数目。

**定理 1.30** 设 $G$ 是一个二分图，$G$ 的一个匹配中边的最多数目记为 $\rho(G)$，一个覆盖中顶点的最少数目记为 $c(G)$，则 $\rho(G)=c(G)$。

### 1.3.2 图论分析社交网络的优势

图论思想应用于社交网络分析的原因有很多[43]。首先，图论提供了可以用于标记和表示许多社会结构属性的词汇表。这些词汇表为我们提供了一组基本的概念，使我们能够精准地了解这些属性。其次，可以利用图论提供的数学运算和观念对许多属性进行量化和测量[44,45]。最后，图论为我们提供了关于图（以及背后所代表的社会结构）的定理的证明。与其他数学分支类似，图论允许研究者证明定理以及推断可检验命题。

除了作为一个数学系统工具，图论还为我们提供了一种以包含一组行动者及其联系的社会系统模型的方式来表示社会网络的方法。模型提供对某种情景简化的表示，包含该情景所代表的某些但不是全部要素[46,47]。当一个图被用作社会网络模型时，点（被称为节点）用来代表行动者，而连接点的线用来代表行动者之间的联系。在这种情况下，一个图是一个社会网络模型。

Harary[48,49] 以及一些其他人[45,50,51,52] 将图作为一种正式表示社会管理和量化重要社会结构属性的方法，并使其在社交网络分析中得到广泛应用。图论被大量应用于人类学[53,54]、社会心理学[55,56]、商业、组织研究和地理学[57] 中。

### 1.3.3 图论模型：节点与边的表示形式

图可以作为具有无向二元关系的社交网络的模型，"无向"是因为每对行动者之间的联系要么存在要么不存在。无向关系包括诸如是否为正式组织或一般群体的成员关系，与谁结婚、是谁的直系血亲等亲属关系，是否住在附近等远近关系，还可以是诸如"共事"一类的互动关系。在图中，节点代表行动者，连线代表行动者之间的联系。在图论中，节点也被称为顶点或点，连线也被称为边或弧。

一般而言，社交网络可表示为 $G=(V,E)$，其中 $V=\{v_1,v_2,v_3,\cdots,v_n\}$ 表示节点元素集合，$E=\{e_1,e_2,e_3,\cdots,e_m\}$ 表示节点之间的连接关系（边）集合。节点集 $V$ 中的元素称为节点（node）或顶点（vertex），是构成社交网络的最基本元素。边集 $E$ 中的元素称为边

(edge) 或弧 (arc), 描述社交网络各元素之间的相互作用。

图中的一个节点表示社交网络中的一个用户或一个社会团体。我们可以将社交网络看作一个系统,系统的主体是用户,用户可以公开或者半公开个人信息。社交网络是一个以"人"为中心的多维空间,简单来说,这个多维空间是通过"人"这一主体或者人的行为活动来建立的。因此图中的节点是社交网络最基本的元素。

图中的边是节点之间的连线,代表的是社交网络中的用户关系,例如,微博的互相关注,QQ、微信的互加好友。社交网络是一个系统,而系统中的用户能够创建和维护与其他用户间的连接关系,且用户可以通过连接关系来传播信息,或者与其他用户交流和共享信息。图中的边也是基本而重要的元素。

由于真实系统的复杂性,人们从不同的角度对复杂网络进行了分类。根据社交网络中的连边是否具有方向性,可将社交网络分为无向网络和有向网络。一个有向关系可以表现为一个有向图。一个有向图由代表行动者的一组节点和表现节点间有向联系的一组有向边组成。在有向网络中,需要考虑节点之间相互作用的方向性。而在无向社交网络中,节点对 $(i,j)$ 和 $(j,i)$ 对应同一条边。

图 1.14 给出了一个包含四个节点的无向图(图 a)和有向图(图 b)的例子。图的节点和边往往直接反映了实际网络中节点以及它们之间的关系。

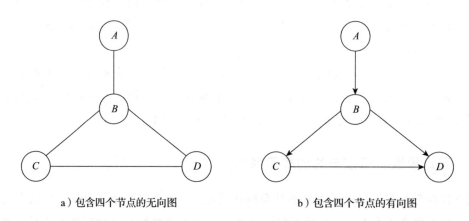

a) 包含四个节点的无向图　　　　　b) 包含四个节点的有向图

图 1.14　无向图和有向图示意

## 1.4　在线社交网络结构特征

由于互联网信息技术的发展与普遍应用,现在人们的生活和工作每天都要使用互联网,比如通过互联网社交、通信等,因此,各种类型的网络也应运而生。下列将介绍三种不同类型的网络。

### 1.4.1 规则网络

规则网络是指根据所有已知的网络拓扑并遵守既定的结构而得到的网络,其中最常见的有最近邻耦合网络、星型网络以及全局耦合网络。

**最近邻耦合网络**

假定网络系统中的所有节点仅与其附近的邻节点连接,则这类网络称为最近邻耦合网络系统。这是一种已被人们普遍重视的最稀疏的规则网络模式。例如,多个人手拉手站成一条长线或者围成圆圈,这样就形成了一种最近邻连接网络,其中,两人间的牵手就是二人的最直接联系。这一网络概念也运用在了许多技术网络当中,比如传感网中的网络节点都具有近邻特征,因此形成最近邻耦合网络,也就是说,当两节点的最近距离达到感测器所能够察觉到的范围时,两节点之间便能够实现直接通信。这种类型的网络有一个显著特点,网络的拓扑结构是以其相对位置来确定的,而且网络的拓扑结构也会随着节点的不同而改变。

**星型网络**

星型网络是指在互联网上仅有一个中央节点,其他节点都单独连接在中央节点上的网络。中央节点的度数最大,比总节点数少 1,而网络中的其余节点的度数均为 1,如图 1.15 显示,图中共有 5 个节点,节点 A 是网络的中央节点,其度数均为 4,而其他节点的度数均为 1。此外,由于星型网络系统具备节点可扩充、容易迁移等的优点,而且每个节点的失效对整个网络并没多大的影响,例如以太局域网,但星型网络的中央节点对节点的影响非常大,对其核心节点的需求也非常高,倘若出现问题,便导致整个系统瘫痪。

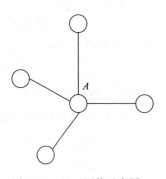

图 1.15 星型网络示意图

**全局耦合网络**

全局耦合网络代表着网络中任何两个节点之间都相互连通,即节点间的距离和聚类系数均为 1。因此,全局耦合网络具有距离相对比较短、传播快速等优点,但因其节点的数量多、节点聚集程度较高,这在现实中的实际传播较为复杂。

### 1.4.2 随机网络

还有一种常用的网络结构是随机网络。Erdös 和 Rényi 将随机网络(ER)引入图论中，由此形成了一种能够反映各种随机因子的典型的随机网络模型（ER 模型）。与常规的网络化技术相比，这种模型采用基于随机网络技术的节点，数据具有不确定性，既能反映出运动的时间等多种量化指标，其成本、资源消耗、效益、损失等都会是一个随机的变数，这一特点将会使得构成网络结构的各种行为具有随机性和偶然性。

具体来说，ER 模型的构建方式主要有两类：第一类是给多个不加任何重边的节点，可以用多条边来进行连接，组成一个随机数，并将网络以一定的概率出现构成概率空间。第二类是在由多个节点组成的网络中，其中任何两个节点都以一定的可能性连接在一起，从而产生一个随机网络，在节点数量足够大的情况下，虽然各节点的关联具有随机性，但其度数分布基本遵循泊松分布。

### 1.4.3 复杂网络

复杂网络仍然是不容忽视的一种常见网络。我们主要介绍两种复杂网络：小世界网络和无标度网络。

**小世界网络**

小世界网络是建立在所熟知的"六度分割理论"基础上的，简单来说，在一个社交网络中，每个人至多通过五个人就可以连接到任何一个陌生人。美国的 Watts 和 Strogatz 在 1998 年发明了一种复合网络结构模型，该模型不仅具有群组特征，而且平均路径长度也很小。由于小世界网络的路径长度较短，聚类系数较高，因而在这种网络中，节点之间的信息可以快速地进行传递。

在小世界网络的构造原理中，提出了一个由多个节点所组成的环状网络，每个节点都与其最邻近的偶数个节点相连。除此之外，每个边都有机会被随机地进行连接，或是重复连接。重复连接的概率是一个相当关键的参数，这一概率对网络的平均路径长度和聚集系数相当重要，概率的取值在 0 到 1 之间。在概率为 0 的时候，该网络的聚集系数很高，并表现为一个完整的规则网络；在概率为 1 的情况下，该网络的聚集系数很低，并表现为一个完全的随机网络。

**无标度网络**

无标度网络是指通过对大量的实际互联网数据进行分析，形成一种基于 BA 模型的无标度互联网模型。该模型是在 1999 年由 Barabasi 与 Alber[6] 共同开发的，具有"马太效应"，具体来说，在一个节点数量不多的社交互联网中，存在着数量众多的连接，但实际上这些节点的数量却非常少。因此，无标度网络具有增长的性质和优先连通的特点，那么新的节点会随着其节点的增加而增加，而新的节点则会根据"优先连接"的特点，与不同的节点进行连接，现实中大部分的网络具有非尺度特征，例如 Facebook，其中包含一些无标度网络，比如用户访问的网站和社交网站的"明星"这样的网络。而无标度网络是基于它自身的增长性和连通性而产生的。在一个包含多个节点的社交网络中，在原有网络的基础上每添加一个节点，并使之与原来的节点连接，这就是优先连接和网络的增长性。通过新添加的节点与原来的节点在网络中的性质和连接概率，可以建立相应的模型算法。

### 1.4.4 社交网络的节点中心性

在社交网络分析、网络动力学和复杂系统中，中心性度量是一类算法，可以根据节点或行为者在网络中的相关性对其进行排序。中心性度量的最早可追溯到 20 世纪 50 年代[58]，经典的中心性度量包括：度中心性（degree centrality），根据节点的连接数量来判断其重要性；接近中心性（closeness centrality），认为最重要的节点是到达其他节点最短路径最短的节点；介数中心性（betweenness centrality），认为最重要的节点是在网络中起到桥梁作用，能有效地连接其他节点的节点[59]。

在这些度量指标（以及其他如特征向量中心性及其衍生指标[60]）中，节点重要性的判断主要取决于网络的拓扑结构，也就是行为者在网络中的结构位置。从 20 世纪 60 年代[61]到 80 年代[62]，节点在网络中传播信息的能力也被纳入了中心性的度量。后者可以用于分析具有动态和表达性信息流的网络。因此出现了基于流量的介数中心性和接近中心性[63]等指标，以及基于传输信息内容的指标，如 TRank[64] 和 TS-SRW[65]。随着复杂系统和动态网络的研究不断发展，基于时间网络的中心性指标也相继出现（如 IDM-CTMP[66]和无参数混合[67]等）。甚至还有受博弈论[68,69]启发的中心性度量。中心性问题在不同背景下的专门化也导致了针对特定社交网络的多种度量指标（如转发影响力[70]、熟人得分[71]和社交网络潜力[72]）。目前已经有超过 100 种不同复杂程度和适用性的中心性度量。

**度中心性**

度中心性为每个节点的连接数量（度）。度越高的节点，表示其与其他节点有更多的直接联系，也就越中心。度中心性可以反映一个节点在网络中的活跃程度和影响力。总之，度中心性是一种简单直观的中心性度量方法，它通过计算节点的连接数来评估节点在网络中的地位和影响力。这是最基本的中心性指标之一。

**接近中心性**

接近中心性为每个节点到其他所有节点的最短距离之和。距离总和越小，表示该节点到其他节点的平均距离越短，也就越中心。接近中心性反映了一个节点到达网络中其他节点的便利程度。距离越短的节点，表示它能更快地接触到网络中的其他节点，从而拥有更强的影响力和控制力。因此，接近中心性突出了节点在网络中的地理位置特征，能够识别出那些位于网络中心的重要节点。这是一种基于节点间距离的中心性度量方法。

**介数中心性**

网络中每对节点之间的最短路径经过一个节点的次数为介数中心性。经过某节点的最短路径数越多，说明该节点在连接网络中其他节点时起到了重要的桥梁作用。介数中心性就是根据每个节点被包含在最短路径中的次数来评估其重要性。介数中心性反映了一个节点在网络中的中介和控制能力。越是位于网络中的关键桥梁位置的节点，其介数中心性就越高，也就越重要。

这种基于最短路径的中心性度量方法，能够识别出那些在网络中起到关键连接作用的节点，是分析网络结构和信息传播的重要指标。

介数中心性主要是由美国社会学家 Freeman[44] 提出来的一个概念，用于度量一个点在多大程度上位于图中其他"点对"的"中间"。他认为，如果一个点处于多对点之间，那么它的度数一般较低，这个相对来说度数比较低的点可能起到重要的"中介"作用，因而处于网络的中心。根据这个思路可以测量点的介数中心性。中心性测量为发现不同学科的连接点或进化网络中的支点（tipping point）提供了一种计算方法。这种图论方法的优势在于，因为它独立于任何知识领域，所以其应用范围就极其广泛。而且这种方法只研究网络中少量的连接点，而不是整个网络，这样就有了很大的实际应用价值[73,74]。

在 Burt[75] 关于"结构洞"的著名论文中，他提出，那些连接其他彼此不相连的节点或者网络部分的个人能通过"经纪人"位置持续获得收益。在贸易网络的例子中，他们可以作为中间人获取额外收益。在流言网络中，他们能够阻碍或者操纵这些信息在网络中传播。一个度中心性不高的节点却可能有很高的介数中心性：若一个节点同时连接两个其他部分完全相离的网络，尽管其度中心性可能只有 2，但该节点很可能因为占据两个网络间唯一能够联系的通道而具有很大的影响力。

在图 1.16 中，$B$ 就是一个结构洞，起到桥梁的作用，如果将 $B$ 节点删除，那么该图就会分裂为多个子图。

一种测量介数中心性的方法就是计算网络中节点出现在各对节点之间的最短路径（测地距）上的次数。网络中两个节点之间的最短路径指的是连接两个节点边数最少的路径。介数中心性体现了节点控制其他节点交换信息和资源的潜在能力。

假设节点 $j$ 和 $k$ 必须通过节点 $i$ 才能交换信息和资源，那么节点 $i$ 对节点 $j$ 和 $k$ 之间交换的信息或资源的时间安排以及内容就会有巨大的影响。因此，节点出现的路径越短，网络中的节点能影响的信息交换和交流就越多。

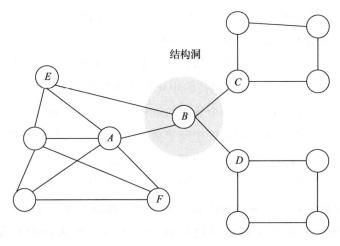

图 1.16　结构洞

介数中心性的计算公式如下：

$$C_B(v_i) = \sum_{j<k} g_{jk}(v_i)/g_{jk}$$

无向图的标准化公式为

$$C'_B(v_i) = \frac{2\sum_{j<k} g_{jk}(v_i)/g_{jk}}{(N-1)(N-2)}$$

有向图的

$$C'_B(v_i) = \frac{\sum_{j<k} g_{jk}(v_i)/g_{jk}}{(N-1)(N-2)}$$

其中，$g_{jk}$ 是节点 $j$ 到达节点 $k$ 的最短路径的数量，$g_{jk}(v_i)$ 是节点 $j$ 到达节点 $k$ 经过节点 $i$ 的最短路径的数量，$N$ 是指该网络中的节点数量。

介数中心性计算方法简要说明，以无向图 1.17 为例。

我们计算节点 $D$ 的介数中心性。$A$ 到 $E$ 的最短路径有 2 条，$A$ 到 $E$ 经过 $D$ 的最短路径有 1 条，所以这一条最短路径算 1/2；反过来，由 $E$ 到 $A$ 也是 1/2。$F$ 到 $E$ 及 $C$ 到 $E$ 这两条最短路径都必须经

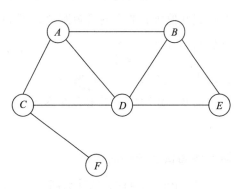

图 1.17　社交网络无向图

过 $D$，可以加上 2；反过来，由 $E$ 到 $C$ 及 $E$ 到 $F$ 又加上 2。另外 $B$ 到 $C$ 及 $B$ 到 $F$ 都有两条最短路径，最短路径分别经过 $D$ 和 $A$；$C$ 到 $B$ 及 $F$ 到 $B$ 亦如此，因此再加上 2。那么

$g_{jk}(D)$ 加总就是 7。标准化要除以 $(N-1)(N-2)=20$，所以 $C'_B(D)=7/20$。

介数中心性（衡量中介性有多高）指标衡量了一个节点作为媒介的能力，也就是据于其他两节点快捷路径上的重要位置性。如果中介节点拒绝做媒介，这两节点就无法沟通，占据这样的位置越多，就代表它具有越高的中介性，越多的人联络时必须要通过它。如果一个网络有严重的切割，形成了一个个分离的组件，正如 Burt 所说的两个网络间有结构洞。如果有一个节点在两个分离的组件中间形成纽带的话，这个节点就是一个切点（cut point），也就是我们俗称的桥（bridge，学理上桥是沟通的线，而不是节点）。而在网络分析中，之所以会这么重视桥的概念，就是两个分离的大团体间，若彼此信息要交流、意见要沟通、行动要协调的话，作为桥的人就非常重要。能够连接两个群体之间的互动与交流，其中介性就很高，在社交网络分析中衡量一个节点作为桥的程度的指标就是中介性[76]。

**基于流量的介数中心性**

**基于流量的介数中心性**（flow betweenness centrality，FBC）。FBC 表示节点 $k$ 在所有节点对之间的最大流量中所起的中介作用。具体计算为：$FBC = \sum_{(i,j \in K)} f_{kij}$，其中 $K$ 表示除节点 $k$ 以外的所有节点对，$f_{kij}$ 表示需要经过节点 $k$ 的 $i$ 到 $j$ 的最大流量。为了消除节点数量对 FBC 的影响，还需要对 FBC 进行归一化，这种基于流量的介数中心性可以更好地反映节点在网络中的中介作用，而不仅仅是基于最短路径的传统介数中心性。

**基于流量的接近中心性**

**基于流量的接近中心性**（flow closeness centrality，FCC）。传统的接近中心性是基于节点到其他所有节点的最短距离。而 FCC 则是基于节点到其他所有节点的最大流量。具体计算为：$FCC = \sum_{j \in S, j \neq k} f_{kj}$，其中 $f_{kj}$ 表示从节点 $k$ 到节点 $j$ 的最大流量。这种基于流量的接近中心性体现了节点在网络中的通信能力，即节点可以向其他节点传递信息的能力。与传统的基于距离的接近中心性不同，FCC 考虑了网络中信息传播的实际机制，更贴近现实情况。

**基于传输信息内容的指标**

基于传输信息内容的社交网络节点影响力指标的原理为，单纯依赖用户的关注者数量等简单指标并不能准确反映用户的真实影响力，需要结合内容传播等更多因素来综合评估。总之，这些方法都试图从用户的社交互动和内容传播等多个维度来评估用户的影响力，而不仅仅依赖单一的结构特征。这有助于更准确地识别出在特定话题上有影响力的用户。

**基于时间网络的中心性指标**

基于时间网络的中心性指标的计算原理主要涉及以下几个方面。

每个用户通过一个特征向量来表示,该向量包含了与用户在在线社区中的社交行为和活动相关的信息。特征向量中的每个元素反映了用户在特定在线社区中的权威性水平。例如,在问答社区中,可以包括用户回答的数量、获得的最佳答案数量、收到的投票数等。对特征值进行对数变换和归一化处理,以增强权威用户与非权威用户之间的对比度,并使所有特征值在 [0,1] 区间内具有可比性。使用多元贝塔分布来建模用户特征向量的概率密度函数。多元贝塔分布提供了极大的灵活性,能够模拟多种形状的概率分布,从而更好地拟合用户数据。用于估计多元贝塔混合模型的参数包括混合系数和每个贝塔分布的参数。EM 算法通过迭代期望步骤(E 步骤)和最大化步骤(M 步骤)来优化模型参数。使用集成分类似然贝叶斯信息准则(ICL-BIC)来估计混合模型中组件的数量,选择使 ICL-BIC 最小的组件数。通过 EM 算法得到的后验概率来确定每个用户特征向量属于哪个组件,然后选择包含最高分值向量的多元贝塔组件,将其对应的用户识别为权威用户。基于连续时间马尔可夫过程(CTMP)来预测社交网络用户的影响力动态。在该模型中,节点代表用户,边连接连续时间上讨论同一主题的用户。通过在大规模数据集上的实验研究,比较提出的评估框架内的不同的权威性度量指标,并验证所提出算法的预测性能。

这些原理共同构成了基于时间网络的中心性指标的计算方法,旨在自动识别在线社区中的权威用户,并预测他们的影响力动态。

**受博弈论启发的中心性指标**

受博弈论启发的中心性指标的计算原理主要基于以下几个方面。

将社会网络中的个体视为博弈论中的参与者,网络中的连接表示参与者之间的互动或流动关系。这种结合允许使用博弈论的工具来分析网络中的权力和影响力结构。在合作博弈的框架下,网络中的个体被视为同时参与一个博弈,这个博弈代表了参与者之间的社会利益。网络的限制条件,如连接的方向性,会改变博弈的性质,将其转变为一个具有限制的合作博弈。在博弈论中,Shapley 值是用来度量参与者在博弈中所获得收益的一个公平指标。在网络中心性分析中,Shapley 值被用来评估节点在网络博弈中的影响力。定义一系列中心性度量方法,这些方法基于博弈论的观点,评估节点在网络中的重要性。这些度量包括发射(emission)、介于(betweenness)和接收(reception)中心性组件。提出的中心性度量可以分解为三个部分:发射、介于和接收,这些部分分别代表了节点在网络中的不同角色和影响力。所提出的中心性度量满足特定的稳定性和公平性条件。稳定性意味着增加一条连接不会降低任何节点的中心性;公平性则涉及连接对起始节点和接收节点中心性影响的比率。引入一个参数化的函数族，允许根据不同的社会网络和博弈情境调整中心性度量的敏感度。开发算法来计算这些中心性度量，包括用于确定网络中最重要的节点的算法，以及用于计算纯策略纳什均衡的算法。最后通过在真实世界数据集上的实验，验证所提出的中心性度量方法的有效性。

总的来说，受博弈论启发的中心性指标的计算原理，是将社交网络分析与博弈论相结合，通过定量的方法来评估网络中个体的中心性和影响力，这些方法不仅考虑了网络的结构特征，还考虑了网络中个体之间的互动和战略行为。

### 1.4.5 群组

20世纪60年代，Milgram首次提出六度分离理论，为小世界现象与小世界理论的提出奠定了基础。小世界现象是指世界上所有互不相识的人只需要很少中间人就能建立起联系。1967年，哈佛大学心理学教授Stanley Milgram根据这概念做过一次连锁信件实验，尝试证明平均只需要五个中间人就可以联系任何两个互不相识的美国人。这种现象说明任何两个素不相识的人，通过一定的方式，总能够产生必然联系或关系。

**群组概述**

由于社交网络的包围渗透以及社交媒体的蓬勃发展，具有相同志趣、相似诉求的人们在持续交互中自发组建起规模各异的网络社群，形成了众多相对封闭、互动活跃的社交圈层。正如Sela等在研究中指出社群是在社交网络中扩大信息传播的有效方法，随着虚假新闻的大量涌现，人们倾向于通过参与传播的用户数量来评估新闻的可靠性。由此可见，网络社群以其高效的圈层传播优势，在网络舆情传播领域展现出强大的组织动员能力，如在微信群、朋友圈中时常可见某热议话题的刷屏现象。网络社群极大地促进了正面有用信息的传播，而其圈层封闭性与私密性也为一些负面不良信息的扩散提供了"社交黑箱"，大大增加了舆情监测与管控的难度。因此，基于群组传播的社交网络俨然成为竞争性舆情信息传播的助推器。

**群组类型**

与物理世界类似，在线社交网络也是由多个社区构成的。社区内部的节点间连接紧密，而社区与社区之间的连接相对稀疏。这些连接紧密的节点集合就被看成一个群组[17]。社区发现研究是利用网络中的多维信息，挖掘网络中隐藏的社区结构。由于在线社交网络中的社区发现可以有效地提高各类社交应用的效果，例如社交推荐、用户行为预测等，因此，在线社交网络中的社区发现具有重要的研究价值和研究意义。

群组的相关研究主要涉及两个研究方向。一是非重叠群组。非重叠群组是指群组中的成员仅属于一个群组，不会同时属于其他群组。其特点是每个成员的身份和角色在群组中是唯一的，成员身份唯一，不会在其他群组中出现。群组之间的界限清晰，成员不会跨越群组。群组内部的决策和意见相对独立，不受其他群组直接影响。非重叠群组示意图如下图1.18。二是重叠群组。重叠群组是指群组中的成员可以同时属于多个不同的群组。在这种情况下，一个成员的身份和角色可能在不同的群组中有所重叠，从而影响其在决策过程中的影响力和行为。其特点是成员身份不唯一，可以在多个群组中重复出现。群组之间的界限不明确，成员可以在不同的群组间流动。群组内部的决策和意见可能受到其他群组的影响。重叠群组能够更加真实地反映社交网络中的社团特征。在在线社交网络中的不同话题的引导下，一些用户可以集聚成多个重叠的社团组织[77]，重叠群组示意图如图1.19。

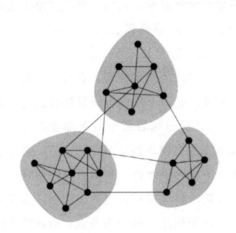
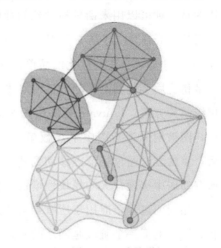

图 1.18　非重叠群组　　　　　　图 1.19　重叠群组

在社交网络分析中，识别重叠群组和非重叠群组是理解网络结构和动态的关键步骤。现实世界的真实数据可以通过图来表示，图中的节点代表人或对象，边代表节点之间的关系。随着技术的发展，生成的数据量越来越大，图的规模也越来越大。如何从这些数据中提取有用信息成为一个热门研究话题。因此需要有条理的算法从这些原始数据中提取有用的信息。这些非结构化图形本质上并不是分散的，展示了基本实体之间的关系。基于这些关系识别社区可以提高对图形所代表应用的理解。

社区检测算法是将图形划分为小规模簇的解决方案之一，其中节点在簇内密集连接，跨簇连接稀疏。这种算法主要可以归为两大类：非重叠社区检测算法和重叠社区检测算法。

**非重叠社区检测算法**

非重叠社区检测算法要求每个节点只属于一个社区，主要包括图聚类方法、模块性基础算法和动态方法。图聚类方法通过图的分割将图划分为强连接的组件子图。这是一种分裂方法，形成树状图，显示每个层级的不同的分区。Girvan 和 Newman 是社区检测算法领域的两位杰出发明者。他们提出了一种基本的社区检测算法，该算法基于图划分，被称为 Girvan-Newman（GN）算法[78]。在这种算法中，社区中节点的划分是通过边的介数中心性来完成的。边的介数中心性是一种度量，它倾向于支持位于社区之间的边，而反对位于社区内部的边。这种算法是一种分裂算法，它移除所有边中具有最大介数中心性的边。Girvan 和 Newman 重新计算最短路径介数。通过迭代移除边，图被划分为多个簇，每个簇包含彼此相关的节点。这种方法属于层次聚类，最终形成一个树状图，每个层级显示基于介数的不同数量的簇。

在基于模块性的算法中，模块性（modularity）在发现社区方面发挥着至关重要的作用。模块性是一种可以用来衡量检测到的社区质量的度量标准。它用于测量网络中连接的密度，取值从-1到1。这是一种基于层次聚类的方法，形成树状图。2008 年，Blondel 等[79]提出了一种基于模块性优化的简单社区发现方法，称为 Louvain 算法。这是一种启发式方法，最初应用于比利时移动电话网络中的 200 万客户的语种社区。它是一个可扩展的多层次层级结构方案。Louvain 算法由两个阶段组成，这两个阶段会重复迭代进行。在初始步骤中，图被划分为与图中节点数量相等的社区，这意味着每个节点都表现为一个社区。之后，算法尝试通过将节点移动到其邻近社区来提高模块性。节点移动后，会在这些节点的所有邻居中实现最大的模块性增益。如果无法提高模块性，则节点将保留在其社区中。然后，相同的过程会应用于所有剩余节点。此阶段持续进行，直到无法进一步提高模块性为止。算法的下一个阶段是网络的重建。社区在新网络中被视为节点，而社区之间的关系被视为新网络的边，并构建它们的相对权重。这两个阶段迭代执行，直到没有更多的变化，并且获得最大的模块性。

LPA 算法即标签传播算法，是由 Zhu 等[80]于 2002 年提出的一种基于图的半监督学习方法，其基本思路是用已标记节点的标签信息去预测未标记节点的标签信息。在 LPA 中，每个节点都被赋予一个唯一的标签，表示其潜在的社区归属。随后，算法通过迭代更新节点的标签，使得具有相似特征的节点逐渐拥有相同的标签，从而识别出网络中的非重叠社区。算法通常包括三个步骤。首先是初始化，即为每一个节点分配一个唯一的标签，然后随机选择一个节点，统计其邻居节点的标签分布情况，选择出现频率最高的标签作为该节点的新标签。若有多个标签出现频率相同，则随机选择一个作为新标签。重复节点标签更新步骤，直到标签分布不再发生变化或达到预设的迭代次数。LPA 算法的核心在于节点的标签更新策略，它依赖于节点间的相似度和邻居节点的标签信息。在迭代过程中，节点的标签会向其邻居节点传播，直至达到稳定状态，此时具有相同标签的节点被划分为同一个社区。LAP算法由于较为简单高效，在社交网络分析、生物信息学、文本聚类及推荐系统等方面都有着广泛的应用。

在许多现实生活的应用中，图中节点之间的关系会持续变化。例如，在Facebook数据集中，许多用户加入Facebook，也有用户离开Facebook，或者取消关注群组。对于这种情况，我们需要一个能够动态适应这些变化的算法。Shao等人引入了一种名为吸引子算法（Attractor algorithm）的新型社区检测算法[81]，该算法基于距离动态。这是一种新方法，可以在网络中通过节点间距离变化自动发现社区。与Louvain算法不同，吸引子算法能够识别大规模网络中通常存在的小型社区或异常现象。最初，吸引子算法使用Jaccard距离公式来计算初始距离。在那之后，基于三种提出的互动模式：直接链接节点的影响、共同邻居的影响以及独有邻居的影响，模拟每个距离的动态。由于拓扑驱动的影响，共享相同社区的节点间的距离趋于减少，而不同社区之间的距离逐渐增加。最后，所有的距离都收敛为0或1。具有最大距离的边被移除，从而可以轻松地获得社区。吸引子算法可能会遇到收敛速度慢的问题，要求大部分边都收敛为0或1，这导致迭代次数增加，而这些边的社区归属已经相当明显。

**重叠社区检测算法**

重叠社区检测算法允许一个节点属于多个社区。连接划分的算法主要有四种：基于节点划分的算法；基于代理的算法，通过子网络的局部社区来识别社区；基于团的算法，团是完全连接的子图；基于三角形的算法，考虑三角形内节点的强凝聚力。

找到重叠社区已经有几种基于节点划分的算法。在重叠社区中，连接主要属于单一社区，因此基于连接的图划分是一种有用的方法。这里讨论一种基于连接划分的算法——LinkLPA算法。这是一种基于标签传播的连接划分算法[82]。该算法的主要思想是将重叠节点划分问题转换为非重叠连接划分问题。基于连接而非节点应用标签传播算法，以发现弱联系的错误划分并避免过度重叠。该算法包括两个阶段。第一阶段，为每个连接分配随机标签，并基于连接应用标签传播算法。通过评估Ahn等[83]提出的连接间相似性方法来解决联系，迭代更新标签以获得其邻接边中的高频标签。第二阶段，通过比较平均边数并合并相似的簇来处理过度重叠。

基于代理的算法用于大型网络。通常，它根据节点的连接性将图划分为子图，如自我网络。社区是通过从子图中获得的局部社区的联合来识别的。下面讨论一种基于代理的算法：DEMON代表网络模块化组织的民主估计[84]，顾名思义，该算法以民主方式允许每个节点对全球网络的有限视图进行社区投票。DEMON是大型图中寻找社区的一种局部优先方法。它在**自我网络**（ego network）上工作。自我网络包括节点及其所有邻居节点和它们之间所有边的集合。该算法包括两个阶段。第一阶段，标签传播算法被应用于在大型图的**自我减去自我网络**（ego-minus-ego network）上寻找局部社区[85]。当自我节点及其边从自我网络中移除时，自我网络就变成了自我减去自我网络。第二阶段，这些自我减去自我网络产生的社区被合并以获得全局社区。两个社区的合并基于用户提供的共同元素因子的百分比。

大多数由现实生活问题生成的图包含各种完备子图。**团**（clique）是每个节点都完全连接的子图。因此，在图中发现团在发现社区中扮演着至关重要的角色。下面描述了一种基于团的算法。

由现实世界问题生成的图遵循社区结构。Palla 等[86]利用图的这一特性，引入了基于团的第一种算法，称为**团渗透方法**（clique percolation method，CPM）。为了最初发现社区，这种方法在图中找出所有最大的 $k$-团。之后将所有相邻的团合并成一个单一的社区，这些团之间共享 $k-1$ 条边。合并所有相邻团后得到的图显示了检测到的重叠社区。

基于三角形的算法是最新的，将三个节点以三角形连接，保证社区中的顶点之间有很强的内聚力。三角形可能有两种类型：第一种是社区三角形，其所有三个顶点都在社区内；第二种是切割三角形，有一个顶点属于另一个社区。

下面描述一种基于三角形的算法。Mojtaba 等[87]引入了一种名为 CoreExp 的三角形切割方法，用于高效检测重叠社区。社区拟合度指标是检测社区的一种度量方式。找到拟合度指标的有效值是社区检测的关键步骤。因此，有许多可用的拟合度指标，如经典密度、相对密度、子图模块度、局部模块度以及导通性。Mojtaba 等选择导通性指标的倒数作为发现社区的拟合度指标。此外，他们在计算衡量社区间连通性的拟合度指标时不是使用边数，而是使用三角形的数量。CoreExp 由两个阶段组成。第一阶段，它利用拟合度指标检测非重叠的核心社区，该指标可以通过迭代过程轻松找出。第二阶段，找到属于其他社区的节点。CoreExp 还最小化了分离效应和搭便车效应。分离效应将节点分配给拟合度值最大的重叠社区之一。而搭便车效应将两个社区合并以获得更好的拟合度值，但结果社区的拟合度值要比它们中的一个大。

**群组研究现状**

实际上社交网络存在大量的社交群，一个群组的成员可以加入其他群组。这些处在不同地理位置的群组成员往往并不熟悉，但群组成员能够顺畅共享信息，这就为负面信息传播提供了巨大的空间和便利[88]。Rhouma 和 Romdhane[89]认为在线社交网络分析就是对一个社会网络中两个人或更多个人之间的关系或联系的研究和理解。社交网络分析提供了一整套可视化分析社会网络关系的工具和方法，这些关系就是社交网络群组（社区）的构建结构。Fortunato[90]认为群组（社区）可以描述为在网络中可能共享或承担类似职责的一组个人。

Jia 等[91]建立包含点对点传播与群组谣言传播模型，分析了模型的动态性和稳定性，更好地理解传播者的行为，为采取有效措施提供指导。Ghoshal 等[92]利用组结构静态选择一组种子节点发布正面信息，以尽早有效控制错误信息。Ni 等[93]考虑了群体结构，提出了一个基于群体的谣言阻断问题，即在给定预算的约束下，从所有群体中选择一组种子用户作为保护人，使不受谣言来源影响的预期用户数量最大化。在线社交网络中，用户不仅可能从直接朋友收到负面信息，还可能从自己加入的社交群组中收到错误信息，因此，在线社交网络上的私人群组极大地增加了负面信息的曝光率，提高了用户之间错误信息交互的频率。为降低负面信息的曝光率和负面信息的传播速度，Zhu 等[94]考虑了在回音室效应作用下，利用网络中私有群体的解散策略，以最大限度地减少虚假信息的传播。

群组发现对于在线社交网络负面信息传播具有至关重要的影响。群组数量、群组规模、用户亲密度、社会强化效应对竞争性舆情信息的传播有不同的作用。群组划分中典型的聚类方法有 K-均值算法、K-modes 算法、层次聚类、图论分裂聚类算法以及 CLARA 聚类方法（clustering large application）等[95]。群组划分可理解为对用户的"聚类策略"，刘宇和吴斌[96]将群组分为三种：根据用户的角色身份形成固定用户群组，如朋友、家人等，或组成临时用户群组；随机形成的用户群组，如收听音乐直播的人，成员可随意加入或退出群组；根据一定规则确立的群组，如根据用户对项目喜好形成的兴趣群组。Tian 等[97]利用 K-均值聚类算法根据用户相似度矩阵来完成群组划分，但该算法中一个迭代点只包含于一个群组中。Ntoutsi 等[98]提出了一种聚类算法，算法开始时将每个成员都看成独立的，迭代计算两两用户之间的相似度。在群组的相似度大于指定阈值时就将它们归并在一起，最终实现用户分组。Sarwar 等[99]提出了基于用户聚类的推荐算法。首先利用用户偏好评分信息采用聚类技术将用户划分到群组之中，然后在组内查找用户的邻居，这样做的好处是提高了邻居搜索的效率和推荐精度。康颖等[100]提出了一种三角形内点的多层群组发现算法（TMLCD），该算法从社交网络的基本拓扑图上得出该网络的初始社区效应，进而改善发现效果。Zhu 等[101]提出了一种融入共同偏好和用户之间互动信息来进行群组划分的新方法。这种方法引入了一个新的参数共同社交行为（common social activity，CSA），并与其他方法参数一起来为目标用户查找分组。这些参数都作为最终聚类算法的输入值，以此来实现群组划分。

**群组应用**

群组的应用非常广泛，例如在电商推荐系统、社交网络分析、社交网络营销等场景中。此外，群组也可以应用在政治舆论分析以及公共卫生监测等方面。

在电商推荐系统中，电商平台利用社交网络分析技术，识别用户之间的非重叠群组，根据群组特征进行商品推荐[102]。例如，通过分析用户的购买历史和社交关系，将具有相似购物偏好的用户划分为同一群组，并向该群组推荐相关商品。

在社交网络营销方面，企业利用社交网络分析技术，识别潜在的目标客户群体，并制定相应的营销策略[103]。例如，通过分析用户的兴趣爱好和社交关系，将具有相同兴趣的用户划分为同一群组，并针对该群组推出定制化的营销活动。

在政治舆论分析中，政治研究机构利用社交网络分析技术，分析不同政治立场的用户群体（即非重叠群组），了解公众的政治态度和舆论趋势。例如，通过分析用户在社交媒体上的言论和互动行为，将具有相似政治观点的用户划分为同一群组，并据此评估不同政治议题的支持度和反对度。

在公共卫生监测中，公共卫生机构利用社交网络分析技术，监测和预警疾病传播情况。例如，通过分析用户在社交媒体上发布的健康相关信息和社交关系，识别出潜在的高风险群组（如与已知病例有密切接触的群体），并采取相应的防控措施。

### 1.4.6 超图

在数学中，超图是对图的概括，一条边可以连接任意数量的顶点。形式上，超图 $H$ 表示为 $H=(X,E)$，其中 $X$ 是一组元素，称为节点或顶点，$E$ 是 $X$ 的一组非空子集，称为超边或连接。

超图是图的一种推广，普通图的一条边最多连接图中的两个节点，超图中一条超边里面的节点不受数量的限制，可使任意数量的、任意属性的节点之间产生关联，而不仅仅是两个节点，在本质上与复杂网络中的边有所不同，复杂网络中的边可视为超边中只有两个节点的特例。普通图和超图的示例如图 1.20 所示。

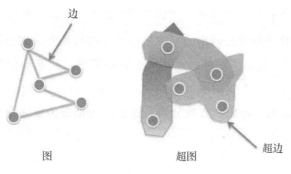

图 1.20 图和超图

1973 年，Berge 最早定义了超图。设有限集合 $V=\{v_1,v_2,\cdots,v_n\}$，若满足以下条件：

$$E_i \neq \varnothing (i=1,2,\cdots,e)$$

$$\bigcup_{i=1}^{e} E_i = V$$

则称二元关系 $H=(V,E)$ 为**超图**，集合 $V$ 中的元素 $v_1,v_2,\cdots,v_n$ 表示超图的节点，$|V|$ 表示节点的个数；$E=\{E_1,E_2,\cdots,E_e\}$ 为超图中所有超边的集合，其中的元素 $E_i=\{v_{i_1},v_{i_2},\cdots,v_{i_j}\}(1 \leqslant j \leqslant n)$ 称作**超边**，$|E|$ 表示超边的个数。最近，Banerjee[104]基于定义的连通性矩阵介绍和分析了一般超图的几个结构特征，例如，超图的直径、连通性和顶点色数与这些矩阵的谱之间的关系。

超图的表示方法与普通图相同，以图形的形式进行表示，特别地，当超图中的超边仅包含 2 个节点时，超图就退化成了普通的社交网络图。下图为超图的实例，包含 6 个节点和 2 条超边。

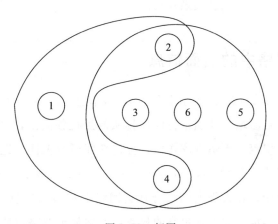

图 1.21　超图

图 1.21 展示了超图 $H=(V,E)$，其中节点 $V=\{v_1,v_2,v_3,v_4,v_5,v_6\}$，超边集合 $E=\{E_1,E_2\}$，其中 $E_1=\{v_1,v_2,v_4\}$，$E_2=\{v_2,v_3,v_4,v_5,v_6\}$。

近年来，利用超图或者超网络研究在线社交网络以及社会网络中的实际问题是一个新的有较好发展前景的研究方向，其中已有的研究工作包括以下三个方面。

首先，在信息传播与影响力扩散方面，Suo 等[105]基于社交网络中的不同关键属性与信息传播方式构建了一种超网络，由此对社交网络中的用户进行了等级评价，并为用户提供了个性化的推荐服务。Du[106]提出了基于概率超图的一种新的信息传播模型，寻找了概率最大的传播路径，度量了源节点的领导能力并能够确定出意见领袖。Gangal 等[107]用超图中的节点代表行动者，超边代表组织群体，通过分析影响力扩散过程提出了一种新的影响力最大化方法。

其次，在群组结构检测方面，Tao 等[108]针对社交网络使用超图构建了所有的局部连接结构，并采用 hMETIS 方法进行了超图分割，而提出了一种基于超图的重叠社区提取方法。Yang 等[109]利用信息熵描述度分布并提出了一个名为 EQHyperpart 的社区检测工具，对无标度网络和一些经典的现实数据进行了评估测试。Zhang 和 Liu[110]提出了一个进化的超图模型，并通过 Folksonomy 的底层结构研究了社交网络中的用户行为。

最后，在话题关系与用户关系方面，肖玉芝和赵海兴[111]利用超图理论建立了在线社交网络中用户行为的四层超网络模型，并通过兴趣话题的趋同性来使用户之间可以建立朋友关系。Fang 等[112]在社交媒体网络中利用超图理论提出了一种有效的计算方法（TSIM），同时也推断了超图中每个节点在不同话题中的影响力。You 等[113]通过对腾讯 QQ 数据集的分析，得出群体及其成员之间三种不同类型的网络：群体超图、群体网络和用户网络，揭示了微观层面的社会关系互动。

## 1.5 在线社交网络中的负面信息

2023 年 5 月，"郴州某村镇银行倒闭了"的虚假信息在网络平台散布，引起群众恐慌，导致该银行储户取现人数激增，伴随银行门口排队的短视频流出，事态持续恶化。某些网络短视频主播为了吸粉引流，不惜弄虚作假，捏造新闻博取关注，造成巨大的社会不良影响，甚至还触犯法律红线。2023 年，*Nature Neuroscience* 发表了 Jiang 等[114]在认知科学研究领域的研究成果表明，在人类大脑整合社会网络上传递的信息以进行决策的过程中，那些更加"四通八达"的信息源施加更高的权重，低估甚至忽略可能掌握了部分真理的其他信息源，这种策略可能导致虚假信息的传播和错误共识的形成。在虚拟网络世界那些阴暗角落滋生的顽疾，正在影响和改变着公众的认识和行为，进而引发实体空间中的抢购、挤兑和舆情等突发事件，严重危及社会公共安全、金融安全和意识形态安全等。因此，开展虚拟网络空间中的虚假信息传播对实体空间的作用机制，以及虚实交互的一体化治理策略研究具有重要的现实意义和理论价值。

人工智能技术正以摧枯拉朽之势重塑各行各业，2023 年的大语言模型 ChatGPT、2024 年的文生视频大模型 Sora 都给人类的认知带来巨大冲击，其中的应用场景和商业价值巨大，然而科技是一把双刃剑，自动生成技术为虚假信息文本和视频的制造与传播提供了便利，也为虚假信息的传播提供了温床，放大了观点上的极端化，带来对实体空间的冲击。因此，研究虚假信息在虚拟网络空间与实体空间之间的传播机制，掌握虚假信息的滋生、传播与相变规律，进而探寻一体化的治理策略具有重要的理论意义和应用价值。

研究学者从定性和定量两个角度对虚假信息的传播机理开展研究，其中就蕴含着大量的非线性组合优化问题，尤其是非次模集合函数的优化，求解难度大，原创性的方法必将推进相关领域的快速发展。定性视角下，Vosoughi 等[26]对比了 2006 年到 2017 年 Twitter 中真实信息和虚假信息的传播差异，得出结论：虚假信息比真实信息传播得更快、更广。

然而信息的多样性使得社交网络的内容良莠不齐，虚假信息、虚假广告、网络谣言是网络世界的顽疾，尽管我国有相关法律和司法解释，但其仍野蛮生长并成为社会的公害。虚假信息通常是不真实的或有误导性的。哈佛大学教授 David M. J. Lazer 2018 年在 *Science* 上发表了题为 "The Science of Fake News" 的文章，其中提到 Twitter 上的虚假信息通常有更多人转发，比真实信息传播更迅速，文章呼吁科学家应当促进跨学科研究，以减少虚假新闻的传播，并揭示它所潜在的传播机理[115]。因此，开展社交媒体中的虚假信息治理研究具有重要的现实意义和应用价值。

以微信为例，大量的微信群聚集了不同画像（熟悉、相同爱好或需求等）的人，这种网络单个规模不大，但是信任程度较高、兴趣观念较一致，更容易形成从众效应，这使得社群网络也成为虚假信息传播的重要载体。社交网络的同质性也会使得网络中的用户更加倾向于和自己兴趣、观点一致的用户交流。这使得在信息传播过程中，信息在同一个圈子中形成闭环而封闭，从而形成回音壁效应。另一方面，同质化的社交网络减少了人们对其他观点的容忍度，放大了态度上的极端化，更可能接受与已有信息相容的新闻，并逐渐将新信息拒之门外，这种趋势造就了虚假信息能够吸引大量受众的环境[116]。有时对错误信息的纠正反而会强化人们对错误信息的坚持，纠正的结果也可能适得其反。

## 1.5.1 负面信息的影响

负面信息的传播会与正向信息产生竞争传播关系，因此，网络中的过量负面信息会造成所产生的信息量完全超过人类的消化水平。再加上由于经济利益或政治利益的诱惑，在媒体的推波助澜下，整个媒体舆论环境变得更加不堪。除了这些外部因素，人类在信息传播中出现的认识与心理学上的弱点，也加剧了虚假信息的泛滥。虚假信息泛滥给网络信息生态系统的安全带来严重的威胁。负面舆论对当事人会带来心理、经济以至人身安全上的负面影响；对政府而言，负面舆论会严重影响其公信力与权威性；对社会而言，会造成社会恐慌等群体事件，激化不同群体间的矛盾，误导舆论走向，影响社会的正常运作和决策。负面经济新闻可能引发市场恐慌，导致股市波动，对经济稳定产生不利影响。总之，负面信息的广泛传播对个人心理健康、社会和谐以及经济稳定都具有潜在的负面影响。对虚假信息传播机制的深入研究及寻求相关的对抗方法已刻不容缓[117]。

## 1.5.2 负面信息的传播机制

在线社交网络的快速发展为负面信息的传播提供了快捷途径，打破了地域限制，潜在传播机理仍需要揭示[115]。学者从定性分析和定量建模两个角度对虚假信息的传播机理进行了研究。

定性分析的视角主要通过采集典型虚假信息案例，利用统计方法分析传播规律。斯坦福大学的 Kumar 等[118]采集维基百科的恶作剧虚假信息，分析了这类信息的传播特征和过程，提出了基于信息特征的检测方法。麻省理工学院的 Vosoughi 等[26]通过分析 Twitter 2006 年到 2017 年的真实信息和虚假信息的传播过程，证实虚假信息比真实信息传播速度更快、范围更广。Yang[119]通过分析网络热点话题动态数据，提出信息传播过程上升期、峰值期和衰减期的三阶段过程。Vicario 等[120]通过分析大量 Facebook 上阴谋论话题和科学性话题的传播过程，考察了错误信息被广泛接受和传播的原因，并对错误信息的传播生命周期给出了详细分析，提出了"回音壁效应"，即信息或思想在一个封闭的小圈子里得到加强。Shu 等[116]详细阐述了虚假信息和假新闻研究的最新进展。

定量建模的视角主要通过建立信息传播模型对信息传播规律进行模拟仿真，包括借鉴传染病模型、系统动力学仿真、平方场模型以及基于图的传播模型等。Jin 等[8]提出用户在面对虚假信息时存在易感（susceptible）、潜伏（exposed）、感染（infective）、康复（recovered）四种状态，构建了 SEIR 传播模型，通过对真实数据的训练学习得到模型的转移概率参数。然而与传染病传播规律不同，虚假信息的传播过程中往往会出现信息的夸大、扭曲。殷飞等[121]构建的谣言热度系统动力学模型建模方法，使用软件进行仿真并分析，结果显示政府公信力、媒体影响率、网民群体极化程度等变量都对突发事件网络谣言的传播具有较大影响。平方场理论是把环境对物体的作用进行处理，能把一个高维难解的问题转化为一个低维问题，是统计物理中重要的理论分析方法，当社会网络规模足够大、网络个体同质时，平方场模型用来刻画谣言传播模型[8,121,122]。基于图的传播模型因其简练直观，在应用方面较为广泛，其中最普遍的是独立级联模型[123]（independent cascade model，IC）和线性阈值模型[124]（linear threshold model，LT），它们将社交网络表示成有向图 $G=(V,E,P)$，$V$ 是节点集合，$E$ 是表示关联关系的边集合，$P$ 是边上的权重，表示节点之间的影响概率，同时将信息传播过程看成离散时间轴上的迭代过程。以 IC 为例，初始种子集合（信息传播源）是 $S$，令 $S_t$ 表示截止第 $t(t=0,1,2,\cdots)$ 步被激活（节点被激活代表该节点接受该信息，并继续传播该信息）的节点集合。在第 $t$ 步，$S_t$ 中的任何一个节点 $u$ 将尝试激活它的每一个未被激活邻居节点 $v$，激活概率是 $P_{(u,v)}$，同时假定这种尝试激活的动作只存在一次[123]。Guille 等[125]对信息传播模型的研究进行了综述。

研究者通过挖掘社交媒体数据，逐步发现虚假信息的传播特征及规律，"回音壁效应"[120]、"过滤气泡"[9]等作用越来越强，大量在线社交网络社群促使人们更容易受到所属群体的影响，称之为群组效应。现有传播模型对群组效应刻画欠缺，尤其是在基于图的传播模型方面，仍需要研究新的刻画方法与虚假信息传播定量模型，Zhu等[126]利用超图概念描述了信息传播过程中的从众效应（crowd influence）。

### 1.5.3 研究意义

基于社交媒体环境的群体化、同质化特征，掌握虚假信息依托群组传播的机理，研究虚假信息的最优干预策略，对于提升应对措施的时效性和有效性具有重要的实际意义。

**理论意义**

首先，有助于揭示社交媒体中群组虚假信息的传播机理。虚假信息在网络中传播具有独特的群体化和同质化特征，需要研究建立契合这些特征的传播模型。本书应用文献分析与案例分析，掌握典型的虚假信息传播特征，构建群组效应下的信息传播模型，揭示虚假信息在社群网络中传播的一般规律和机理。

其次，有助于实现非线性组合优化理论的创新，尤其是非次模函数优化理论。大量的应急管理实践问题的解决依赖于优化方法的创新，社交媒体中虚假信息治理中所涉及的干预策略优化均是典型的非线性组合优化问题，在计算复杂性方面大都是 NP-困难的，追求理论创新是本书的核心目标。

**现实意义**

首先，有助于提升社交媒体虚假信息的治理能力。网络空间出现虚假信息时，管理决策者通常利用阻断信息传播和发布辟谣信息的方式应对。本书所关注的关键节点与关键路径虚假信息阻断优化模型，将有助于精准给出阻断策略，既能有效阻断信息传播，又能降低阻断策略给用户体验带来的负面影响。同时辟谣信息发布源头的选择与多角度、多内容信息发布形式的策略研究，将有效提升干预措施的精准性和有效性。

其次，有助于拓展非线性组合优化理论的应用场景。本书在非次模函数优化方法的突破，将不局限于应用在社交媒体虚假信息治理领域，还可以拓宽到网络社区发现、自然语言处理、语义分析等领域，在解决机器学习和人工智能的一些现实问题中将有巨大的价值。

## 1.6 本章小结

在当今信息化时代，社交网络作为人们日常生活的重要组成部分，其复杂性和多样性不容忽视。本节回顾社交网络的分类、图论基础以及节点度等概念，这些概念是我们全面理解社交网络的拓扑结构和动态特性的理论基础。

本章从社交网络的连边是否具有方向性出发，将社交网络分为无向网络和有向网络两大类。无向网络中的边没有方向性，节点对 $(i,j)$ 和 $(j,i)$ 被视为同一条边，这种网络结构常见于朋友关系、同事关系等场景，其特点在于关系的相互性和对等性。相比之下，有向网络中的边具有明确的方向性，如关注与被关注关系、信息传递等，这种网络结构更能体现社会互动中的非对称性和层级性。通过有向图和无向图的对比（如图 1.12 所示），我们直观地理解了这两种网络在结构上的差异，为后续深入分析奠定了基础。

图论作为研究社交网络的重要工具，其基本概念和性质在本章中得到了详细阐述。图 $G$ 由顶点集 $V$ 和边集 $E$ 构成，顶点代表社交网络中的个体，边则代表个体之间的关系。通过图论的语言，我们可以将复杂的社交网络抽象为简单的图形，从而便于分析和研究。此外，本章还介绍了多重图和一般图的概念，这些扩展的图论模型为我们处理更复杂的社会关系提供了可能。节点度是衡量社交网络中个体影响力和活跃度的重要指标。在无向图中，节点度等于与其直接相连的边的数量，反映了该节点在网络中的直接连接能力。而在有向图中，节点的入度和出度分别表示了接收和发送信息的能力，揭示了网络中的信息流向和权力结构。本章通过具体的计算公式，详细说明了如何计算节点度，并指出了节点度在网络分析中的重要性。

为了更准确地评估节点在不同规模网络中的影响力，本章还介绍了标准化的节点度计算公式，这一方法有效消除了网络规模变化对节点度的影响，使得我们能够更公平地比较不同网络中的节点。此外，我们还从不同角度分析了社交网络中负面信息的传播、影响以及研究其传播机制的理论意义和现实意义。基于社交媒体环境的群体化、同质化特征，掌握虚假信息依托群组传播的机理，研究虚假信息的最优干预策略，对于提升应对措施的时效性和有效性具有重要的实际意义。

综上所述，本章通过对社交网络的分类、图论基础以及节点度的深入剖析，为我们构建了一个完整的社交网络分析框架。社交网络作为复杂系统的典型代表，其结构和动态特性对于理解社会现象、预测舆论趋势具有重要意义。通过本章的学习，我们不仅掌握了社交网络分析的基本方法和工具，还深刻认识到社交网络在现代社会中的重要作用。未来，随着技术的不断进步和数据的日益丰富，社交网络分析将在更多领域展现出其独特的魅力和价值。

# 第 2 章  信息传播模型

信息传播模型可帮助我们理解和预测信息在社交网络中的传播方式和传播效果。这些模型不仅在学术研究中具有重要地位,还在实际应用,如病毒营销、舆情监控和健康传播中起到关键作用。通过模拟信息在网络中的传播过程,我们可以识别关键影响节点,优化传播策略,并预测信息扩散的范围和速度。本章将详细介绍几种经典的信息传播模型,并探讨这些模型的应用和发展。

在目前广泛的研究中,运用得已经比较完善的信息传播模型有独立级联模型(independent cascade model,IC 模型)[1]和线性阈值模型(linear threshold model,LT 模型)[2]。除了上述这两个模型,在目前的很多研究中,也有许多采用了传染病模型中所建立的 SI 模式、SIS 模式、SIR 模式、SIRS 模式、SEIR 模式等来进一步模拟虚假信息在社交网络中的传播过程[3]。随着研究的深入,更多复杂的模型被提出,如通用阈值模型(general threshold model)和通用级联模型(general cascade model)。这些模型不仅考虑了传播概率和传播阈值,还引入了更多变量,如时间因素、节点的异质性和环境因素,从而更加准确地模拟信息传播的真实过程。下面将对这些模型的具体机制和模型机理进行详细描述和分析,并且比较不同类型网络的特点和差异。

## 2.1  独立级联模型

独立级联模型是当一个节点尝试感染它的邻居节点时,它是否会成功感染的一个可能性概率事件,并且一个未被感染的节点被感染的概率与先前试图感染它的相邻节点的行为无关。另外,这个模型还有一个特点,那就是如果一个网络中的任何一个节点都只有一次机会感染它的邻居节点,不管它的邻居节点是否被感染,这个节点将不能够再感染其他节点。因此,在一个无向有权重的网络 $G(V,E,p)$ 中,该网络中的各个节点仅有两种情况,分别为感染和未被感染。在 IC 模型的算法过程中,各个节点之间的作用是彼此无关的,用 $S_t$ 代表时间 $t$ 的全部感染节点,而在初期,仅有种子节点 $S^*$ 中的节点被感染。假定在时

间 $t-1$,一个节点 $u$ 变成了受感染的情况,它会对它的没有被感染的邻居节点 $v$ 产生概率为 $p(u,v)$ 的影响,整个扩散将持续直至在一个特定的区域内被感染,或是不能再感染节点为止。其运算程序如下所示:

(1) 确定初始的已被感染的节点集合。

(2) 在某时刻刚被成功感染的节点 $u$ 会对其相邻的节点 $v$ 造成一定概率 $p(u,v)$ 的感染。如果节点 $v$ 具有多个可以感染其他节点的邻居节点,则这些节点将会试图以任何次序感染节点 $v$。

(3) 如果节点 $v$ 被成功感染转换为刚被感染的节点,则节点 $v$ 会在下一时刻对其相邻的未被感染的节点进行感染。反之,在下一时刻节点 $v$ 的状态不会改变。

(4) 该进程将沿着以上方法不断地进行,直到在该网络中没有可以感染的新节点才停止。

图 2.1～图 2.3 给出了独立级联模型下一次传播感染的流程示意图。图中,实线灰色圆圈表示新感染节点;虚线白色圆圈则表示在此次感染完成时新被感染的节点;实线白色圆圈代表未被感染的节点;而实线边表示影响力,可以在该边上以一定的概率进行传播感染。图 2.1 表示,在 $t$ 时刻,节点 $B$ 处于感染状态,而其他节点则处于未被感染状态。在 $t+1$ 时刻,节点 $B$ 尝试以一定的影响概率感染其周围未被感染的相邻节点。因此在 $t+1$ 时刻,如图 2.2 所示,节点 $C$、$F$ 和 $H$ 被成功感染,而未被感染的节点 $A$ 和节点 $G$ 将不再受到节点 $B$ 的感染,此时,已被感染的节点继续尝试感染其周围未被感染的节点。如图 2.3 所示,当节点 $C$ 尝试感染节点 $D$、$E$ 和 $I$ 时,未感染成功,此时网络中已经不会再有新的节点可以再被感染,因此传播结束。

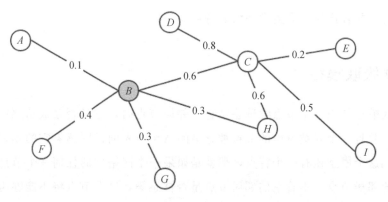

图 2.1　$t$ 时刻节点状态初始图

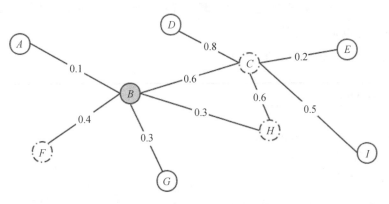

图 2.2  $t+1$ 时刻节点传播过程图

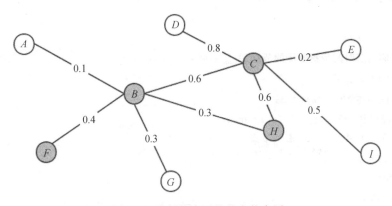

图 2.3  传播结束后的节点状态图

**定理** 2.1  在有向社交网络 $G(V,E)$ 中给定信息传播源 $S$,信息依据独立级联模型传播时计算其传播值 $\alpha_{\text{IC}}(S)$ 是 #P 难的。

**证明**  通过规约到有向图中 $\hat{x}\text{-}\hat{y}$ 连通性的计数问题来证明该定理[127]。给定一个有向图 $G(V,E)$ 和两个节点 $\hat{x}$ 和 $\hat{y}$,$\hat{x}\text{-}\hat{y}$ 连通性问题是计算 $G$ 中节点 $\hat{x}$ 连接到节点 $\hat{y}$ 的子图的数量。然而,当 $G$ 中的每条边都具有独立的值为 0.5 的连接概率时,该问题等价于计算节点 $\hat{x}$ 连接到 $\hat{y}$ 的概率。

下面,将节点 $\hat{x}\text{-}\hat{y}$ 的连通性问题简化为影响扩散计算问题。首先,定义 $\sigma(S,G)$ 表示在拓扑网络 $G$ 下传播源 $S$ 的影响扩散结果。设置信息传播源 $S=\{s\}$ 以及每条边 $e \in E$ 的影响概率 $p_e = 0.5$,计算 $LL_1 = \sigma(S,G)$。接着,添加一个新节点 $\ddot{y}$ 以及一条从节点 $\hat{y}$ 到 $\ddot{y}$ 的有向边,得到一个新图 $G'$,并且让 $p_{\hat{y}\ddot{y}} = 1$。那么,我们可以得到 $LL_2 = \sigma(S,G')$。设 $\psi_G(\hat{y},S)$ 表示在拓扑网络 $G$ 中节点 $\hat{y}$ 被传播源 $S$ 成功影响的概率,很容易得到 $LL_2 = \sigma(S,G) + \psi_G(\hat{y},S) \cdot p_{\hat{y}\ddot{y}}$。因此,$LL_2 - LL_1$ 是节点 $\hat{x}$ 连接到节点 $\hat{y}$ 的概率,即解决了 $\hat{x}\text{-}\hat{y}$

连接计数问题。由于节点 $\hat{x}$-$\hat{y}$ 的连通性问题已经被证明是#P完全的[127]，那么信息影响传播值的计算问题也是#P难的。                    □

独立级联模型的具体步骤如下。

---

**算法 2.1　独立级联模型**

1：输入：
2：有向图 $G(V,E)$，节点集 $V$ 和边集 $E$
3：　边 $(u,v)$ 的传播概率 $p(u,v)$
4：　初始激活节点集 $S$
5：初始化：
6：最初激活的节点集 $A=S$
7：当前时间步新激活的节点集 $A_{new}=S$
8：过程：
9：while $A_{new}!=\varnothing$ do
10：　临时存储当前时间步新激活的节点 $A_{temp}=\varnothing$
11：　for 每个 $u\in A_{new}$ do
12：　　for 每个 $v\in N^{+}(u)\backslash A$ do
13：　　　if 随机数 $r\in[0,1]<p(u,v)$ then
14：　　　　$A_{temp}=A_{temp}\cup\{v\}$ 激活节点 $v$
15：　　end for
16：　end for
17：　$A_{new}=A_{temp}$
18：　$A=A\cup A_{new}$
19：end while
20：输出：
21：最终激活节点集 $A$

---

## 2.2　线性阈值模型

线性阈值模型的研究对象是在感染过程中的影响阈值状态，也就是对其产生的影响进行了累计。如果一个活跃的节点试图感染它的未被感染的邻居节点，那么此时这个节点的作用就会被累计，并且会对后续的节点造成一定程度的影响。也就是说，一个节点能否被成功感染，取决于多个活跃的已被感染节点的影响，如果一个已被感染的节点尝试感染了一次，但没有成功，那么它对邻居节点的影响将会被积累，直至该节点被成功感染或者该扩散进程终止。

线性阈值模型给每一个节点 $v$ 指定一个代表此节点可以被成功感染的临界值,即赋予阈值。除此之外,节点 $v$ 的邻居节点的感染概率之和是非负的权重,且节点 $v$ 的全部邻居节点的概率总和小于 1。假设仅当某个未被感染的节点的已被感染的相邻节点的感染概率总和超过了阈值时,那么该节点就会被成功地感染,这就是说,在该网络上,每个节点的状况决定它邻近的节点的性质。并且,在已被感染的邻居节点中,能够不止一次地感染其邻居节点。

线性阈值模型传播算法过程如下所示:

(1) 确定初始的感染节点集合。

(2) 在某一刻,正处在已被感染状态的每个邻居节点都会试图感染其他相邻节点,若某个节点受到的累计感染概率大于其感染概率阈值,在下一时刻,该节点就会被转化成已感染节点。

(3) 上述过程反复进行,直至网络中任何一个已被感染节点的感染概率总和都无法成功感染未被感染的邻居节点时,该过程才会终止。

但是,感染行为并不独立,在该感染过程中,满足 $\sum_{u \in \text{pre}(v)} p(u,v) \leqslant 1$,在其中,$\text{pre}(v)$ 是节点 $v$ 的前驱节点集。LT 模型为所有节点均提供阈值 $\theta_v \in [0,1]$,而且阈值越大,越不易于被感染。在初始时刻 $t=0$,只有种子集合 $S$ 中的节点为感染状态。而假如节点 $u$ 在 $t-1$ 刻为感染状态,则 $u$ 将以 $p(u,v)$ 的概率直接影响处于非感染状态的邻居节点 $v$。感染过程直至整个网络中再没有节点可以被感染时结束。

前面是对线性阈值模型的概述,下面将具体举例来说明,图 2.4 和图 2.5 给出了线性阈值模型的传播路线示意图,其中灰色圆点代表传播节点,白色圆点代表在此次传播完成后的未被感染的节点,而实线边代表影响力,上面的数值表示传播感染的概率。假设在本次传播过程中,阈值为 0.7,也就是说,如果某个节点所受到传播的概率累计大于或等于 0.7,则该节点将被感染。由图 2.4 看出,在 $t$ 时刻,节点 $A$ 和 $B$ 周围的 5 个节点 $C$、$D$、$E$、$F$ 和 $G$ 都已经被感染,即具有一定的传播性,可以往其周围的邻居节点进行传播,而节点 $A$ 和 $B$ 不具有传播性,属于可以被传播感染的节点。具有传播性的节点对于不同的邻居节点由其连接关系和强度决定不同的传播概率,例如图 2.4 和图 2.5 中,节点 $D$ 对节点 $A$ 的传播概率为 0.1,而节点 $D$ 对节点 $B$ 的传播概率为 0.2。

从 $t$ 时刻开始,节点 $A$ 和节点 $B$ 分别被它们的邻居节点 $C$、$D$、$E$、$F$、$E$、$F$、$G$ 进行单次单向的传播感染,此过程不可重复和反向。传播结束后,节点 $A$ 所受到的累计感染概率为 $0.2+0.1+0.3+0.2=0.8 > 0.7$,因此,传播结束后,节点 $A$ 将被成功感染,而节点 $B$ 所受到的累计感染概率为 $0.2+0.1+0.2=0.5 < 0.7$,因此,传播结束后,节点 $B$ 仍未被成功感染。

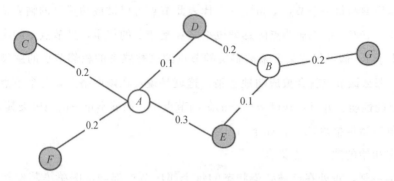

图 2.4　传播结束前的节点状态图

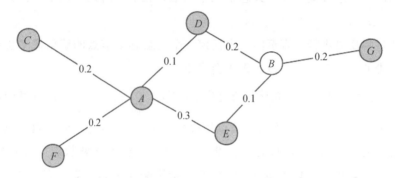

图 2.5　传播结束后的节点状态图

**定理 2.2**　在有向社交网络 $G(V,E)$ 中给定信息传播源 $S$，信息依据线性阈值模型传播时计算其传播值 $\sigma_{\mathrm{LT}}(S)$ 是 #P 难的。

**证明**　通过把该问题规约为计算有向图中的简单路径问题来证明定理，并且有向图 $G(V,E)$ 中简单路径的总数已经被证明是 #P 难的[128]。考虑有向图 $G$，添加一个新节点 $\hat{x} \notin V$ 和 $|V|$ 条有向边 $e_{\hat{x}v}(v \in V)$，构造一个新有向图 $G'$。令 $\mathrm{MD}_{\mathrm{in}}$ 为有向图 $G'$ 中节点的最大入度，并且 $G'$ 中每条边的权重为 $w_e = w' \leqslant 1/\mathrm{MD}_{\mathrm{in}}$，其中 $w'$ 为常量参数。另外，有向图 $G'$ 中所有节点入度边的权重之和小于或等于 1，满足线性阈值模型对社交网络中节点的权重要求。

在一个有向图 $G'$ 中给定信息传播源 $S = \{\hat{x}\}$，将构造一个影响计算问题的实例来证明对于任何符合条件的 $w'$ 计算信息传播值 $\sigma(S)$ 是可解的，也就是可以计算有向图 $G$ 中简单路径的数量，从而表明计算信息传播值是 #P 难的。在线性阈值模型下，具有信息传播源 $S$ 的 $G$ 中的活动节点集的分布与随机图 $R_G$ 中从 $S$ 可达的节点集的分布相同[6]。令 $\Omega$ 表示有向图 $G'$ 中从 $\hat{x}$ 开始的所有简单路径的集合，得到

$$\sigma(S) = \sum_{LY \in \Omega} \prod_{e \in LY} w_e \qquad (2.1)$$

令 $\Omega_m$ 为 $\Omega$ 中长度为 $l(l=0,1,2,\cdots|V|)$ 的简单路径的集合，然后得到

$$\sigma(S) = \sum_{l=0}^{|V|} \sum_{LY \in \Omega_l} \prod_{e \in LY} w_e = \sum_{l=0}^{|V|} \sum_{LY \in \Omega_l} w^i = \sum_{l=0}^{|V|} w^i |\Omega_l| \quad (2.2)$$

基于式 (2.2)，将 $w$ 设置为 $|V|+1$ 个不同的值 $\{w^0, w^1, w^2, \cdots, w^{|V|}\}$。对于每个 $w^i$，通过假设可以获得对应于 $w^i$ 的 $\sigma(S)$。然后得到一组 $|V|+1$ 个以 $|\Omega_0|, \cdots, |\Omega_{|V|}|$ 作为变量的线性方程组，并且这些方程的系数矩阵 $M$ 是范德蒙矩阵，$M_{li} = w_l^i, i, l \in \{0,1,2,\cdots,|V|\}$。因此，方程对于 $|\Omega_0|, \cdots, |\Omega_{|V|}|$ 有唯一的解并且易于计算。另外，对于每个 $l \in \{0,1,2,\cdots,|V|\}$，$\Omega_l$ 中的路径与图 $G$ 中长度为 $l-1$ 的简单路径之间存在一一对应关系。因此，$\sum_{l=1}^{|V|} |\Omega_l|$ 给出图 $G$ 中简单路径总数，即定理成立。

线性阈值模型的具体步骤如下。

**算法 2.2　线性阈值模型**

1：输入：
2：有向图 $G(V,E)$，节点集 $V$ 和边集 $E$
3：边 $(u,v)$ 的权重 $w(u,v)$，满足 $\sum w(u,v) \leq 1$ 对所有 $v \in V$
4：节点 $v$ 的阈值 $\theta_v$，$0 \leq \theta_v \leq 1$
5：初始激活节点集 $S$
6：初始化：
7：最初激活的节点集 $A = S$
8：当前时间步新激活的节点集 $A_{\text{new}} = S$
9：过程：
10：**while** $A_{\text{new}} != \varnothing$ **do**
11：　　临时存储当前时间步新激活的节点 $A_{\text{temp}} = \varnothing$
12：　　**for** 每个 $v \in V \setminus A$ **do**
13：　　　　计算 $v$ 的已激活入邻居集合 $N_{\text{active}}(v) = \{u \in N^{\wedge -}(v) | u \in A\}$
14：　　　　计算 $v$ 的加权总输入 $w_{\text{total}}(v) = \sum w(u,v)$ **for** $u \in N_{\text{active}}(v)$
15：　　　　**if** $w_{\text{total}}(v) \geq \theta_v$ **then**
16：　　　　　　$A_{\text{temp}} = A_{\text{temp}} \cup \{v\}$ 激活节点 $v$
17：　　**end for**
18：　　$A_{\text{new}} = A_{\text{temp}}$
19：　　$A = A \cup A_{\text{new}}$
20：**end while**
21：输出：
22：最终激活节点集 $A$

## 2.3 传染病模型

传染病模型是一种数学工具,用于模拟和预测传染病在群体中的传播动态。最常见的模型包括 SI 模型、SIS 模型、SIR 模型和 SEIR 模型。通过这些模型,可以分析和预测传染病的传播速度、感染峰值和感染规模等,为公共卫生决策提供科学依据。传染病模型在社交网络中主要用于模拟信息、谣言、病毒等的传播过程。通过将社交网络中的节点视为个体,边视为个体之间的联系,传染病模型可以用来研究信息如何在网络中扩散。

### 2.3.1 SI 模型

易感-感染(SI)模型是最早提出的一类传染病模型,也是最简单的一类模型。在该模型中,网络中所有的节点分为易感染者(S)和感染者(I)。如果某个节点被感染,则被定义为感染者,这种状态在整个传播过程中会一直维持而且具备感染其他节点的能力。未被感染的节点定义为易感染者,易感染状态的节点可以被周围感染状态的节点传播。如果假设感染状态节点通过与周围的易感染状态节点进行接触并感染,而且单位时间内的感染概率是随机的,那么 SI 模型的具体传播过程和机制如图 2.6 所示。

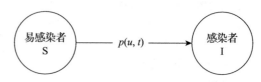

图 2.6 SI 模型节点状态转换过程图

从图 2.6 中可以看出,如果每天易感染者节点转为感染者节点的概率为 $p(u,t) \times s$,且感染者节点总数为 $i$,每天新增感染者节点数为 $p(u,t) \times s \times i$。

### 2.3.2 SIS 模型

SIS 模型与 SI 模型本质上是一样的,也将所有节点分为易感染者节点和感染者节点两种状态。但与 SI 模型不同的是,SIS 模型描述的是即使治愈之后也不具备免疫力的传染病,类似于流感,感染者即使康复了也会再次被感染,因此个体可以反复多次被感染和康复。在 SIS 模式中,易感染者节点以一定概率被感染而转为感染者节点,感染者节点则以一定概率被治愈而不免疫,会再次转为易感染者节点。该传播机制可以用图 2.7 表示。

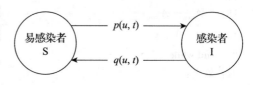

图 2.7 SIS 模型节点状态转换过程图

### 2.3.3 SIR 模型

传染病模型的研究具有漫长的发展历程，通常认为始于 Daniel Bernoulli 于 1760 年发表的一个关于预防天花的研究论文，但是传染病模型研究已经有数百年的历史了。在 20 世纪初期，Hamer 和 Ross 等人进行了大规模关于建立传染病数学模型的研究工作，并由此进行了真正的确定性传染病模型研究。1927 年，Kermack 和 McKendrick 首先提供了 SIR 舱室模型用以研究在伦敦流行的黑死病，并于 1932 年又给出了 SIS 模型，在对这些模型加以深入研究的基础上给出了感染动力学中的阈值理论。在上述模型中，SIR 模型是最典型、最基础的模型，对传染病动力学的研究有基础性作用。

传染病疫情区内人员可分为下列三类：S 级，易感染者（susceptible），目前并未生病，只是没有抵抗力，但在感染者解除以后仍有相当的概率被传染，属于潜伏的被感染者；I 类，已被感染者（infective），指已经感染传染病的人群，他们可以感染 S 类人群；R 类，康复者（recovered），即由于被治疗好或是因为某些因素而获得了免疫力的人，他们不易再次被感染。虚假信息的传播与传染病传播类似，因此可以借鉴各种传染病模型进行刻画。我们简单介绍经典的易感-感染-恢复（SIR）模型来模拟网络中每个节点的感染动态。

将网络构建为一张无向图 $G(V,E,p)$，在这图里 $V$ 是节点集，即 $u$ 和 $v$，$E$ 是从节点 $u$ 到 $v$ 的边集，即 $(u,v)$。

SIR 模型既是空气动力学模型的一种，又是经验性总结。在单位时期内的感染者数量和易感染者数量成正比，比值为传染强度；康复者数量也正比于感染者数量，比值为康复强度。在虚假信息传播的研究中，SIR 模型可以如下描述：在虚假信息传播之初，所有的节点都处于易感染状态，即个体不知道虚假信息情况。然后部分节点开始接触此信息并被传染，从而转变为感染状态。感染状态的节点会尝试重新感染易感染节点，或是进入康复状态。感染一个节点，也就是让易感染者变为感染者或转变对特定事件的心态。然后康复状态，即感染者已经拥有了识别假消息的能力，不再相信假消息，甚至不再参与传递假消息。图 2.8 展示了此模式中任意节点的状况变化过程。

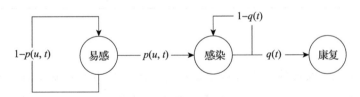

图 2.8 SIR 模型节点状态转换过程图

假设在初始时刻 $t$ 每个节点都处于易感染状态，这些节点以概率 $p(u,t)$ 变成感染状态，被感染节点又以概率 $q(t)$ 变成康复节点。在现实情况中，用户接收到虚假信息后就会有可能相信虚假信息，从而被感染。但是如果该用户成功甄别信息，选择不相信虚假信息，就会变成康复的节点。用户往往会持续接触到虚假信息直到他变成康复节点。一般来说，如果用户已经甄别了信息真伪就不会再相信虚假信息了，所以康复节点的状态会一直保持。

SIR 模型的具体步骤如下。

---

**算法 2.3　SIR 模型**

1：输入：
2：总人口数量 $N$
3：初始感染者数量 $I_0$
4：初始康复者数量 $R_0$
5：传染率 $\beta$
6：康复率 $\gamma$
7：总模拟时间 $T$
8：输出：
9：每个时间步的易感者、感染者和康复者数量 $S_t, I_t, R_t$
10：初始化：
11：初始易感者数量 $S = N - I_0 - R_0$
12：初始感染者数量 $I = I_0$
13：初始康复者数量 $R = R_0$
14：记录每个时间步的易感者数量 $S_t = [S]$
15：记录每个时间步的感染者数量 $I_t = [I]$
16：记录每个时间步的康复者数量 $R_t = [R]$
17：过程：
18：for $t = 1$ to $T$ do
19：　新感染者数量 $= \beta * S * I / N$
20：　新康复者数量 $= \gamma * I$
21：　$S = S -$ 新感染者数量
22：　$I = I +$ 新感染者数量 $-$ 新康复者数量
23：　$R = R +$ 新康复者数量
24：　记录当前时间步的 $S, I, R$ 到 $S_t, I_t, R_t$
25：end for

---

### 2.3.4　SEIR 模型

SEIR 是另外一种经典的传染病数学模型，如图 2.9 所示，该模型与 SIR 模型类似，传播过程也很相似，但是处于传染病传播范围的人群多了一种状态。具体来说，SEIR 模型包括 S、E、I 和 R 四个阶段。S 状态,易感者,暂时健康,但可能被感染者感染的人群;E 状态,显露者,虽然已经认识过感染者了但还不具有传播性的人,往往应用在具有潜伏期的传染病传播模型中;I 状态,感染者,即已被感染;R 状态,康复者,已被感染且痊愈并拥有一定抵抗力的人,并且如果是终身免疫者,则不能再变成其他状态,但是若在一段时间后失去抵抗力,则在某一时期之后再次变成 S 状态。

图 2.9  SEIR 模型节点状态转换过程图

## 2.4 触发模型

基于独立级联模型和线性阈值模型,Kempe 等提出了**触发模型**(triggering mode),对前两种模型随机活跃边图的共性进行推广。触发模型将每个节点 $v$ 的入邻居的所有可能子集映射为一个概率,记为 $D_v$,表示该邻居子集激活节点 $v$ 的可能性。按分布 $D_v$ 采样得到的为 $v$ 的入邻居集合 $N^-(v)$ 的一个随机子集,该邻居子集记为 $T_v$,称为节点 $v$ 的**触发集**(triggering set)。触发集 $T_v$ 的概率由分布 $D_v$ 确定,用 $D_v(T_v)$ 表示。触发模型的过程如下。

(1) 在传播开始前,每个节点先独立采样各自的触发集,然后从种子节点 $S_0$ 出发。对任何一个节点 $v$,如果 $v$ 的触发集 $T_v$ 中的任何一个节点在上一时刻被激活,那么节点 $v$ 就被激活。

(2) 与独立级联模型和线性阈值模型一致,当网络中没有新增的激活态用户时,触发模型结束。

下面以图 2.10 为例说明触发模型的传播过程。初始化 $v_3$ 为种子节点,假定每个用户的触发集 $T_v$ 如下:$T_v(v_1)=\{\varnothing\}$,$T_v(v_2)=\{v_1\}$,$T_v(v_3)=\{v_1\}$,$T_v(v_4)=\{v_2,v_6\}$,$T_v(v_5)=\{v_3\}$,$T_v(v_6)=\{v_5\}$。图 a 为初始状态。在图 b 的传播过程中,由于 $v_5$ 的触发集中包含 $v_3$,而 $v_2$ 的触发集中不含 $v_3$,因此 $v_5$ 被激活。在图 c 的传播过程中,$v_6$ 的触发集中包含在图 b 中被新激活的 $v_5$,因此 $v_6$ 被激活。在图 d 的传播过程中,$v_6$ 成功激活 $v_4$。此时,网络中无新增激活态节点,因此该传播过程结束。

我们可以将触发集的概念与活跃边图联系起来。如果节点 $u$ 在 $v$ 的触发集 $T_v$ 中,那么就称边 $(u,v)$ 是**活**(live)边;如果 $u$ 不在 $T_v$ 中,$(u,v)$ 就是**阻碍**(blocked)边。这样

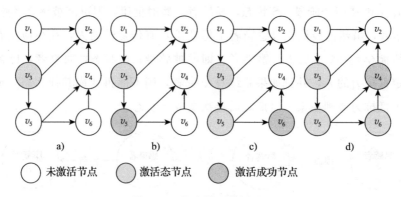

图 2.10 触发模型传播过程

构成的活跃边图就是 $L=(V,E(L))$,其中 $E(L)=\{(u,v)|v\in V, u\in T_v\}$。活跃边图出现的概率为

$$\Pr(L) = \prod_{v\in V} D_v(N_L^-(v)) \tag{2.3}$$

当且仅当从初始集 $S_0$ 到节点 $v$ 有一条活边,节点 $v$ 才能被激活。在上述过程中,只要一个已被激活的节点 $u$ 在其他某个节点 $v$ 的触发集中,即 $u$ 是 $v$ 在活跃边图 $L$ 中的入邻居,$u$ 就会激活 $v$。这和独立级联模型及线性阈值模型中影响力沿着活跃边图按可达性传播是一样的。

**定理 2.3** 独立级联模型和线性阈值模型均属于触发模型的特殊情况。

**证明** 对于独立级联模型,它的活跃边图的分布式为

$$\Pr(L) = \prod_{(u,v)\in E(L)} p(u,v) \cdot \prod_{(u,v)\in E(G)E(L)} (1-p(u,v)) \tag{2.4}$$

将触发集 $T_v \subseteq N_G^-(v)$ 的概率 $D_v(T_v)$ 写成 $D_v(T_v) = \prod_{u\in T_v} p(u,v) \cdot \prod_{u\in N^-(v)\setminus T_v}(1-p(u,v))$,则式 (2.4) 与触发模型的分布式 (2.3) 相同,因此独立级联模型是触发模型的特例。

对于线性阈值模型,它的活跃边图的分布式为

$$\Pr(L) = \begin{cases} \prod_{ed_L(v)\neq\varnothing} w(\mathrm{pred}_L(v),v) \cdot \prod_{v,\mathrm{pred}_L(v)=\varnothing}(1-\sum_{u\in N_G(v)} w(u,v)), \forall v, |N_L^-(v)|\leqslant 1 \\ 0, 其他 \end{cases} \tag{2.5}$$

将触发集 $T_v \subseteq N_G^-(v)$ 的概率 $D_v(T_v)$ 写成:当 $|T_v|>1$,$D_v(T_v)=0$;当 $T_v=\{u\}$,$D_v(u_y)=w(u,v)$;$D_v(\varnothing)=1-\sum_{u\in N_G(v)} w(u,v)$。这样式 (2.5) 就被改写成了式 (2.3),

因此线性阈值模型也是触发模型的特例。

## 2.5 渗流模型

**渗流理论**（percolation theory）是经典统计力学的研究课题，在各种专题论文和书籍中可以发现大量丰富的研究成果。渗流是由于网络中巨大分支的出现，导致网络结构急剧变化的一种过程。通过渗流，网络中原先孤立的节点、分支会形成全局连接的结构，节点之间可以形成全局相互作用。这个过程可被分为边渗流和点渗流。**边渗流**开始于孤立的节点，按照一定规则选择两个节点向其中添加边的过程。**点渗流**是逐渐向网络中添加节点的过程。相变是指系统中的某种宏观状态随着某个参数的变化而发生突然的变化，严格来讲，渗流模型中的相变应称之为二级相变，或者连续相变。本节借助启发式方程简要描述渗流模型中传播规模相变的条件，并介绍两个渗流模型的典型应用。

在图 $G$ 中，两个节点存在通路，则称两个点是连通的，否则称不连通。点之间的连通是等价的关系。包含节点 $v$ 的连通分支是指从节点 $v$ 出发能够达到的所有节点的集合。若在一个图中，任意两个节点都是连通的，则称图 $G$ 为**连通图**。否则，称图 $G$ 为**非连通图**。在非连通图中，每一个连通部分即为图 $G$ 的**连通分支**。图 $G$ 中连通分支的个数，称为图 $G$ 的**分支数**。**巨大连通分支**（giant component）指当前网络中包含大多数节点的连通分支。在通常的点渗透模型中，每个点都以概率 $p$ 被激活，以 $1-p$ 的概率被阻断，这代表了一种比较普遍的网络打击现象。这样得到原图 $G$ 的一个子图，称为**活跃边图**。随着概率 $p$ 的增大，活跃边图会从没有巨大连通分支到出现巨大连通分支，从无到有的临界点称为**渗流阈值**（percolation threshold）。

假设图中有 $n$ 个节点，将节点从 1 到 $n$ 编号。令 $\bm{A} \in \{0,1\}^{n \times n}$ 为一个 $n \times n$ 的 0-1 矩阵，表示图 $G$ 的邻接矩阵，即 $A_{i,j}=1$ 表示节点 $i$ 和节点 $j$ 之间有一条边，而 $A_{i,j}=0$ 表示节点 $i$ 和节点 $j$ 之间没有边。因为图 $G$ 为无向图，所以矩阵 $\bm{A}$ 是一个对称矩阵。令 $\bm{\pi}=(\pi_1,\pi_2,\cdots,\pi_n)^{\mathrm{T}}$ 为一个 $n$ 维列向量，$\pi_i \in [0,1]$ 表示节点 $i$ 出现在巨大分支中的概率。令 $N(i)$ 表示节点 $i$ 在图 $G$ 中的邻居。可以推导出关于 $\bm{\pi}$ 的一个启发式方程。节点 $i$ 出现在巨大连通分支中，可以解释为它与某个邻居 $j$ 有活跃边相连，而节点 $j$ 又在巨大连通分支中。枚举所有 $i$ 的邻居，就可以得出关于 $\pi_i$ 的一个启发式方程 $\pi_i = \sum_{j \in N(i)} p \cdot \pi_j$。将其写成矩阵形式，就可以得到启发式矩阵方程 $\bm{\pi} = p \bm{A} \bm{\pi}$。可以看出，传播概率 $p$ 应该和邻接矩阵 $\bm{A}$ 的特征值有关系。具体来说，为了形成巨大连通分支，$1/p$ 应该不大于 $\bm{A}$ 的最大特征值 $\lambda_A$。如果 $\frac{1}{p} > \lambda_A$，则 $\bm{\pi}$ 所有分量只能取 0，意味着不存在巨大连通分支。也就是说，渗流阈值

应该不小于 $1/\lambda_A$，即

$$p_c \geqslant \frac{1}{\lambda_A} \tag{2.6}$$

下面介绍两个渗流模型的应用案例。图 2.11 为随机 ER 图中信息传播算法预期结果与真实结果的对比。该网络包含 10 000 个节点，任意节点之间出现一条连接的概率是 0.000 5。其中，$S$ 代表在网络中随机抽取一点，该点在经历节点打击之后属于最大连通分支的概率；$p$ 代表节点激活或者保留概率。图中的实线代表预期值，而圆圈实线代表真实结果。关于真实结果的计算，我们按照 $1-p$ 在图中随机删除节点，计算最大连通分支所含的节点数量占原图所有节点的比例。这种删除和计算重复进行了 100 次，得出的均值作为真实值。

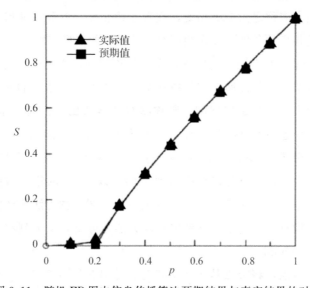

图 2.11　随机 ER 图中信息传播算法预期结果与真实结果的对比

图 2.12 为美国供电网络中信息传播算法预期结果与真实结果的对比，该网络拥有 4 941 个节点。其中，$S$ 代表在网络中随机抽取一点，该点在经历节点打击之后属于最大连通分支的概率；$p$ 代表节点激活或者保留概率。图中的实线代表预期值，而圆圈实线代表真实结果。关于真实结果的计算，按照 $1-p$ 的概率在图中随机删除节点，计算最大连通分支所含的节点数量占原图所有节点的比例。这种删除和计算重复进行了 100 次，得出的均值作为真实值。

从图 2.11 和图 2.12 的对比分析中可以发现，在 ER 随机网络中，信息传播算法的预期值和实际值高度吻合，而在美国供电网络中，信息传播算法的预期值要高于实际值。因而，信息传播算法的预期计算只有在某些网络中非常准确，而在其他网络中则不那么准确。

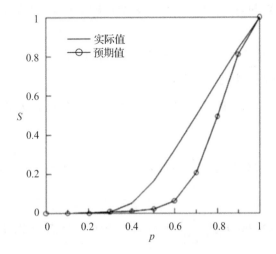

图 2.12 美国供电网络中信息传播算法预期结果与真实结果的对比

## 2.6 竞争线性阈值模型与竞争独立级联模型

给定一个有向图 $G(V,E)$，每条边 $(u,v) \in E$ 有两个权重 $b^A(u,v)$ 和 $b^B(u,v)$ 分别表示 $A$ 和 $B$ 信息通过节点 $u$ 对节点 $v$ 的影响程度，$\sum_{u \in V} b^A(u,v) \leqslant 1$，$\sum_{u \in V} b^B(u,v) \leqslant 1$，$\forall v \in V$。每个节点 $v \in V$ 都有一个点权值 $w_v$ 和阈值 $\theta_v$，其中 $0 \leqslant w_v \leqslant 1$，$\theta_v$ 服从 $[0,1]$ 上的随机均匀分布。

两个品牌商通过在有向图表示的社交网络上传播信息，将社交网络中的节点分为三个状态：$A$-激活状态、$B$-激活状态和非激活状态，分别表示节点被 $A$ 成功激活、被 $B$ 成功激活和未被激。节点可以从非激活状态转换到激活状态，但是不会反向转换，即一旦某个点被激活，它将会一直保持激活状态。每个节点的活跃趋势随着其激活状态的邻居数量的增加而单调增加。从最初不活跃的节点 $v$ 的角度来看，随着时间的推移，越来越多的邻居变成 $A$-激活状态，那么在接下来的某个时刻，这可能会导致节点 $v$ 变为 $A$-激活状态，并且节点 $v$ 可能会继续触发它的邻接节点使之状态改变。根据以上描述对线性阈值模型进行扩展，将现实市场中相同或相似的竞争情形考虑到模型中。

### 2.6.1 竞争线性阈值模型

$S_A$ 和 $S_B$ 分别表示两个种子节点集合，称为 $A$ 信息种子节点集合和 $B$ 信息种子节点集合，$S_A \cap S_B = \varnothing$。记 $A_t$ 和 $B_t$ 分别为第 $t$ 步传播结束后的 A-激活状态和 B-激活状态节点的集合。传播过程如下：

在 $t=0$ 时初始化，激活种子节点集合 $S_A$ 和 $S_B$，传播开始时 $A_0 = S_A$，$B_0 = S_B$；

在 $t \geqslant 1$ 时，对于非激活状态节点 $v$，

(1) $\sum_{u \in A_{t-1}} b^A(u,v) \geqslant \theta(v)$ 且 $\sum_{u \in B_{t-1}} b^B(u,v) < \theta(v)$，节点 $v$ 从非激活状态转变成 A-激活状态；

(2) $\sum_{u \in A_{t-1}} b^A(u,v) < \theta(v)$ 且 $\sum_{u \in B_{t-1}} b^B(u,v) \geqslant \theta(v)$，节点 $v$ 从非激活状态转变成 B-激活状态；

(3) $\sum_{u \in A_{t-1}} b^A(u,v) \geqslant \theta(v)$ 且 $\sum_{u \in B_{t-1}} b^B(u,v) \geqslant \theta$，节点 $v$ 以 $P_A(v \mid A_{t-1}, B_{t-1}) = \dfrac{\sum_{u \in A_{t-1}} b^A(u,v)}{\sum_{u \in A_{t-1}} b^A(u,v) + \sum_{u \in B_{t-1}} b^B(u,v)}$ 的概率从非激活状态转变成 A-激活状态，节点 $v$ 以 $P_B(v \mid A_{t-1}, B_{t-1}) = \dfrac{\sum_{u \in B_{t-1}} b^B(u,v)}{\sum_{u \in A_{t-1}} b^A(u,v) + \sum_{u \in B_{t-1}} b^B(u,v)}$ 的概率从非激活状态转变成 B-激活状态。

一旦一个节点被激活（A-激活状态或 B-激活状态），它将在接下来的传播中保持激活状态。当没有点可以被激活时，传播结束。

下面以图 2.13 为例说明竞争线性阈值模型的传播过程，每条边的权值在图中标出。$\{a,b,c,d,e,f,g\}$ 的阈值分别设置为 $0.5, 0.3, 0.9, 0.5, 0.4, 0.9, 0.9$。B 信息的种子节点集合为 $S_B = \{g\}$（深灰色表示）。

在 $t=0$ 时刻，如图 2.13b 所示，将集合 $S_A = \{a\}$（浅灰色表示）选为 A 信息的初始种子节点集合，在该时刻同时激活 A 信息与 B 信息的种子节点集合。

在 $t=1$ 时刻，如图 2.13c 所示，A 信息通过节点 $a$ 尝试激活 $a$ 的所有邻节点 $\{b,c,d\}$，影响力分别是 $0.03$，$0.5$ 和 $0.6$；B 信息通过节点 $g$ 尝试激活 $g$ 的所有邻接点 $\{d,e\}$，影响力是 $0.3$ 和 $0.5$。对于节点 $d$，A 信息对它的影响超出阈值，B 信息对它的影响未达到阈值，所以节点 $d$ 在此时刻被 A 信息激活。对于节点 $e$，B 信息对它的影响超出阈值，A 信息对它的影响未达到阈值，所以节点 $e$ 在此时刻被 B 信息激活。对于节点 $b$ 和 $c$，A 信息与 B 信息对它们的影响都未达到阈值，所以节点 $b$ 和 $c$ 在此时刻未被激活。$A_1 = \{a,d\}$，$B_1 = \{g,e\}$。

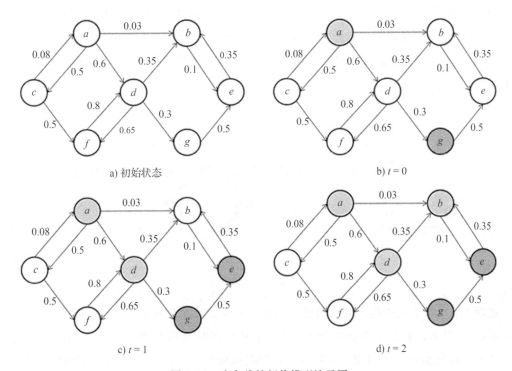

图 2.13 竞争线性阈值模型演示图

在 $t=2$ 时刻,如图 2.13d 所示,A 信息通过 $A_1=\{a,d\}$ 尝试激活 $\{b,c,f\}$,B 信息通过节点 $B_1=\{g,e\}$ 尝试激活 $\{b\}$。对于节点 $b$,A 信息对它的影响超出阈值,B 信息对它的影响也超出阈值,所以节点 $b$ 在此时刻被 A 信息激活的概率为 38/88,被 B 信息激活的概率为 50/88,假设 A 信息成功。对于节点 $c$ 和 $f$,A 信息与 B 信息对它们的影响都未达到阈值,所以节点 $c$ 和 $f$ 在此时刻未被激活。$A_2=\{a,b,d\}$,$B_2=\{g,e\}$。

在之后的任何时刻,没有点可以被激活,传播结束。

基于竞争线性阈值模型下的竞争影响最大化问题 B 种子节点集合 $S_B$ 固定,信息传播过程符合竞争线性阈值模型,竞争影响最大化问题:寻找 A 信息的一个种子节点集合 $S_A$,$S_A \cap S_B = \varnothing$,其中 $S_A$ 中的节点个数不超过 $k(k>0)$,使得在有 B 信息竞争的情况下,接受 A 信息的节点的点权重和(记为 $\varphi(S_A)$)最大。

**定理 2.4** 基于竞争线性阈值模型下的竞争影响最大化问题的目标函数 $\varphi(\cdot)$ 是非次模非超模函数。

**证明** 图 2.14 中每个点的点权设置为 1,阈值设置为 0.7。在图中边上的数字表示边权重(两信息边权重相等)。B 信息的种子节点集合 $S_B=\{c,f\}$。

分别选择 A 信息的两个种子节点集合 $A_1=\{a,g\}$、$A_2=\{b,g\}$。A 信息、B 信息是同时传播的。在图 2.14a 中，$\varphi(A_1)+\varphi(A_2)=2+2=4<\varphi(A_1\cap A_2)+\varphi(A_1\cup A_2)=1+5=6$，与次模函数的定义矛盾，因此 $\varphi(\cdot)$ 不是次模函数。在图 2.14b 中，$\varphi(A_1)+\varphi(A_2)=4+4=8>\varphi(A_1\cap A_2)+\varphi(A_1\cup A_2)=1+5=6$，与超模函数的定义矛盾，因此 $\varphi(\cdot)$ 不是超模函数。

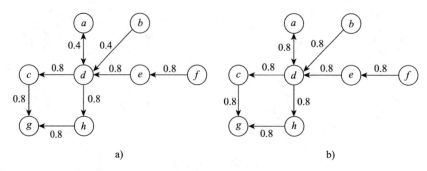

图 2.14 竞争线性阈值模型示意图

**定理 2.5** 基于竞争线性阈值模型下的竞争影响最大化问题是 NP-难问题。

**证明** 当 B 信息种子节点集合 $S_B$ 是空集并且将社交网络中各个节点的权重设为 1，基于竞争线性阈值模型下的竞争影响最大化问题就变成了单个信息在线性阈值模型下的影响最大化问题。由于单个信息在线性阈值模型下的影响最大化问题是 NP-难的，由特殊推广到一般，基于竞争线性阈值模型下的赋权竞争影响最大化问题是 NP-难的。 □

由定理 2.4 可知基于竞争线性阈值模型的竞争影响最大化问题的目标函数 $\varphi(\cdot)$ 是非次模非超模函数，没有较好的近似算法可以解决此类函数对应的优化问题，尽管贪心算法可以求解任何优化问题，但它关于非次模非超模优化问题的结果可能非常差。Kempe 证明了目标函数是次模函数的影响力最大化问题用贪心算法求解可以得到最好的近似比 $(1-1/e)$，因此本章关于基于竞争线性阈值模型的竞争影响最大化问题的解决仍然是借用贪心算法。首先为该优化问题设置两个目标函数是单调次模函数的优化问题，用贪心算法求解上下界优化问题，然后利用三明治算法比较上下界优化问题的解在原优化问题中的表现，最终选择一个比较好的原始优化问题的解。

社交网络 $G(V,E)$ 中有两种信息同时传播。每一条边 $(u,v)\in E$ 上有两个概率 $p^A(u,v)$ 和 $p^B(u,v)$，分别表示 A 信息和 B 信息通过节点 $u$ 激活节点 $v$ 的概率，$p^A(u,v),p^B(u,v)\in[0,1]$。每个节点 $v\in V$ 都有一个点权重 $w_v$，其中 $0\leq w_v\leq 1$。

### 2.6.2 竞争独立级联模型

$S_A$ 和 $S_B$ 分别表示 A 信息种子节点集合和 B 信息种子节点集合，$S_A\cap S_B=\varnothing$。记 $A_t$

和 $B_t$ 分别为第 $t$ 步传播结束后的 A-激活状态和 B-激活状态节点的集合。$t_v^A$ 和 $t_v^B$ 分别表示 A 信息和 B 信息首次尝试激活节点 $v$ 的时间。传播过程如下：

$t=0$ 时刻初始化，激活种子节点集合 $S_A$ 和 $S_B$，传播开始时 $A_0=S_A$，$B_0=S_B$；

$t\geqslant 1$ 时刻，考虑未激活点 $v$，若 A 信息通过 A-激活状态节点 $u$ 先于 B 信息尝试激活节点 $v$，成功的概率为 $p^A(u,v)$，如果激活成功，节点 $v$ 变成 A-激活状态，激活失败，节点 $v$ 仍然保持未激活状态；若 B 信息通过 B-激活状态节点 $u$ 先于 A 信息尝试激活节点 $v$，成功的概率为 $p^B(u,v)$，如果激活成功，节点 $v$ 变成 B-激活状态，激活失败，节点 $v$ 仍然保持未激活状态；若 A 信息与 B 信息同时尝试激活节点 $v$，则 $v$ 以 $\dfrac{\sum_{u\in A_{t-1}} p^A(u,v)}{\sum_{u\in A_{t-1}} p^A(u,v)+\sum_{u\in B_{t-1}} p^B(u,v)}$ 的概率被 A 信息激活变成 A-激活状态，$u$ 以 $\dfrac{\sum_{u\in B_{t-1}} p^B(u,v)}{\sum_{u\in A_{t-1}} p^A(u,v)+\sum_{u\in B_{t-1}} p^B(u,v)}$ 的概率被 B 信息激活变成 B-激活状态。

如果节点 $v$ 在 $t$ 时刻被激活，变为 A-激活状态（B-激活状态），在接下来的 $t+1$ 时刻，点 $v$ 尝试激活它的所有出邻点 $w$，成功的概率是 $p^A(v,w)$($p^B(v,w)$)。在 $t+1$ 时刻之后，点 $v$ 不再尝试激活任何点。一旦某个节点被激活，它将一直保持激活状态。当不再有点可以激活时，传播结束。

下面以图 2.15 的网络为例说明竞争线性阈值模型的传播过程，每条边的概率在图中标出。B 信息的种子节点集合为 $S_B=\{g\}$（深灰色表示）。

$t=0$ 时刻，如图 2.15b 所示，将集合 $S_A=\{a\}$（浅灰色表示）选为 A 信息的初始种子节点集合，在该时刻同时激活 A 信息与 B 信息的种子点集合。

$t=1$ 时刻，如图 2.15c 所示，A 信息通过节点 $a$ 尝试激活 $a$ 的所有邻节点 $\{b,c,d\}$，概率分别是 0.03，0.5 和 0.6；B 信息通过节点 $g$ 尝试激活 $g$ 的所有邻接点 $\{d,e\}$，影响概率是 0.3 和 0.5。对于节点 $b$，被 A 信息通过节点 $a$ 成功激活的概率是 0.03，假设 A 信息激活失败，节点 $b$ 仍然保持未激活状态，那么在之后的所有时刻，A 信息不再通过节点 $a$ 尝试激活节点 $b$。对于节点 $c$，被 A 信息通过节点 $a$ 成功激活的概率是 0.5，假设 A 信息激活失败，节点 $c$ 仍然保持未激活状态，那么在之后的所有时刻，A 信息不再通过节点 $a$ 尝试激活节点 $c$。对于节点 $d$，同时收到 A 信息与 B 信息，节点 $d$ 在此时刻被 A 信息激活的概率为 0.6，被 B 信息激活的概率为 0.3，假设 A 信息成功激活 $d$，则节点 $d$ 变为 A 激活状态。对于节点 $e$，被 B 信息通过节点 $g$ 成功激活的概率是 0.5，假设 B 信息激活失败，

节点 $e$ 仍然保持未激活状态,那么在之后的所有时刻,B 信息不再通过节点 $g$ 尝试激活节点 $e$, $A_1 = \{a, d\}$, $B_1 = \{g\}$。

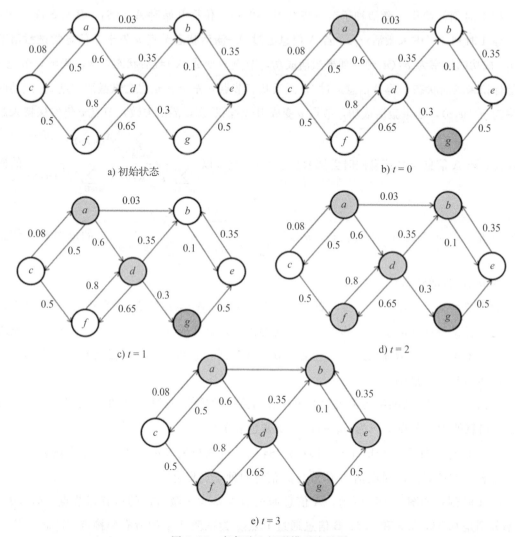

图 2.15 竞争独立级联模型演示图

$t=2$ 时刻,如图 2.15d 所示,A 信息通过 $A_1 \setminus A_0 = \{d\}$ 尝试激活 $\{b, f\}$,B 信息在上一时刻没有新激活的点,所以在这一时刻不再尝试激活任何点。对于节点 $b$,被 A 信息通过节点 $d$ 成功激活的概率是 0.35,假设 A 信息激活成功,节点 $b$ 变成 A -激活状态。对于节点 $f$,被 A 信息通过节点 $d$ 成功激活的概率是 0.65,假设 A 信息激活成功,节点 $f$ 变成 A -激活状态。$A_2 = \{a, b, d, f\}$, $B_2 = \{g\}$。

$t=3$ 时刻,如图 2.15e 所示,A 信息通过 $A_2 \setminus A_1 = \{b, f\}$ 尝试激活 $\{e\}$,B 信息在上

一时刻没有新激活的点,所以在这一时刻不会尝试激活任何点。对于节点 $e$,被 A 信息通过节点 $b$ 成功激活的概率是 0.1,假设 A 信息激活成功,节点 $e$ 变成 A-激活状态。$A_3=\{a,b,d,e,f\}$,$B_3=\{g\}$。

在之后的任何时刻,没有点可以被激活,传播结束。

### 2.6.3 基于竞争独立级联模型下的竞争影响最大化问题

已知 B 信息种子节点集合 $S_B$,信息传播过程符合竞争独立级联模型,竞争影响最大化问题:寻找一个 A 信息的种子节点 $S_A$,$S_A \cap S_B = \varnothing$,$S_A$ 的节点个数不超过 $k$ 个,使得传播结束后变成 A-激活状态的节点权重和(记为 $\varphi(S_A)$)最大。

## 2.7 通用阈值模型与通用级联模型

**通用阈值模型**(general threshold model,GT 模型)是对线性阈值模型的推广,它的描述更加清晰简洁,后面的很多工作基于 GT 模型加以描述。通用阈值模型是一种基于概率的扩散过程,由离散步骤组成。考虑一个有向图 $G(V,E)$,其中的每个节点有两种状态:激活和非激活。每个节点 $v$ 都有一个单调非减的**阈值函数**(Threshold Function)$f_v$:$2^{N^-(v)} \to [0,1]$,$N^-(v)$ 表示 $v$ 的所有入邻居集合,而 $2^{N^-(v)}$ 是 $N^-(v)$ 的所有子集的集合。GT 模型的工作过程如下:

(1) 最初,与线性阈值模型相似,在传播开始前每个节点 $v$ 都处于未激活状态,并从 $[0,1]$ 的均匀分布中随机选择一个阈值 $\theta_v$;

(2) 选择一组节点作为初始种子 $S_0$ 并激活它们;

(3) 在每个后续步骤中,每个未激活节点评估其所有活跃入邻居集合上的阈值函数 $f_v$。如果达到其阈值,则其状态变为激活,否则保持未激活状态。用数学表示为,$v$ 在 $t$ 时刻被激活的条件是 $f_v(S_{t-1}) = f_v(S_{t-1} \cap N^-(v)) \geqslant \theta_v$,其中 $S_{t-1}$ 是 $t-1$ 时刻 $v$ 的入邻居中所有活跃节点的集合;

(4) 在没有更多节点可以被激活时结束。

需要注意的是,对于阈值函数 $f_v$,为了避免一个节点不需要任何邻居节点就能被自行激活的情况,令 $f_v(\varnothing)=0$。通用阈值模型中的阈值函数是单调的,这样可以保证如果节点 $v$ 在较少的入邻居被激活时能被激活,则在有更多入邻居被激活时节点 $v$ 同样会被激活。此外,通用阈值模型的涵盖范围很广,通过阈值函数可以灵活地表述邻居节点对一个节点的影响方式和程度。例如,如果某一个入邻居节点 $u$ 对节点 $v$ 的影响较强,可以定义 $f_v$ 在

包含节点 $u$ 的集合上取值较高；如果要表示节点 $v$ 的某 3 个入邻居节点 $u_1,u_2,u_3$ 一起对 $v$ 有较强的影响，但其中任意两个对 $v$ 的影响均较弱，则只需要将 $f_v\{(u_1,u_2,u_3)\}$ 设成较大的值，而将 $f_v\{(u_1,u_2)\}$，$f_v\{(u_2,u_3)\}$，$f_v\{(u_1,u_3)\}$ 都设成较小的值即可。

同样，我们也可对独立级联模型进行推广得到**通用级联模型**（general cascade model，GC 模型）。考虑一个有向社交网络 $G(V,E)$，每个节点有两种状态：激活和非激活。每个节点 $v$ 有一个激活函数 $p_v:N^-(v)\times 2^{N^-(v)}\to [0,1]$。

GC 模型的过程如下：

（1）最初，每个节点处于非激活状态，选择一个种子集合并激活所有种子。

（2）如果节点在上一步中从未激活状态变为激活状态，则称其为**新激活节点**。在每个后续步骤中，每个新激活节点 $u$ 尝试激活其非激活的出邻居 $v$，并且 $v$ 以概率 $p_v(u,S)$ 接受来自 $u$ 的影响，其中 $S$ 是试图在 $u$ 之前激活 $v$ 的所有激活入邻居的集合。具体而言，假设 $v$ 的活跃入邻居是 $u_1,u_2,\cdots,u_t$，如果这些活跃入邻居按照 $u_1,u_2,\cdots,u_t$ 的顺序依次试图激活 $v$，那么 $v$ 被激活的概率是

$$p_v(u_1,\varnothing)+(1-p_v(u_1,\varnothing))\cdot p_v(u_2,\{u_1\})+\cdots+$$
$$\prod_{i=1}^{t-1}(1-p_v(u_i,\{u_1,\cdots,u_{i-1}\}))\cdot p_v(u_i,\{u_1,\cdots,u_{i-1}\})$$
$$=1-\prod_{i=1}^{t}(1-p_v(u_i,\{u_1,\cdots,u_{i-1}\}))$$

上述等式成立的重要条件（记为（*））为：激活函数 $p_v$ 是顺序独立的，如果将活跃入邻居 $u_1,u_2,\cdots,u_t$ 变成其他顺序，上面最终激活 $v$ 的概率不变。对于顺序独立的 $p_v$，用 $\alpha(p_v,S)$ 表示最终激活概率，其中 $S=\{u_1,u_2,\cdots,u_t\}$。

上述条件对于验证信息扩散模型是否为 GC 模型非常有用。例如，在 GT 模型中，对于任意节点 $v$、$v$ 的任意内邻节点 $u$ 和任意子集 $A\subseteq N^-(v)\setminus\{u\}$，定义 $p_v(u,A)=\dfrac{f_v(A\cup\{u\})-f_v(A)}{1-f_v(A)}$，那么，$p_v(u,A)$ 诱导出一个 GC 模型。

下面给出通用级联模型和通用阈值模型关系的准确描述。

**定理 2.6** 对于有向社交网络 $G(V,E)$，下述两个结果成立：

（1）对于任何 GT 模型 $m$，存在一个 GC 模型 $m'$ 使得对于任何种子集 $S$，$\sigma_m(S)=\sigma_{m'}(S)$；

（2）对于任何 GC 模型 $m$，存在一个 GT 模型 $m'$ 使得对于任何种子集 $S$，$\sigma_m(S)=\sigma_{m'}(S)$。

**证明** （1）在 GT 模型 $m$ 中，假设每个节点 $v$ 都具有阈值函数 $f_v$。对于 $v$ 的任何邻节点 $u$ 和任何子集 $A\subseteq N^-(v)\setminus\{u\}$，$p_v(u,A)=\dfrac{f_v(A\cup\{u\})-f_v(A)}{1-f_v(A)}$。

已知 $p_v(u,A)$ 诱导了 GC 模型 $m'$，我们将证明对于任何种子集 $S$，$\sigma_m(S)=\sigma_{m'}(S)$。设 $A_0=S$，并且对于 $k\geqslant 1$，设 $A_k$ 是步骤 $k$ 结束时的激活节点的集合。通过对 $k$ 的归纳，我们将证明，$A_k$ 在模型 $m$ 和 $m'$ 中具有相同的分布。对于 $k=0$，这显然是正确的。对于 $k\geqslant 1$，可以证明 $\Pr[u\in A_{k+1}\,|\,u\notin A_k]$ 在模型 $m$ 和 $m'$ 中具有相同的值。

首先，考虑 GT 模型 $m$。由于 $u\notin A_k$，$\theta_u$ 必须位于区间 $(f_u(A_{k-1}\cap N^-(u)),1]$ 中。为了使 $u\notin A_k$ 和 $u\in A_{k+1}$，$\theta_u$ 必须位于区间 $(f_u(A_{k-1}\cap N^-(u)),f_u(A_k\cap N^-(u))]$。因此，

$$\Pr[u\in A_{k+1}\,|\,u\notin A_k]=\frac{f_u(A_k\cap N^-(u))-f_u(A_{k-1}\cap N^-(u))}{1-f_u(A_{k-1}\cap N^-(u))} \tag{2.7}$$

接下来，考虑 GC 模型 $m'$。为了简化符号，记为 $A_k^u=A_k\cap N^-(u)$。假设 $A_k^u\setminus A_{k-1}^u=\{w_1,w_2,\cdots,w_h\}$。那么

$$\Pr[u\in A_{k+1}\,|\,u\notin A_k]$$
$$=1-(1-p_u(w_1,A_{k-1}^u))(1-p_u(w_2,A_{k-1}^u\cup\{w_1\}))\cdots$$
$$(1-p_u(w_h,A_{k-1}^u\cup\{w_1,\cdots,w_{h-1}\}))$$
$$=1-\left(\left(1-\frac{f_u(A_{k-1}^u\cup\{w_1\})-f(A_{k-1}^u)}{1-f_u(A_{k-1}^u)}\right)\right.$$
$$\left(1-\frac{f_u(A_{k-1}^u\cup\{w_1,w_2\})-f(A_{k-1}^u\cup\{w_1\})}{1-f_u(A_{k-1}^u\cup\{w_1\})}\right)\cdots$$
$$\left.\left(1-\frac{f_u(A_{k-1}^u\cup\{w_1,\cdots,w_h\})-f(A_{k-1}^u\cup\{w_1,\cdots,w_{h-1}\})}{1-f_u(A_{k-1}^u\cup\{w_1,\cdots,w_{h-1}\})}\right)\right)$$
$$=\frac{f_u(A_{k-1}^u\cup\{w_1,\cdots,w_h\})-f(A_{k-1}^u)}{1-f_u(A_{k-1}^u)}$$
$$=\frac{f_u(A_k\cap N^-(u))-f_u(A_{k-1}\cap N^-(u))}{1-f_u(A_{k-1}\cap N^-(u))}$$

(2) 给定一个 GC 模型 $m$，在每个节点 $v$ 上都有函数 $p_v(u,A)$，定义一个阈值函数

$$f_v(A)=1-\prod_{i=1}^{k}(1-p_v(u_i,A_{i-1})) \tag{2.8}$$

其中 $A=\{u_1,\cdots,u_k\}$，表示 $A_i=\{u_1,\cdots,u_i\}$，$i=1,\cdots,k$，并设 $A_0=\phi$。由于条件（*）在 GC 模型中成立，所以这个阈值定义明确。$m'$ 为节点 $v$ 带有阈值函数 $f_v$ 的 GT 模型。

我们接下来要证明的是，对于任何种子集 $S$，$\sigma_m(S)=\sigma_{m'}(S)$。为此，假设 $A_0=S$，对于 $k\geqslant 1$，假设 $A_k$ 是步骤 $k$ 结束时的活跃节点集合。通过对 $k$ 的归纳，我们将证明 $A_k$ 在 $m$ 和 $m'$ 中具有相同的分布。对于 $k\geqslant 1$，只需要证明 $\Pr[u\in A_{k+1}|u\notin A_k]$ 在 $m$ 和 $m'$ 中具有相同的值。

首先，考虑 GC 模型 $m$。记 $A_k^u = A_k \cap N^-(u)$，假设 $A_k^u \setminus A_{k-1}^u = \{w_1, w_2, \cdots, w_h\}$。那么

$$\Pr[u \in A_{k+1} \mid u \notin A_k]$$
$$= 1 - (1 - p_u(w_1, A_{k-1}^u))(1 - p_u(w_2, A_{k-1}^u \cup \{w_1\})) \cdots$$
$$(1 - p_u(w_h, A_{k-1}^u \cup \{w_1, \cdots, w_{h-1}\}))$$

接着，考虑 GT 模型 $m'$。假设 $A_k^u = \{w_1', \cdots, w_{g+h}'\}$，其中 $w_{g+i}' = w_i, i = 1, 2, \cdots, h$，那么

$$\Pr[u \in A_{k+1} \mid u \notin A_k]$$
$$= \frac{f_u(A_k^u) - f_u(A_{k-1}^u)}{1 - f_u(A_{k-1}^u)}$$
$$= \frac{(1 - \prod_{i=1}^{g+h}(1 - p_u(w_i', \{w_1', \cdots, w_{i-1}'\}))) - (1 - \prod_{i=1}^{g}(1 - p_u(w_i', \{w_1', \cdots, w_{i-1}'\})))}{\prod_{i=1}^{g}(1 - p_u(w_i', w_1', \cdots, w_{i-1}'))}$$
$$= 1 - \prod_{i=g+1}^{g+h}(1 - p_u(w_i', \{w_1', \cdots, w_{i-1}'\}))$$
$$= 1 - \prod_{i=1}^{h}(1 - p_u(w_i, A_{k-1}^u \cup \{w_1, \cdots, w_{i-1}\})) \tag{2.9}$$

定理 2.6 得证。 □

## 2.8 本章小结

本章深入探讨了从经典信息传播模型到复杂模型的各种理论和应用，展示了信息传播研究的丰富多样性和重要性，梳理了信息传播过程中的关键因素和动态变化。同时，这些模型的实际应用也为社交网络的管理和优化提供了有力的工具和方法。

信息传播模型的研究不仅有助于学术界深入理解社交网络的结构和功能，还为实际应用提供了理论支持。无论是在商业营销中提升信息传播效率，还是在公共卫生领域有效控制疾病传播，这些模型都发挥了重要作用。未来的研究将继续探索更多维度的影响因素，并结合机器学习和大数据技术，进一步提升信息传播模型的预测能力和应用范围。通过不断的创新和发展，信息传播模型将继续为我们揭示社交网络中的复杂动态提供深刻的洞见。

# 第 3 章　信息传播影响力的估计

信息传播影响力的估计具有重要意义，特别是在社交网络中。社交网络的兴起改变了信息的传播方式，使得信息能够以更加迅速和广泛的方式传播。理解并估计信息在社交网络中的传播影响力，对研究市场营销、政治传播和公共卫生等领域很有帮助。信息传播影响力估计主要研究如何量化信息在网络中的传播效果，即在给定的传播模型和初始条件下，如何计算某条信息能够影响到的节点数量。这一问题在不同的传播模型下表现出不同的复杂性。

## 3.1　影响力估计的复杂性

对给定的传播模型，一个随之而来的问题就是如何量化影响力传播。有研究表明社交网络中信息传播规律符合马尔可夫过程，并且在指定信息传播源的条件下，计算信息的传播影响力等价于求解一个 NP 难问题。

对于独立级联模型，计算给定种子节点的传播影响力的复杂性可以由 $s$-$t$ 可连通性计数问题归约得到[29]，其中 $s$-$t$ 可连通性计数问题是一个已知被证明的 #P 完全问题[128]。对于线性阈值模型，计算给定种子节点的传播影响力的复杂性可以由一个简单路径计数问题归约得到[129]，其中简单路径计数问题也是一个已知被证明的 #P 完全问题[128]。另外，由于 $s$-$t$ 问题的 #P 完全性质是由可满足性问题的变体 SAT 归约得来的，而归约中所构造的有向图是一个有向无环图。因此，在独立级联模型下，即使是在一个有向无环图上，计算给定种子节点的传播影响力也是 #P 难的。事实上，只有当这个有向无环图更进一步被约束为一个树形结构时，才可以方便地计算传播影响力。

与此相对，对于线性阈值模型而言，在有向无环图上计算给定种子节点的影响力传播是可以有效完成的。在这两个模型上计算传播影响力虽然都是 #P 完全问题，但是其困难的来源并不一样。独立级联模型的计算难解性来源于激活时间的相关性，而线性阈值模型的计算难解性则来源于有向图中的环带来的复杂激活关系。在本书中，无论是计算虚假信息的扩散范围，还是计算辟谣信息与虚假信息同时传播时的影响力均是#P难的，需要研究抽样复杂度低、估计精度高的信息传播影响力计算方法。

下面主要介绍两种方法：第一，在给定 ($\epsilon$-$\delta$)-近似精度需求的条件下，研究多内容来源、多源头传播的反向影响集（reverse influence set）抽样算法，并对算法的抽样复杂度进行分析，其中$\epsilon$表示抽样估计的绝对误差，$1-\delta$表示置信水平；第二，针对模型不适用反向影响集抽样算法的情形，本书将研究分布式抽样方法以降低抽样复杂度和计算复杂度。此外，我们还将深度学习技术运用于社交网络的影响力预测，通过提取用户特征和图结构特征来学习社交网络模型的隐藏参数，从而深入分析信息传播模式。

## 3.2 反向影响集抽样方法

**反向影响集抽样方法**[11]是近几年提出并推广应用的抽样方法，是一种用于解决社交网络中影响力最大化问题的技术，可以有效降低抽样复杂度，获得理想的理论近似。这种技术通过从网络中随机选择节点，并根据影响力传播模型反向模拟传播过程，生成反向传播轨迹样本集合。然后根据这些样本的覆盖频率来选择种子节点，以实现最大化信息传播影响力的目的。反向影响抽样技术通过高效的抽样和节点选择，能够有效地解决影响力最大化问题。

反向影响集抽样方法首先随机抽样生成多个传播子图，对于一个子图中可以达到某节点$v$的节点集合称为节点$u$的**反向可达集**（reverse reachable set，RR Set）。直观地说，如果一个节点$u$出现在另一个节点$v$的反向可达集中，那么就有一个从$u$到$v$的有向路径。因此，当前反向可达集中的节点在该子图中都能够到达节点$v$。注意，每个子图中都是随机均匀挑选所要到达的节点$v$。显然，对多个传播子图进行随机节点的反向可达集构造就能够得到多个反向可达集。节点在所有反向可达集中出现的次数代表该节点所能够到达的节点的数量，或者说该节点的影响力。节点包含于某个反向可达集中称作**节点覆盖反向可达集**。同样，一个集合中至少有一个节点出现在另一个反向可达集中称作**该集合覆盖另一个集合**。因此，一个集合的影响力可以通过该集合所覆盖的反向可达集数量进行估计。

**定义 3.1（反向可达集）** 设$v$是$G$中的一个节点，$g$是通过以$1-p(e)$的概率移除$G$中的每条边$e$获得的图。$v$在$g$中的反向可达集是$g$中可以到达$v$的节点集合。也就是说，在$g$中，对于反向可达集中的每个节点$u$，存在从$u$到$v$的有向路径。

**定义 3.2（随机反向可达集）** 设$\mathcal{G}$为对$G$中边随机移除得到的$g$的分布。从$\mathcal{G}$中随机抽样得到$g$，从$g$中随机均匀地选择节点，该节点的反向可达集称为**随机反向可达集**。

图 3.1 左图为原始的输入图 $G$,然后根据边上的概率进行抽样得到中间的图。不失一般性,右图中假设随机选择的节点为 $v_5$,则在该抽样图中节点 $v_5$ 的反向可达集为 $\{v_2, v_3, v_7\}$。

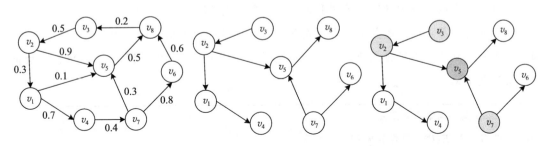

图 3.1 随机反向可达集生成过程

## 3.2.1 反向影响集抽样算法

令 $g \sim \mathcal{G}$ 表示 $g$ 是从随机图分布 $\mathcal{G}$ 中得出的。给定顶点集 $S$ 和抽样图 $g$,$C_g(S)$ 表示 $g$ 中 $S$ 可以通过有向边达到的节点的集合。令 $I_g(S) = |C_g(S)|$ 表示图 $g$ 中受节点集 $S$ 影响的节点数,即 $S$ 对 $g$ 的影响力。$\mathbb{E}_{\mathcal{G}}[I(S)] = \mathbb{E}_{g \sim \mathcal{G}}[I_g(S)]$ 表示 $S$ 对 $\mathcal{G}$ 的**期望影响力**。

给定两组节点 $S$ 和 $W$,我们将从 $S$ 到达但不能从 $W$ 到达的节点集记作 $C_g(S \mid W)$,即 $C_g(S \mid W) = C_g(S) \setminus C_g(W)$。此外,将 $I_g(S \mid W) = |C_g(S \mid W)|$ 称为集合 $S$ 对集合 $W$ 的**边际影响力**。对于给定集合 $W$,集合 $S$ 期望的边际影响力为 $\mathbb{E}_{\mathcal{G}}[I(S \mid W)] = \mathbb{E}_{g \sim \mathcal{G}}[I_g(S \mid W)]$。

另外,$\mathbb{E}_{v, \mathcal{G}}[I(v)]$ 表示从顶点集合中均匀随机选择的节点 $v$ 的期望影响力,即图中所有节点 $v$ 的期望影响力的平均值。

给定节点 $u$,我们可以从节点 $u$ 开始在图中运行深度优先搜索。在遍历任何给定的边 $e$ 之前,执行随机测试:以概率 $p(e)$ 正常遍历边 $e$,以概率 $1 - p(e)$ 不遍历边 $e$ 并从该点开始忽略它。由于延迟随机性,以这种方式遍历的节点集等同于 $C_g(u)$,$g \sim \mathcal{G}$。然后返回遍历的节点集。该过程的运行时间为 $C_g(u)$ 中顶点的度数和。

注意,因为影响力的传播方向,在进行深度优先搜索时可以通过遍历 $g^T$ 而不是 $g$ 来适用该问题。$g^T$ 表示图 $g$ 的转置:$(u, v) \in g$ 当且仅当 $(v, u) \in g$。

反向影响集抽样算法通过生成一定数量的反向可达集,计算反向可达集被覆盖的频率来估计影响范围。给定社交网络 $G = (V, E, P)$,一个反向可达集的生成步骤如下:

(1) 均匀随机选择一个节点 $v$;

(2) 依据影响概率,生成 $G$ 一个样本图 $g$;

（3）将所有在样本图 $g$ 中能够连通到达 $v$ 的节点放入集合 $RR(v)$。

重复上述步骤生成多个反向可达集，反向可达集的数量将直接影响结果的可靠性。为了保证算法影响力估计的可靠性，本书采用 $(\varepsilon,\delta)$ 近似方法确定抽样数量，抽样数量的具体确定方法将在第 5 章中详述。这里我们设抽样数量为 $M$。

我们从随机节点 $u$ 开始并通过深度优先搜索，遇到的每个边 $e$ 以概率 $p(e)$ 独立遍历。遍历过程中遇到的节点集放入节点 $u$ 的反向可达集 $RR(u)$ 中。重复以上步骤 $M$ 次，反向可达集构造结束。

**算法 3.1　反向影响集构造算法**

**输入**：图 $G=(V,E,P)$，抽样数量 $M$
**输出**：$M$ 个反向影响集
1：初始化所有节点的反向可达集 $RR(u)=\varnothing$，$u\in V$
2：**for** $T=1$ to $M$ **do**
3：　随机选择一个节点 $u$
4：　根据节点 $u$ 的入边进行深度优先搜索，遇到的每个边 $e$ 以概率 $p(e)$ 独立决定保留，令 $Z$ 为遍历到的节点集
5：　$RR(u) \leftarrow RR(u) \cup Z$
6：　$T \leftarrow T+1$
7：**end for**
8：**return** $RR(u)$

下一步需要根据抽样得到的反向可达集估计节点集 $S$ 的影响力。我们有一个节点覆盖反向可达集的数量在所有抽样的反向可达集合的总数占比期望与这个节点的影响力传播能力的期望是相等的[11]。

**定理 3.1**　在网络 $G(V,E)$ 中，对于每个节点子集 $S\subseteq V$，$n$ 表示 $V$ 中节点的数量，$E_{g\sim\mathcal{G}}[I_g(S)]=n\Pr_{u,g\sim\mathcal{G}}[S\cap C_{g^T}(u)\neq\varnothing]$。

$$\begin{aligned}
E_{g\sim\mathcal{G}}[I_g(S)] &= \sum_{u\in g} \Pr_{g\sim\mathcal{G}}[\exists v\in S, u\in C_g(v)] \\
&= \sum_{u\in g} \Pr_{g\sim\mathcal{G}}[\exists v\in S, v\in C_{g^T}(u)] \\
&= n\Pr_{u,g\sim\mathcal{G}}[\exists v\in S, v\in C_{g^T}(u)] \\
&= n\Pr_{u,g\sim\mathcal{G}}[S\cap C_{g^T}(u)\neq\varnothing]
\end{aligned} \quad (3.1)$$

根据定理 3.1 可知，估计出 $\Pr_{u,g\sim\mathcal{G}}[S\cap C_{g^T}(u)\neq\varnothing]$ 就能估计出 $E_{g\sim\mathcal{G}}[I_g(S)]$。算法 3.1 共构建了 $M$ 个反向可达集，集合 $S$ 覆盖的反向可达集比例就是 $S\cap C_{g^T}(u)\neq\varnothing$ 的概率的无偏估计，如果生成的反向可达集足够多，那么估计也会足够准确。

根据反向可达集估计节点集合 $S$ 影响力的估计算法如算法 3.2 中所示。集合 $S$ 覆盖的反向可达集比例可以通过集合 $S$ 所覆盖的反向可达集的数量除以抽样次数 $M$ 得到。然后将该比例乘节点数量 $|V|$ 就是该集合 $S$ 的期望影响力。

---

**算法 3.2　影响力估计算法**

输入：图 $G=(V,E,P)$，集合 $S$，反向可达集 RR 的集合，抽样次数 $M$

输出：集合 $S$ 的影响力估计值

1：$c \leftarrow$ 计算集合 $S$ 所覆盖的反向可达集的数量
2：$I_G(S)=|V| \times c$
3：**return** $I_G(S)$

---

### 3.2.2　竞争传播过程中的反向影响集构造

前面描述了如何通过构造反向影响集估计集合 $S$ 的反向影响力。下面考虑在虚假信息与辟谣信息竞争传播过程中的反向影响集构造。

该构造过程与上一小节构造过程的区别为：需要额外记录随机选择的节点 $v$ 的反向可达集 $RR(v)$ 中每个节点到达节点 $v$ 的步数。

给定社交网络 $G=(V,E,P)$，在竞争传播过程中一个反向可达集的生成步骤如下：

(1) 均匀随机选择一个节点 $v$；

(2) 依据影响概率，生成 $G$ 的一个样本图 $g$；

(3) 将所有在样本图 $g$ 中能够连通到达 $v$ 的节点放入集合 $RR(v)$。

(4) 对于每个节点 $u \in RR(v)$，计算从 $u$ 到 $v$ 的有向最短路径的长度 $d(u)$，并返回 $d(u)$ 和 $RR(v)$。

下图为虚假信息与辟谣信息竞争传播过程中的反向影响集构造示例。图 3.2 显示了 2 个反向可达集 $(R_1, R_2)$ 的示例。例如，$R_1=\{v_6, v_5, v_3, v_4, v_1\}$ 和 $d=\{0,1,1,2,2\}$，表示在抽样图中，$v_5, v_3$ 可以通过 1 步跳到达 $v_6$，而 $v_1, v_4$ 可以通过 2 步跳到达 $v_6$。

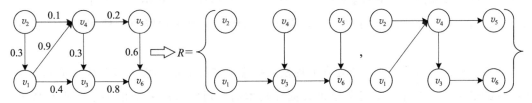

图 3.2　竞争 IC 模型中随机反向可达集生成过程

构造完反向影响集后，在不同的模型假设下，利用反向可达集中记录的距离即可判断节点是被谣言节点感染还是被辟谣节点保护，进而计算出实施辟谣策略后的谣言影响力。

### 3.2.3 抽样复杂度分析

因为反向可达集的构造是利用深度优先搜索，故一个反向可达集的构造时间为 $O(|V|+|E|)$，其中 $|V|$ 为节点数，$|E|$ 为图的边数。$M$ 个反向可达集所需要的时间复杂度为 $O(M(|V|+|E|))$。

深度优先算法需要借助一个递归工作栈和一个标记是否访问的数组，故它的空间复杂度为 $O(|V|)$。总共有 $M$ 个反向可达影响集，故算法总的空间复杂度为 $O(M|V|)$。

## 3.3 分布式抽样技术

虽然反向影响集抽样算法（RIS）在众多场景中有效估计了信息的传播影响力，但是它在处理某些特定类型的网络模型时存在局限性，特别是在大规模动态网络、高度异质网络、具有复杂层级或模块结构的网络，以及计算资源受限的环境中，RIS 的应用可能受限。这些网络的共同特点是它们的结构变化快、节点间的连接性质多样，或者是其规模庞大到单一计算资源难以承载全部计算。因此，虽然 RIS 在估计传统稳定网络中的信息传播影响力方面表现出色，但在面对更为复杂或需求更高的网络结构时，引入分布式抽样方法不仅是必要的，也是提高效率和效果的有效策略。通过引入分布式抽样，可以在更广泛的应用场景中实现精确的影响力估计，满足不断发展的网络环境和技术需求。

与 RIS 不同，分布式抽样能够利用多个计算节点的并行处理能力，可更好地适应网络的规模和复杂性。例如，在大规模动态网络中，分布式抽样可以实时调整抽样策略，快速响应网络的变化。在高度异质的网络中，不同节点可以根据各自的特性进行个性化的抽样处理，以更有效地捕捉网络的多样性。此外，分布式抽样通过在不同节点上并行执行，可以显著提高计算效率，降低对单一计算资源的依赖，从而优化资源的使用，提高抽样的速度。

分布式抽样技术是一种高效处理大规模数据集的统计方法，它在多个计算单元上并行地进行数据抽样和处理。在定义分布式抽样技术时，通常考虑一个由多个节点组成的系统，每个节点都能执行数据抽样和初步分析。给定一个大型图 $G=(V,E)$，其中 $V$ 是节点集，$E$ 是边集。假设每个节点 $v\in V$ 具有影响力概率 $p(v)$。在分布式抽样中，目标是估计整个网络中某种特定信息或行为的总体影响力。

为此，将图 $G$ 分割为若干子图 $\{G_1, G_2, \cdots, G_k\}$，每个子图 $G_i$ 由独立的节点负责。在每个子图 $G_i$ 上独立地执行反向影响集抽样，生成反向可达集 $\mathrm{RR}_i(v)$，用于估计节点 $v$ 在子图 $G_i$ 中的影响力。每个节点计算其子图的局部影响力估计值 $I_{G_i}(S)$，其中 $S \subseteq V$ 是种子节点集合：

$$I_{G_i}(S) = \sum_{v \in S} |\mathrm{RR}_i(v)| \tag{3.2}$$

通过网络通信，合并所有节点的计算结果，估算全图的总影响力：

$$I_G(S) = \sum_{i=1}^{k} I_{G_i}(S) \tag{3.3}$$

此方法不仅提高了计算效率，还降低了单个计算节点所需的内存和处理需求，使得处理大规模网络成为可能。

### 3.3.1 分布式抽样算法

对于分布式抽样问题，已有研究提供了一些具有严格理论支持的算法。最早 Guo 等[130]针对自旋系统的分布式采样，引入了 Rubi-Glauber 算法和局部 Metropolis 算法。随后，Feng 等[131]和 Fischer 等[132]通过引入分布式对称性破坏操作，对原始的局部 Metropolis 算法进行了改进。此外，Feng 等[133]探讨了在分布式计算模型上如何正确且高效地模拟传统的串行 Metropolis 抽样算法，证明了许多串行采样算法的结论在分布式环境中同样适用。Guo 等[134]研究了基于 Lovász 局部引理的抽样问题，并提出了局部拒绝抽样算法（partial rejection sampling，PRS）。PRS 算法如 Feng 等[135]所述，也适用于一些局部吉布斯分布的分布式抽样。所有这些算法不仅在 LOCAL 模型中展现出良好的复杂度，而且在许多具体的模型应用中，这些算法并不依赖于模型的无限制的本地计算能力。

**卢比-格劳伯算法**

令三元组 $(V, \Sigma, \mathcal{F})$ 为一个 $G=(V,E)$ 上的自旋系统，则它的约束集合为 $\mathcal{F} = \{(f_v, v) | v \in V\} \cup \{(f_e, e) | e \in E\}$，其中所有 $f_e$ 是对称函数。经典的串行马尔可夫链蒙特卡罗算法每次随机选择一个点 $v \in V$，每次转移基于一对邻居的状态更新 $v$ 的取值。一个自然的并行策略就是每次更新图 $G$ 上的一个独立集。

卢比-格劳伯算法就是一种对吉布斯抽样算法（仅考虑节点方面动态）的并行化方法，把吉布斯抽样算法用到自旋系统上可以得到算法 3.3。

### 算法 3.3 自旋系统的吉布斯抽样算法

**输入**：一个 $G=(V,E)$ 上的节点的决策分布 $\mu=\mu(v,x,\mathcal{F})$ 的卢比-格劳伯算法 $(V,E,\mathcal{F})$，一个整数 $T$

**输出**：抽样内容 $X$

1：初始化为 $X_v$ 任意值，一个确定性（可能不合法）初始化；
2：**for** $t=1$ to $T$ **do**
3：  随机等概率选择一个节点 $v \in V$
4：  重新采样 $X_v \sim \mathcal{X}_v(t)$
5：**end for**
6：**return** $X$

---

算法 3.3 在第 1 行进行初始化合法性。每次迭代时，利用节点的概率分布进行随机选择 $v$，每次转移只需要节点 $v$ 所在的部分网络，在取得它的条件下，利用条件分布 $\mu(v)$ 进行随机取样。第 4 行的条件概率如下：

$$\forall v \in V, \sigma \in \Sigma^{\Gamma_v}, c \in \Sigma, \mu_v^\sigma(c) = \frac{f_v(c) \prod_{u \in \Gamma_v} f_{uv}(c,\sigma_u)}{\sum_{b \in \Sigma} f_v(b) \prod_{u \in \Gamma_v} f_{uv}(b,\sigma_u)} \tag{3.4}$$

为了允许初始化不合法，对节点更新节点合法性进行假设：

$$\forall v \in V, \sigma \in \Sigma^{\Gamma_v}, \sum_{b \in \Sigma} f_v(b) \prod_{u \in \Gamma_v} f_{uv}(b,\sigma_u) > 0 \tag{3.5}$$

算法 3.3 在第 1 行的转移逻辑是合法的，且该算法以概率 1 收敛到合法配置。上述假设对所有由柔性约束定义和许多由硬性约束定义的吉布斯分布都成立。卢比-格劳伯算法在利用如下方法进行节点的抽样时，有两种特有的过程：

- 构造图 $G$ 上的一个随机独立集 $I \subseteq V$。
- 对于独立集上的每个点 $v \in I$，重新抽样 $X_v \sim \mu_v^{X_{\Gamma(v)}}$。

卢比-格劳伯算法借用卢比算法（Luby algorithm）的思想构造独立集 $I \subseteq V$。每个节点 $v \in V$ 随机均匀地抽样一个随机实数 $\beta_v \in [0,1]$，如果一个节点 $v$ 的 $\beta_v$ 大于所有邻居节点 $u \in \Gamma_v$ 的 $\beta_u$，则 $v$ 进入独立集 $I$。之后，$I$ 中的每个节点并行地按照格劳伯动态的规则更新取值。卢比-格劳伯算法的伪代码在算法 3.4 中给出。

### 算法 3.4 卢比-格劳伯算法

**输入**：节点集合 $V$，值域 $\Sigma$，对应每个节点 $v \in V$ 的函数 $f_v$，对应每条边 $e$ 的函数 $f_e$，整数参数 $T$

**输出**：抽样内容 $X$

1：每个节点 $v \in V$ 把 $X_v$ 设置为 $\Sigma$ 中任意一个值
2：**for** $t=1$ to $T$ **do**

3： 每个节点 $v$ 独立均匀地采样一个随机实数 $\beta_v \in [0,1]$
4： **for** 每个节点 $v$ 满足 $\beta_v \geqslant \max_{u \in \Gamma_v} \beta_u$ **do**
5： 重新采样 $X_v \sim \mu_v^{X_{\Gamma(v)}}$
6： **end for**
7： **end for**
8： **return** $X$

算法 3.4 第 5 行的概率分布 $\mu_v^{X_{F(v)}}$ 可以通过收集局部信息计算，所以每次 for 循环可以用 $O(1)$ 轮的代价实现。

**局部 Metropolis 算法**

令三元组 $(V, \Sigma, \mathcal{F})$ 为一个 $G=(V,E)$ 上的自旋系统，则它的约束集合为 $\mathcal{F} = \{(f_v, v) \mid v \in V\} \cup \{(f_e, e) \mid e \in E\}$，其中所有 $f_e$ 是对称函数。可以对所有约束函数做如下归一化操作。

- 对所有 $v \in V$，定义

$$\forall c \in \Sigma, \widetilde{f}_v(c) = \frac{f_v(c)}{\sum_{b \in \Sigma} f_v(b)} \tag{3.6}$$

- 对所有 $e \in E$，定义

$$\forall c, c' \in \Sigma, \widetilde{f}_e(c, c') = \frac{f_e(c, c')}{\max_{b, b' \in \Sigma} f_e(b, b')} \tag{3.7}$$

三元组 $(V, \Sigma, \widetilde{\mathcal{F}})$ 和三元组 $(V, \Sigma, \mathcal{F})$ 定义了同一个吉布斯分布，其中，

$$\widetilde{\mathcal{F}} = \{(\widetilde{f}_v, v) \mid v \in V\} \cup \{(\widetilde{f}_e, e) \mid e \in E\} \tag{3.8}$$

把这个自旋系统定义的吉布斯分布记为 $\mu = \mu_{(V, \Sigma, \mathcal{F})} = \mu_{(V, \Sigma, \widetilde{\mathcal{F}})}$。

**算法 3.5　一种自旋系统的 Metropolis 算法**

**输入**：一个 $G=(V,E)$ 上的吉布斯分布为 $\mu = \mu_{(V, \Sigma, \mathcal{F})}$ 的自旋系统 $(V, \Sigma, \mathcal{F})$
**输出**：抽样内容 $X$

1： 初始，$X$ 取 $\Sigma^V$ 上的任意一种配置（可能不合法）
2： **for** $t = 1$ **to** $T$ **do**
3： 随机、等概率地选择一个点 $v \in V$
4： 从概率分布 $\widetilde{f}_v$ 中随机抽取一个候选值 $c_v \in \Sigma$
5： 以概率 $\prod_{u: \{u,v\} \in E} \widetilde{f}_e(X_u, c_v)$ 执行更新 $X_v \leftarrow c_v$。否则，保持 $X_v$ 不变
6： **end for**
7： **return** $X$

算法 3.5 是一种自旋系统上自然的 Metropolis 抽样算法，从任意一种可能不合法的初始状态 $X \in \Sigma^V$ 出发，依次执行 $T$ 步更新，每一步更新随机、等概率地选择一个变量 $v \in V$，按概率分布 $\widetilde{f}_v$ 抽取一个候选值。然后，节点 $v$ 以概率 $\prod_{u:\{u,v\}\in E} \widetilde{f}_e(X_u, c_v)$ 接受候选值并执行更新 $X_v \leftarrow c$。以剩下 $1 - \prod_{u:\{u,v\}\in E} \widetilde{f}_e(X_u, c_v)$ 的概率拒绝候选值并保持 $X_v$ 不变。例如，对于图染色模型，被选中的节点 $v \in V$ 从 $[q]$ 中随机、等概率地选择一个候选颜色 $c_v$，如果对于 $v$ 的所有邻居 $u \in \Gamma_v$ 都有 $c_v \neq X_u$，则 $v$ 接受候选颜色并执行更新 $X_v \leftarrow c_v$。否则，$v$ 拒绝候选颜色并保持 $X_v$ 不变。

算法 3.5 中的 Metropolis 抽样算法是一个串行算法。文献[136]将分布式版本的 Metropolis 抽样算法把这一类算法统称为局部 Metropolis 抽样算法，算法流程如下。

---

**算法 3.6　局部 Metropolis 算法**

**输入**：节点集 $V$，值域 $\Sigma$，每个节点 $v \in V$ 对应的函数 $f_v$，满足 $v \in e$ 的函数 $f_e$，一个实数参数 $0 \leqslant p \leqslant 1$，一个整数参数 $T$

**输出**：抽样内容 $X$

1：每个节点 $v \in V$ 把 $X_v$ 设置为 $\Sigma$ 中的任意一个值
2：**for** $t=1$ 到 $T$ **do**
3：　**for** 每个 $v \in V$ **do**
4：　　以概率 $p$ 变成激活状态，否则不变
5：　**for** 每个激活状态的点 $v \in V$ **do**
6：　　从概率分布 $\widetilde{f}_v$ 中抽取一个随机值 $c_v \in \Sigma$
7：　**for** 每个 $u$ 和 $v$ 都激活的边 $\{u,v\} \in E$ **do**
8：　　以概率 $\widetilde{f}_e(c_u, c_v) \widetilde{f}_e(c_u, X_v) \widetilde{f}_e(X_u, c_v)$ 通过测试
9：　**for** 每个 $u$ 激活但 $v$ 非激活的边 $\{u,v\} \in E$ **do**
10：　　以概率 $\widetilde{f}_e(c_u, X_v)$ 通过测试
11：　**for** 每个激活的点 $v \in V$ **do**
12：　　**if** 所有与 $v$ 关联的边都通过测试 **then**
13：　　　$X_v \leftarrow c_v$
14：每个 $v \in V$ 输出 $X_v$

---

给定一个图 $G=(V,E)$ 上的自旋系统 $(V,\Sigma,\mathcal{F})$ 以及实数参数 $0 \leqslant p \leqslant 1$ 和整数参数 $T>0$，局部 Metropolis 算法开始时为每个点 $v \in V$ 任意取一个值 $X_v \in \Sigma$。之后，算法执行 $T$ 次如下步骤。

- 每个点 $v \in V$ 独立地以概率 $p$ 变为激活状态，否则，点 $v$ 保持状态不变。
- 所有激活的点 $v \in V$ 独立地以从概率分布 $\widetilde{f}_v$（定义见式（3.6））中抽取一个随机取值 $c_v \in \Sigma$。
- 边 $e = \{u,v\} \in E$ 变为激活状态当且仅当 $u$ 和 $v$ 中至少一个点处于激活状态，所有激活的边 $e \in E$ 独立地抛一枚硬币，正面向上的概率 $p_e$ 为

$$p_e = \begin{cases} \widetilde{f}_e(c_u, c_v)\widetilde{f}_e(c_u, X_v)\widetilde{f}_e(X_u, c_v), & \text{如果 } u \text{、} v \text{ 都激活} \\ \widetilde{f}_e(c_u, X_v), & \text{如果 } u \text{ 激活、} v \text{ 非激活} \\ \widetilde{f}_e(X_u, c_v), & \text{如果 } u \text{ 非激活、} v \text{ 激活} \end{cases}$$

- 对于所有节点 $v \in V$，如果节点 $v$ 激活且与 $v$ 相关的所有边的抛硬币结果都是正面向上，则节点 $v$ 执行更新 $X_v \leftarrow c_v$；否则，节点 $v$ 保持 $X_v$ 不变。

参数 $0 \leqslant p \leqslant 1$ 控制了局部 Metropolis 算法每一步尝试更新的节点个数。用 $(X_t)_{t=0}$ 表示局部 Metropolis 算法，每个 $X_t \in \Sigma^V$ 表示第 $t$ 次循环后产生的状态。对于任意自旋系统，如果串行 Metropolis 算法（算法 3.5）可以收敛到目标分布，那么局部 Metropolis 算法也能收敛到目标分布。

**局部拒绝抽样**

除此以外，还有分布式精确抽样算法——局部拒绝抽样算法，其典型应用是解决重要的公开问题——网络可靠性。

考虑一个分布式计算网络 $G = (V, E)$，令 $(V, \Sigma, \mathcal{F})$ 是一个图 $G = (V, E)$ 上的一个局部吉布斯分布，一系列约束 $(S, f) \in \mathcal{F}$，其中 $S \subseteq V$ 是约束的作用域，$f: \Sigma^S \to \mathbb{R}_{\geqslant 0}$ 是约束函数。不失一般性，我们假设所有约束的作用域互不相同，如果存在多个约束作用域一样，则可以把这些约束乘起来得到一个新的约束。我们可以用一个超图 $H = (V, E_H)$ 来对吉布斯分布 $(V, \Sigma, \mathcal{F})$ 进行建模，其中，$E_H = \{S | (S, f) \in \mathcal{F} \land |S| \geqslant 2\}$ 是一系列超边集合。对于每个点 $v \in V$，如果存在约束 $(\{v\}, f) \in \mathcal{F}$，定义约束 $\widetilde{f}_v : \Sigma \to \mathbb{R}_{\geqslant 0}$ 为

$$\forall c \in \Sigma, \widetilde{f}_v(c) = \frac{f_{\{v\}}(c)}{\sum_{c' \in \Sigma} f_{\{v\}}(c')} \tag{3.9}$$

如果不存在约束 $(\{v\}, f) \in \mathcal{F}$，定义约束 $\widetilde{f}_v : \Sigma \to \mathbb{R}_{\geqslant 0}$ 为

$$\forall c \in \Sigma, \widetilde{f}_v(c) = \frac{1}{|\Sigma|} \tag{3.10}$$

重申 $E_H = \{S | (S_r, f) \in \mathcal{F} \land |S| \geqslant 2\}$。对于任意超边 $h \in E_H$，假设它对应的约束是 $(S_r, f)$，则一定有 $h = S$。定义约束函数 $\widetilde{f}_h : \Sigma^h \to \mathbb{R}_{\geqslant 0}$ 为

$$\forall_\sigma \in \Sigma^h, \widetilde{f}_h(\sigma) = \frac{f(\sigma)}{\max_{\tau \in \Sigma^h} f(\tau)} \tag{3.11}$$

令 $\widetilde{\mathcal{F}} = \{(\{v\}, \widetilde{f}_v) \mid v \in V\} \cup \{(h, \widetilde{f}_h) \mid h \in E_H\}$。容易验证，$(V, \Sigma, \widetilde{\mathcal{F}})$ 和 $(V, \Sigma, \mathcal{F})$ 表示同一个吉布斯分布。超图 $H=(V, E_H)$ 的点和超边集合对应了 $\widetilde{\mathcal{F}}$ 中的约束。每个点上的约束 $\widetilde{f}_v$ 是一个概率分布，每个超边的约束 $\widetilde{f}_h$ 的值域是 $[0,1]$。因为 $(V, \Sigma, \mathcal{F})$ 是一个通信网络 $G=(V, E)$ 上的局部吉布斯分布。所以 $H=(V, E_H)$ 上的任意超边 $h$ 在 $G$ 上的直径都是一个常数。

为了描述算法，先引入一些记号。令 $\Lambda \subseteq V$ 是一个变量的集合，定义 $\Lambda$ 的内部超边为

$$E(\Lambda) \triangleq \{h \in E_H \mid h \subseteq \Lambda\} \tag{3.12}$$

定义 $\Lambda$ 的边界超边为

$$\delta(\Lambda) \triangleq \{h \in E_H \mid h \nsubseteq \Lambda \wedge h \cap \Lambda \neq \varnothing\} \tag{3.13}$$

定义与 $\Lambda$ 相关的所有超边为

$$E^+(\Lambda) = E(\Lambda) \cup \delta(\Lambda) \tag{3.14}$$

局部拒绝抽样算法的设计思想源于算法 3.7 中的原始拒绝抽样算法，其中每个点 $v \in V$ 从分布 $\widetilde{f}_v$ 中独立抽样 $X_v \in \Sigma$，之后，每个超边 $h \in E_H$ 独立地抛一枚硬币，硬币正面向上 ($F_h=0, F_h \in \{0,1\}$ 是一个指示抛硬币结果的变量) 的概率为 $\widetilde{f}_h(X_h)$。如果所有硬币都是正面向上，则算法输出 $X$；否则，重新执行上述过程。显然，拒绝抽样算法是一个精确抽样算法，但是它有两个明显的缺陷。

- 拒绝抽样算法每次尝试成功要求所有硬币都是正面向上。对于很多吉布斯分布，算法一次尝试只有指数级小的成功概率，所以算法的期望运行时间不是多项式；
- 拒绝抽样算法不能用于分布式抽样。因为一次尝试失败后需要所有点重新抽样，分布式计算不能执行全局性的操作。

**算法 3.7　原始拒绝抽样算法**

输入：一个由 $(V, \Sigma, \widetilde{\mathcal{F}})$ 定义的吉布斯分布 $\mu = \mu_{(V, \Sigma, \widetilde{\mathcal{F}})}$，建模 $(V, \Sigma, \widetilde{\mathcal{F}})$ 的超图 $H=(V, E_H)$。
输出：抽样内容 $X$
1：repeat
2：每个点 $v \in V$ 独立地从分布 $\widetilde{f}_v$ 中抽样 $X_v \in \Sigma$，令 $X = (X_v)_{v \in V}$
3：每个超边 $h \in E_H$ 独立地抽样 $F_h \in \{0,1\}$，使得 $\Pr[F_h=0] = \widetilde{f}_h(X_h)$
4：until 所有超边 $h \in E_H$ 都有 $F_h = 0$
5：return $X$

局部拒绝抽样算法是对原始的拒绝抽样算法的一种改进。当一次尝试有超边失败（$F_h = 1$）时，算法不需要全局重新抽样，而是只重新抽样在失败超边一个局部范围内的点，然后再构造新的超边。重复这个过程，直到所有超边都成功。这样就得到了一个既高效又支持分布式计算的算法。

局部拒绝抽样算法（算法 3.8）第 1 行、第 2 行是原始的拒绝抽样算法。但是拒绝抽样失败后，没有全局重新抽样，而是在第 3 行构造失败超边内部节点的集合 $\mathcal{R}$。每次 while 循环中，算法只对集合 $\mathcal{R}$ 内部的点进行重抽样，并动态维护 $\mathcal{R}$ 集合。每次重抽样之前，与 $\mathcal{R}$ 关联的所有超边 $h \in E^+(\mathcal{R})$ 先计算一个纠正系数 $\kappa_h$，计算 $\kappa_h$ 时，算法需要枚举所有满足 $x_{h \cap \mathcal{R}} = X_{h \cap \mathcal{R}}$ 的 $x \in \Sigma^h$，即 $x$ 在 $h \cap \mathcal{R}$ 上的取值要与当前样本 $X$ 在 $h \cap \mathcal{R}$ 上的取值相同；接着，$\mathcal{R}$ 内部的点重抽样；最后，与 $\mathcal{R}$ 关联的所有超边以概率 $\kappa_h \cdot \widetilde{f}_h(X_h)$ 通过测试。相对于第 2 行，第 7 行的概率多乘了一个纠正系数 $\kappa_h$，这是保证算法正确的关键。当 $\mathcal{R}$ 为空集时，局部拒绝抽样算法结束并输出当前的 $X$。

---

**算法 3.8　局部拒绝抽样算法**

**输入**：节点集 $V$，值域 $\Sigma$，函数 $\widetilde{f}_v$ 以及满足 $v \in V$ 的所有函数 $\widetilde{f}_h$
**输出**：抽样内容 $X$

1：每个点 $v \in V$ 并行独立地从分布 $\widetilde{f}_v$ 中抽样 $X_v \in \Sigma$，令 $X = (X_v)_{v \in V}$；
2：每个超边 $h \in E_H$ 并行独立地抽样 $F_h \in \{0, 1\}$，使得 $\Pr[F_h = 0] = \widetilde{f}_h(X_h)$；
3：$\mathcal{R} \leftarrow \bigcup_{h \in E_H : F_h = 1} h$；
4：**while** $\mathcal{R} \neq \varnothing$ **do**
5：　　每个超边 $h \in E^+(\mathcal{R})$ 并行地计算 $\kappa_h \triangleq \dfrac{1}{\widetilde{f}_h(X_h)} \min\limits_{x \in \Sigma^h : x_{h \cap \mathcal{R}} = X_{h \cap R}} \widetilde{f}_h(x)$
6：　　每个点 $v \in R$ 并行独立地从分布 $\widetilde{f}_v$ 中重新抽样 $X_v \in \Sigma$，
7：　　每个超边 $h \in E^+(\mathcal{R})$ 并行独立地抽样 $F_h \in \{0, 1\}$，使得 $\Pr[F_h = 0] = \kappa_h \cdot \widetilde{f}_h(X_h)$；
8：　　$\mathcal{R} \leftarrow \bigcup_{h \in E_H : F_h = 1} h$
9：**return** $X$

---

算法 3.8 从全局的视角描述局部拒绝抽样算法，因为 $(V, \Sigma, \widetilde{\mathcal{F}})$ 为局部吉布斯分布，所有超边 $h \in E_H$ 在通信网络 $G$ 上的直径是一个常数。因此，算法的第 1～3 行可以用 $O(1)$ 轮实现，且每次 while 循环也可以用 $O(1)$ 轮实现。第 3 行和第 8 行的集合 $\mathcal{R} \subseteq V$ 可以局部性地构造，即图上每个节点知道自己是否在当前的集合 $R$ 中。当分布式网络内所有节点都

停止计算时,算法结束。如果吉布斯分布由自旋系统定义,则通信消息的大小也有较小的上界。

### 3.3.2 抽样复杂度分析

令 $G=(V,E)$ 为一个分布式计算网络,目标分布 $\mu$ 为样本空间 $\Sigma^V$ 上的一个联合分布。本小节的下界结论只适用于分布式算法的如下性质。

**性质 3.1 分布式算法产生的概率分布的远距离独立性质** 任意一个 $t$ 轮的 LOCAL 算法产生的输出 $X=(X_v)_{v\in V}$ 一定满足

$$\forall u,v \in V,\ \text{dist}_G(u,v) > 2t \Rightarrow X_u \text{ 和 } X_v \text{ 相互独立} \tag{3.15}$$

这是因为 LOCAL 模型每个点本地生成的随机位相互独立,而一个 $t$ 轮的算法每个节点 $v\in V$ 只能收集以 $v$ 为中心、距离不超过 $t$ 的所有节点上的信息(包括其所产生的随机位),所以距离超过 $2t$ 的点收集到的信息无交集,输出一定相互独立。

下界的证明只用到了性质 3.1。即使每个点知道整个网络 $G$(包括每个点的 UID)以及整个联合分布 $\mu$ 的定义,本节证明的下界依然成立。注意,如果每个点知道整个网络 $G$,那么很多构造问题,例如 $(\Delta+1)$-染色、极大独立集等,分布式算法可在 $O(1)$ 轮解决。但是对于抽样问题,依然存在下界。这说明分布式抽样问题比构造问题困难,且分布式抽样问题的难度源于不同节点上的随机位相互独立。

很多自旋系统满足如下性质。考虑链状图(下文简称为链)上的自旋系统,设其吉布斯分布为 $\mu$。存在常数 $S, \eta>0$,使得对于任意长度为 $n$ 的链 $P$,在链上的任意两个节点 $u, v$,存在节点 $u$ 上的两个取值 $\sigma_u, \sigma'_u \in \Sigma$,满足 $\mu_u(\sigma_u) \geq \delta, \mu_u(\sigma'_u) \geq \delta$,其中,$\mu_u$ 是 $\mu$ 投影到 $u$ 上的边缘分布,而且以下性质成立:

$$d_{\text{TV}}(\mu_v(\sigma_u), \mu_v(\sigma'_u)) \geq \eta^{\text{dist}_P(u,v)} \tag{3.16}$$

其中,$\text{dist}_P(u,v)$ 表示 $u$、$v$ 在 $P$ 上的距离。满足此性质的自旋系统包含图的 $q$-染色模型,其中 $q=O(1)$。如果自旋系统满足上述性质,则对于任意 $\varepsilon \geq \exp(-o(n))$,对于任意一对满足 $\text{dist}_P(u,v) = \Omega(\log(1/\varepsilon))$ 的点对 $(u,v)$,由于相关性的存在,吉布斯分布产生的 $(\sigma_u, \sigma_v)$ 与完全独立的 $(X_u, X_v)$ 之间至少有 $\varepsilon$ 的全变差。对于此类系统上 $\varepsilon$-全变差近似的分布式抽样问题,就可以直接给出一个 $\Omega(\log(1/\varepsilon))$ 下界。

**定理 3.2 分布式采样的 $\Omega(\log n)$ 下界**[137] 令 $q \geq 3$ 为一个常数,并令 $\varepsilon < 1/3$。对于任意一个以 $\varepsilon$ 误差采样一条链上均匀 $q$-染色的 LOCAL 算法,其时间复杂度为 $\Omega(\log n)$,其中 $n$ 是链上的节点数。

定理 3.2 不仅对图染色模型成立,对一大类自然的自旋系统也都成立。对于有远距离强相关性的自旋系统，可以证明更强的 $\Omega(\text{diam})$ 下界，这里的 diam 是通信网络 $G = (V, E)$ 的直径。注意，任何分布式计算问题都可以由 $O(\text{diam})$ 的 LOCAL 算法解决。这说明此类分布不存在基于局部信息的抽样算法。

## 3.4 图神经网络的影响力估计

影响力估计是社交网络分析中的一个重要课题，用于识别并度量网络中节点对信息传播的贡献。在传统的影响力估计方法中，研究者通常依赖于图论和统计学方法，例如度中心性、介数中心性和近邻中心性等。然而，随着社交网络的规模和复杂性的增加，这些方法在处理大规模、高维数据时面临显著挑战。近年来，图神经网络（graph neural network，GNN）因其在图结构数据上的强大建模能力，成为解决这一问题的新兴工具。

### 3.4.1 图神经网络

图神经网络是一类专门处理图结构数据的深度学习模型，它通过迭代地聚合节点邻居的信息来学习节点的表示。与传统方法相比，GNN 能够更好地捕捉网络中的复杂依赖关系，从而在影响力估计任务中表现出色。具体来说，GNN 利用节点特征和图结构信息，通过多层感知器或卷积运算更新节点表示，使其逐步包含来自整个图的信息。这种方法不仅能处理静态图，还能适应动态图，具有很强的灵活性和泛化能力。

陈轶洲等[138]将深度学习技术运用于社交网络的影响力预测，这种方法主要通过提取用户特征和图结构特征来学习社交网络模型的隐藏参数，从而深入分析用户偏好和信息传播模式。这一方法能有效预测某条信息在社交网络中的影响力大小。传统的深度学习方法面临的挑战之一是图数据的序列性和独立性问题，这些问题可能阻碍了深度学习方法达到理想的效果。为克服这些困难，研究引入了图卷积神经网络（graph convolutional neural network，GCN）和图注意力网络（graph attention network，GAT）两种策略。这些方法借鉴了传统卷积神经网络（CNN）中的卷积操作和递归神经网络（RNN）中的信息交换机制，不仅能够综合考虑用户节点特征和其所在子图的结构特征，还能有效处理有向图和无向图两种图结构。这大幅提升了社交网络影响力预测的精度。

**图卷积神经网络原理**

在图卷积神经网络中，层与层之间的传播方式为

$$\boldsymbol{H}^{l+1} = \sigma(\hat{\boldsymbol{D}}^{-\frac{1}{2}} \hat{\boldsymbol{A}} \hat{\boldsymbol{D}}^{-\frac{1}{2}} \boldsymbol{H}^{(l)} \boldsymbol{W}^{(l)}) \tag{3.17}$$

其中，$\hat{\boldsymbol{A}} = \boldsymbol{A} + \boldsymbol{I}$，$\boldsymbol{A}$ 为邻接矩阵，$\hat{\boldsymbol{D}}$ 为 $\hat{\boldsymbol{A}}$ 的度矩阵（degree matrix），$\boldsymbol{H}^{(l)}$ 为第 $l$ 层的特

征，$\sigma$ 为非线性激活函数，$\boldsymbol{W}^{(l)}$ 为第 $l$ 层的权重矩阵。

图 3.3 为图卷积神经网络的示意图，图卷积神经网络的输入为一张图，通过若干层后节点特征从 $\boldsymbol{X}$ 变为 $\boldsymbol{Z}$，共享中间多个隐层中 $X$ 的参数。

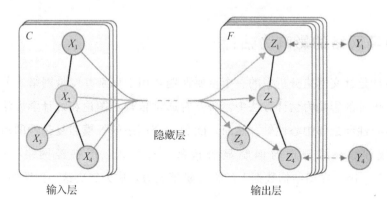

图 3.3　图卷积神经网络

构造一个两层的图卷积神经网络，激活函数分别采用 ReLU 和 softmax，则整体的正向传播的公式为

$$\boldsymbol{Z} = f(\boldsymbol{X}, \boldsymbol{A}) = \operatorname{softmax}(\hat{\boldsymbol{A}} \operatorname{ReLU}(\hat{\boldsymbol{A}} \boldsymbol{X} \boldsymbol{W}^{(0)}) \boldsymbol{W}^{(1)}) \tag{3.18}$$

最后，根据特征 $\boldsymbol{Z}$，可以做下游任务，如节点分类任务、图分类任务、节点连接预测任务等。

**图注意力网络原理**

注意力机制可以理解成一个加权求和的过程，对于一个给定的查询，有一系列的值和与之一一对应的键。通过计算查询与所有键的相似度，然后根据相似度对所有的值加权求和来计算查询的结果。相似计算公式如下：

$$\begin{aligned} e_{ij} &= a(\boldsymbol{W}\vec{h}_i \parallel \boldsymbol{W}\vec{h}_j) \\ \alpha_{ij} &= \operatorname{softmax}_j(e_{ij}) \end{aligned} \tag{3.19}$$

式中，$a$ 为前馈神经网络的权重系数，$\parallel$ 代表拼接操作。

利用注意力机制，如图 3.4a，可以对图中各节点特征进行更新，

$$\vec{h}'_j = \sigma\Big(\sum_{j \in N_i} \alpha_{ij} \boldsymbol{W} \vec{h}_j\Big) \tag{3.20}$$

利用多头注意力机制，如图 3.4b，可以用 $K$ 个权重系数分别对节点特征进行更新，

$$\vec{h}'_j = \parallel_{k=1}^{K} \sigma\Big(\sum_{j \in N_i} \alpha_{ij} \boldsymbol{W} \vec{h}_j\Big) \tag{3.21}$$

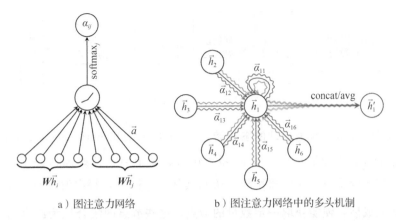

a）图注意力网络　　　　b）图注意力网络中的多头机制

图　3.4

**异构图注意力网络**

GCN 直接在同质图上操作，并根据其邻域的属性诱导交互得到当前节点的嵌入表示。在同质图中，每层的传播规则如下。

$$H^{(l+1)} = \sigma(\widetilde{A} \cdot H^{(l)} \cdot W^{(l)}) \tag{3.22}$$

在异质网络中，节点有多种类型 $T=\{\tau_1,\tau_2,\tau_3,\cdots\}$，GCN 不能直接应用于异质网络。为了解决这个问题，可以采用异质图卷积，考虑各种类型信息的异质性，并利用类型相关的变换矩阵将它们投射到公共的隐空间中。

$$H^{(l+1)} = \sigma \sum_{\tau \in T}(\widetilde{A}_\tau \cdot H_\tau^{(l)} \cdot W_\tau^{(l)}) \tag{3.23}$$

当给定某特定节点时，不同类型的相邻节点可能对其具有不同的影响。相同类型的相邻节点可能会携带更有用的信息，而相同类型的不同相邻节点也会具有不同的重要性。因此，可以设计一种异质网络的双层注意力机制。

$$H^{(l+1)} = \sigma \sum_{\tau \in T}(B_\tau \cdot H_\tau^{(l)} \cdot W_\tau^{(l)}) \tag{3.24}$$

## 3.4.2　算法设计

图 3.5 给出社交影响力预测模型的整体流程。面对原始数据集，需要确定每个节点 $v$ 的 $r$-自我中心网络 $G_v^r$。一种直接的方法是从节点 $v$ 出发，执行广度优先搜索（BFS），直到识别出所有局部网络中距离不超过 $r$ 的节点。然而，不同节点的自我中心网络规模通常不同，且由于社交网络的小圈子特性，自我中心网络的规模可能非常庞大。将这些不同大小的图结构数据序列化后进行特征提取极具挑战。为解决这一问题，必须对每个节点的自我中心网络进行抽样，以确保提取的子网络具有一定的规模。

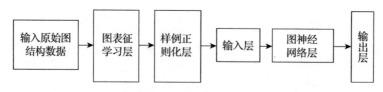

图 3.5 社交影响力预测模型

Graves 等[139]提出了**带重启动的随机游走**(random walk with restart,RWR)抽样方法。随机选择中心节点或它的一个活跃邻居作为起始节点,开始随机游走。在每次迭代中,节点将按与边权重成正比的概率随机访问其邻居,同时,每次游走有一定概率返回起始节点。算法完成后,便能获取一定数量的节点,这些节点的集合记为 $\overline{\Gamma_v^r}$($|\overline{\Gamma_v^r}|=n$)。使用 $\overline{\Gamma_v^r}$ 来推导子图 $\overline{G_v^r}$,以此替代原问题中的子图 $G_v^r$。相应地,定义新的状态集合 $\overline{S_v^t} = \{s_u^t : u \in \overline{\Gamma_v^r} \setminus \{v\}\}$。这样,优化目标便转变为最小化负对数似然损失,

$$L(\theta) = -\sum_{i=1}^{N} \log(P_\theta(\overline{S_v^t} \mid \overline{G_{v_i}^r}, \overline{S_{v_i}^t})) \tag{3.25}$$

其中 $N$ 为生成的子图的数量。

利用网络嵌入技术可以将图结构信息降维到低维隐空间。通过表征学习[140]方法得到一个嵌入矩阵 $\boldsymbol{X} \in \mathbb{R}^{D \times |V|}$,该矩阵的每一列都对应原网络中的一个节点。此外,采用 Inf2vec[141]进行图嵌入学习,并用已经训练好的嵌入层将每个节点映射到其 $D$ 维特征向量 $\boldsymbol{x}_u \in \mathbb{R}^D$。

在嵌入层后,需要对数据进行正则化处理,这也是进行图像类型转换时的常用手段。对于每个节点 $u \in \overline{\Gamma_v^r}$,在获得其表征向量 $\boldsymbol{x}_u$ 后进行如下计算以求得新的表征向量 $\boldsymbol{y}_u$:

$$\begin{aligned} y_{ud} &= \frac{x_{ud} - \mu_d}{\sqrt{\sigma_d^2 + \epsilon}}, \quad d = 1, 2, \cdots, D \\ \mu_d &= \frac{1}{n} \sum_{u \in \Gamma_d} x_{ud} \\ \sigma_d^2 &= \frac{1}{n} \sum_{u \in \Gamma_d} (x_{ud} - \mu_d)^2 \end{aligned} \tag{3.26}$$

每个 GCN 层接受一个节点特征矩阵 $\boldsymbol{H} \in \mathbb{R}^{n \times F}$,其中,$n$ 表示节点的数量,$F$ 表示节点的特征数量,$\boldsymbol{H}$ 的每一行 $\boldsymbol{h}_i^T$ 都代表一个节点的特征向量。GCN 层的输出为 $\boldsymbol{H}' \in \mathbb{R}^{n \times F'}$,

$$\boldsymbol{H}' = \text{GCN}(\boldsymbol{H}) = g(\boldsymbol{A}_{\text{GCN}}(G) \boldsymbol{H} \boldsymbol{W}^T + b) \tag{3.27}$$

其中 $\boldsymbol{W} \in \mathbb{R}^{F \times F'}$,$b \in \mathbb{R}^{F'}$ 为模型参数,$g$ 为非线性激活函数,$\boldsymbol{A}_{\text{GCN}}(G)$ 为标准化图拉普拉斯矩阵。令 $\boldsymbol{A}_{\text{GAT}}(G) = [\alpha_{ij}]_{n \times n}$,并用它替换式(3.27)中 $\boldsymbol{A}_{\text{GCN}}(G)$ 即可完成单头图注意

力模型的定义。输出层为每个节点输出的一个二维特征，这个特征就是对用户未来社交行为状态的预测。通过对比计算对数似然误差[142]，将误差反向传播就能达到优化目的。

近年来，学术界和工业界在图神经网络的影响力估计方面进行了大量研究，并取得了显著成果。例如，基于图卷积神经网络（GCN）的影响力估计模型在社交网络营销、推荐系统和舆情监控等领域展现出巨大的潜力。此外，研究者们还提出了一些改进的 GNN 架构，如图注意力网络（GAT）和图自编码器（GAE），以更好地捕捉节点之间的复杂互动关系。这些新方法不仅提高了影响力估计的准确性和稳健性，也推动了图神经网络理论的发展。

综上所述，图神经网络为影响力估计提供了强大而灵活的工具，通过其在图结构数据上的卓越表现，克服了传统方法在大规模社交网络分析中的局限性。未来，随着 GNN 技术的不断进步和应用场景的拓展，影响力估计的研究将继续深入，并在更广泛的领域中发挥重要作用。

## 3.5 本章小结

本章详细探讨了社交网络中信息传播影响力的估计方法，这是理解和操作现代社交网络动态的核心工具。从信息传播的基本理论出发，解析了独立级联模型和线性阈值模型等在不同场景下的应用，并探讨了这些模型在实际应用中的局限性及其计算复杂度。

本章特别介绍了反向影响集抽样技术，一种旨在减少计算复杂度同时提供理论近似保障的方法。通过详细说明反向影响集抽样方法如何在估计节点影响力时提供有效且可扩展的解决方案，突显了它在处理大规模社交网络数据时的实用性和效率。

此外，还探讨了分布式抽样方法如何使影响力估计过程更适应大数据环境。通过并行化处理，这些方法不仅优化了资源利用，还大幅提升了处理速度和准确性。这对于应对当今日益增长的网络规模和复杂性至关重要。

在技术实现方面，引入了图卷积神经网络（GCN）和图注意力网络（GAT），这两种先进的深度学习框架通过模仿传统的卷积神经网络和递归神经网络中的操作，为图结构数据的处理提供了新的视角。它们不仅能够处理有向图和无向图，还能综合考虑节点特征与图结构特征，显著提高了社交网络中信息传播影响力的预测精度。

本章不仅提供了社交网络影响力动态的理论基础，还提供了多种实用的工具和方法，以支持复杂网络环境下的决策制定和策略优化。随着数据科学和机器学习技术的不断进步，期待这些方法将继续演化，以应对新兴的挑战和机遇。

# 第 4 章  集函数的性质

由于在线网络中信息传播过程是一个随机过程，其目标函数是一个离散集函数。

在线网络中的信息传播是一个复杂且高度动态的过程，尤其是负面信息（如虚假信息、谣言、负面评价等）在网络用户之间的传播往往具有高度随机性，受多种因素影响，包括信息源的可信度、传播路径、用户的兴趣和行为，以及信息的情感强度等。因此，信息的扩散难以预测和控制，研究其传播机制具有重要意义。在在线网络中，信息传播的过程可以被建模为一个离散集函数。离散集函数是一类定义在集合上的函数，其输入是一个有限集，输出是一个实数，表示该集合的某种属性或特性。在信息传播的背景下，集函数的输入可以是网络中的一组节点（即用户），输出则是这些节点在传播过程中所产生的某种效果或影响，如覆盖的节点数、传播的范围以及引起的反应等。研究信息传播的目标函数通常需要考虑多个因素，包括信息传播的速度、覆盖范围、信息的可信度以及用户的响应等。这些因素共同作用，决定了信息在网络中的传播效果。由于传播过程的随机性，目标函数往往具有高度的不确定性和复杂性，需要通过精确建模和优化方法来进行分析和控制。

在实际应用中，信息传播的研究不仅具有理论意义，还具有重要的实际价值。通过理解和预测负面信息的传播模式，能够有效设计和实施干预措施，控制负面信息的扩散，减轻其对社会和个体的负面影响。例如，在公共卫生领域，可以通过控制虚假健康信息的传播，保护公众健康；在企业管理中，可以通过监控和管理负面评价，维护品牌声誉；在政治领域，可以通过防止谣言传播，维护社会稳定和公共秩序。

总之，在线网络中的信息传播是一个复杂且重要的问题，通过将其建模为离散集函数，能够深入理解其传播机制，并设计有效的优化和控制策略，以应对信息传播带来的挑战和风险。这一研究不仅有助于提升理论研究水平，还能在多个实际应用领域中产生积极的影响。

## 4.1  次模函数定义及优化方法

**次模性**（submodularity）又称**子模性**或**亚模性**，是凸性的离散模拟，在组合优化领域非常重要。它反映了一种边际收益递减的特性，即对于一个给定的有限基础集合，次模函数的增量效应随着集合的扩大而递减。这种性质使得次模函数在许多现实世界中的优化问题中具有独特的优势，并且在某些情况下可以通过简单的贪心算法实现接近最优的解。贪心算法利用次模函数的这一边际收益递减特性，通过逐步添加元素来构建接近最优的解，而不必穷举所有可能的组合，从而大大提高了计算效率。

次模性在多个领域中展现了其广泛的应用价值。比如，在社交网络中，虚假信息的传播对社会稳定和信息可靠性带来了挑战。使用次模性进行虚假信息治理的一个典型方法是影响力最大化问题。影响力最大化问题旨在通过选择有限的节点集合来最大化信息传播的范围，这种选择过程可以被建模为一个次模函数的优化问题。在虚假信息治理中，次模性帮助制定高效的策略，通过选择一些关键节点进行信息干预，从而限制虚假信息的传播。在自然语言处理（NLP）中，文本摘要生成可以看作次模优化问题。生成文本摘要时，我们希望选择一些句子，这些句子能最充分地代表整个文档的信息内容。这可以被看作一个覆盖函数的最大化问题，而次模性的边际收益递减性使得贪心算法能够快速找到接近最优的文本摘要。在语义分析中，用次模性进行词汇选择，确保所选词汇集能够最充分地表达文档的语义信息。例如，词汇选择问题可以通过次模函数进行描述，目标是选择一组词汇使得整个文档的语义信息得到最充分的表达。次模性在这些问题中优化选择过程，提供高效且有效的解决方案。在机器学习和人工智能领域，次模性被用于数据选择和特征选择等问题中，通过优化训练数据的代表性和特征集的有效性，提高模型的性能和效率。次模性还为资源分配问题提供了优化工具，例如在网络资源分配中，通过次模函数优化资源的部署位置，最大化网络覆盖范围和服务质量。

尽管次模性为这些应用提供了理论基础和实际指导，但是优化问题通常较复杂，找到精确最优解在计算上常常不可行，因此需要借助次模比和曲率等概念来估计非次模函数接近次模性的程度，并通过贪心算法等近似方法来求解。曲率较小的次模函数接近模性函数，使得优化更加容易和高效。随着数据规模的扩大和应用场景的复杂化，次模优化方法在计算效率和处理能力方面的挑战促使研究人员开发新的算法和技术。不仅在算法优化上持续推进次模性的研究，还探索其在深度学习、智能推荐系统等现代应用中的潜力。

### 4.1.1 次模函数定义

具有次模性的集函数被称为**次模函数**，次模函数具体的定义如下。

**定义 4.1（次模函数）** 给定一个有限基础集 $V$ 和一个集函数 $F:2^V \to \mathbb{R}$，集函数 $F(\cdot)$ 是次模的当且仅当任意 $A_1, A_2 \subseteq V$ 满足

$$F(A_1)+F(A_2) \geqslant F(A_1 \bigcup A_2)+F(A_1 \bigcap A_2) \tag{4.1}$$

次模函数的另一种定义满足边际值递减的性质：对于任意 $A_3 \subseteq A_4 \subseteq V$ 和 $v \in V \setminus A_4$，$F(A_3 \bigcup \{v\})-F(A_3) \geqslant F(A_4 \bigcup \{v\})-F(A_4)$。这种定义可以通过将 $A_1=A_3 \bigcup \{v\}$ 和 $A_2=A_4$ 代入式（4.1）推导出来；反之亦然。次模函数具有自然的边际收益递减的特性，使其适用于许多应用，包括近似算法和博弈论（作为模拟用户偏好的函数）等。

进一步将次模集函数分为单调集函数和非单调集函数。

**单调集函数**：对于任意的 $A_1 \subseteq A_2$，如果 $F(A_1) \leqslant F(A_2)(F(A_1) \geqslant F(A_2))$ 成立，则集函数 $F(\cdot)$ 是单调的。

**非单调集函数**：没有上述要求。非单调集函数的一个重要子类是对称函数，对于所有 $A \subseteq V$，它满足 $F(A)=F(\overline{A})$。

如果集函数 $f$ 和集函数 $g$ 是同一个有限基础集 $V$ 上的次模函数，则集函数的和 $f+g$ 也是次模函数。更一般地，对于任何参数 $a_1,a_2 \geqslant 0$，$a_1 f+a_2 g$ 也是次模的。如果集函数 $g$ 是次模函数，则 $-g$ 是超模函数；当集函数 $f$ 和 $g$ 是次模单调函数时，函数 $f-g$ 及 $\min(f,g)$ 也是次模的。

### 4.1.2 贪心算法

贪心算法（greedy algorithm，GA）是一种自然启发式算法，该算法在每个阶段进行局部最优选择，希望找到一个好的全局解，在一定约束下使单调次模函数最小化（最大化）。由于其简单性，即使在已知不存在解的近似保证的情况下，贪心算法最终获得的解可能与最优解相距甚远，也会在经验上使用它。用于近似优化集函数最小化（最大化）的标准贪心算法如算法 4.1 所示。

**算法 4.1 贪心算法**

输入：基础集 $V$，集函数 $F: 2^V \to \mathbb{R}$，预算 $K$
输出：贪心算法近似解 $S_K$
1: $i=1$, $S_0 \leftarrow [\,]$
2: **for** $i \leqslant K$ **do**
3: $\quad u^* \leftarrow \underset{u \in V \setminus S_{i-1}}{\mathrm{argmax}} F(S_{i-1} \bigcup \{u\})-F(S_{i-1})$
4: $\quad S_i \leftarrow S_{i-1} \bigcup \{u^*\}$
5: **return** $S_K$

对于集函数 $F: 2^V \to \mathbb{R}$ 是单调不减的次模函数的情况，贪心算法（算法 4.1）获得具有

$(1-1/e)$ 逼近保证的近似解。下面使用一个定理进行详细的解释。

**定理 4.1** 对于一个非负单调不减并且满足 $F(\varnothing)=0$ 的次模函数 $F: 2^V \to \mathbb{R}$,在给定预算 $K(1 \leqslant K \leqslant |V|)$ 下通过贪心算法获得的近似解 $S_K$ 满足

$$F(S_K) \geqslant (1-e^{-1})F(S^*) \tag{4.2}$$

其中 $S^*$ 是给定条件下集函数 $F(\cdot)$ 的最优解。

**证明** 设 $S_K = \{s_1, s_2, \cdots, s_K\}$ 是运行贪心算法获得的解,并且 $S_i = \{s_1, s_2, \cdots, s_i\}$。令 $S^* = \{u_1, u_2, \cdots, u_K\}$ 为集函数 $F(\cdot)$ 的最优解,定义 $\Delta_{s_i} F = F(S_i) - F(S_{i-1})$ 为在 $S_{i-1}$ 情景下选择 $s_i$ 为解时集函数 $F(\cdot)$ 的增加值,其中 $S_0$ 为空集。因此,等式 $F(S_i) = F(\phi) + \sum_{j=1}^{i} \Delta_{s_j} F$ 成立。令 $Y_i = S^* \setminus S_i$。考虑到集函数 $F(\cdot)$ 的非减性质,可得 $F(Y_i \cup S_i) \geqslant F(S^*)$。下面证明在贪心算法的第 $i+1$ 次迭代中,$y \in Y_i$ 中存在一个好的候选者。

基于集函数的次模性,可以得到 $\sum_{y \in Y_i}[F(S_i \cup \{y\}) - F(S_i)] \geqslant F(S_i \cup Y_i) - F(S_i)$。设 $\hat{y} = \underset{y \in Y_i}{\mathrm{argmax}} F(S_i \cup \{y\}) - F(S_i)$,那么可得

$$F(S_i \cup \{\hat{y}\}) - F(S_i) \geqslant \frac{F(S_i \cup Y_i) - F(S_i)}{|Y_i|} \geqslant \frac{F(S_i \cup Y_i) - F(S_i)}{K} \tag{4.3}$$

由于 $\hat{y}$ 是第 $i+1$ 次迭代要选择的候选者,并且贪心算法选择一个候选者使得不等式 $F(S_i \cup \{s_{i+1}\}) - F(S_i) \geqslant F(S_i \cup \{s'\}) - F(S_i)$ 成立,其中 $s' \notin S_i$。因此,$\Delta_{s_{i+1}} F = F(S_i \cup \{s_{i+1}\}) - F(S_i) \geqslant \frac{F(S_i \cup Y_i) - F(S_i)}{K} \geqslant \frac{F(S^*) - F(S_i)}{K}$。接下来,利用上面的不等式对 $i$ 进行归纳来证明不等式 $F(S_i) \geqslant F(S^*) \cdot (1 - e^{i/K})$。

当 $i=0$ 时,不等式显然成立。设不等式在经过 $i(i \geqslant 1)$ 次迭代后仍然成立。在第 $i+1$ 次迭代,可得

$$\begin{aligned}
&F(S^*) - F(S_{i+1}) \\
&= F(S^*) - F(S_i) - \Delta_{s_{j+1}} F \\
&\leqslant F(S^*) - F(S_i) - \frac{F(S^*) - F(S_i)}{K} \\
&= [F(S^*) - F(S_i)]\left(1 - \frac{1}{K}\right) \\
&\leqslant [F(S^*) - F(\varnothing)]\left(1 - \frac{1}{K}\right)^{i+1} \\
&\leqslant F(S^*) \cdot e^{-\frac{i+1}{K}}.
\end{aligned} \tag{4.4}$$

因此，不等式归纳证明完成。基于不等式 $F(S_i) \geqslant F(S^*) \cdot (1-e^{-i/K})$ 并且令 $i=K$，得到 $F(S_K) \geqslant (1-e^{-1})F(S^*)$。

### 4.1.3 模性定义

集函数的模性反映了它的加法性质，模性具体的定义如下。

**定义 4.2（模性）** 给定集合函数 $F:2^V \to \mathbb{R}$，如果对于任意不相交的集合 $A,B \subseteq V$，有 $F(A \cup B) = F(A) + F(B)$，则称集函数 $F$ 是**模性的**。如果集函数 $F$ 不满足模性条件，则称其为**非模性的**。

### 4.1.4 超模性定义

超模性是一种"离散版的凹性"，描述了集合函数的边际收益递增特性。

**定义 4.3（超模性）** 给定一个有限集合 $V$ 和一个集函数 $F:2^V \to \mathbb{R}$，如果对于任意的集合 $A \subseteq B \subseteq V$ 和元素 $x \in V \setminus B$，函数 $F$ 满足

$$F(A \cup \{x\}) - F(A) \leqslant F(B \cup \{x\}) - F(B) \tag{4.5}$$

则称函数 $F$ 是**超模的**（supermodular）。这个不等式描述了边际收益递增特性。

超模性也可以用交并不等式来定义，即对于任意的集合 $A,B \subseteq V$，都有

$$F(A) + F(B) \leqslant F(A \cup B) + F(A \cap B) \tag{4.6}$$

如果超模函数 $F$ 还是单调不减的，即对于任意 $A \subseteq B \subseteq V$，有 $F(A) \leqslant F(B)$，这类函数常用于最大化问题中。

超模性使得在每一步局部优化选择时，整体解往往会更好，特别适合于问题的结构性分析和资源分配等领域。如果集函数 $F$ 不满足超模性条件，则称其为非超模的。

次模性和超模性是集函数的重要性质，在优化理论中扮演关键角色。次模性和超模性为离散优化问题提供了简化求解的途径。次模性允许使用贪心算法得到近似最优解，而超模性则可以通过某些特定的优化策略进行高效求解。二者都提供了对问题结构的深刻理解，有助于开发有效的优化算法。

在虚假信息治理中，次模性用于影响力最大化问题，通过选择有限节点来最大化信息传播；在自然语言处理和语义分析中，次模性优化可以生成文本摘要和进行词汇选择；在资源分配问题中，次模性和超模性都帮助优化资源的分配和部署位置；在机器学习中，次模性和超模性用于数据选择、特征选择和模型训练等，提高模型性能和效率。

深入理解次模性和超模性对于离散优化和实际应用中复杂问题的解决具有重要意义。随着数据规模和问题复杂度的增加，研究这些性质的算法和技术将继续发展，推动这些领

域的进步。

## 4.2 非次模函数优化

本节主要介绍非次模集函数的定义以及优化方法。

非次模性表示函数的边际收益随着集合的增加而不递减，可能出现递增或不确定的变化。这种特性使得非次模函数的优化更加复杂，因为无法依赖次模函数的边际收益递减性来进行简化处理。这使得非次模函数优化面临很多挑战。

**计算复杂性**：非次模函数的优化通常是 NP 难的，这意味着找到精确的最优解在计算上是不可行的，尤其对于大规模问题而言。

**缺乏结构性**：非次模函数不具有边际收益递减性，使得贪心算法和其他启发式方法的效果大大降低，甚至无法提供有效的近似解。

**局部最优问题**：非次模函数的优化容易陷入局部最优解，因为其收益变化不稳定，导致传统的局部搜索算法难以有效地找到全局最优解。

对于非次模函数优化问题，研究者采用了多种方法，包括改进的贪心算法、通过次模比和曲率进行次模近似、局部搜索算法（如模拟退火和梯度下降）、元启发式算法（如遗传算法、蚁群优化和粒子群优化），以及结合深度学习和强化学习的技术等。这些方法在网络优化、供应链管理、智能交通和广告投放等实际应用中具有广泛应用，通过创新和改进优化策略，成功应对复杂的非次模优化问题，提高了问题求解的效率和效果。

### 4.2.1 次模比的定义

虽然大多数应用问题的目标集函数并不具有次模性，但具有一定的弱次模性质。基于此，本节引入次模比[143]的概念来衡量非次模集函数与次模集函数之间的接近程度。

**定义 4.4** 给定一个集合 $V$ 和正整数参量 $K(K \geqslant 1)$，非次模集函数 $Q(\cdot)$ 的次模比为

$$v_{V,K}(Q) = \min_{B_1, B \subseteq V, B_1 \cap B = \varnothing, |B| \leqslant K} \frac{\sum_{x \in B}[Q(B_1 \bigcup \{x\}) - Q(B_1)]}{Q(B_1 \bigcup B) - Q(B_1)} \tag{4.7}$$

当 $Q(B_1 \bigcup B) = Q(B_1)$ 时，令 $\left[\sum_{x \in B} Q(B_1 \bigcup \{x\}) - Q(B_1)\right] / [Q(B_1 \bigcup B) - Q(B_1)] = 1$。

非次模集函数 $Q(\cdot)$ 的次模比反映了将任何大小为 $K$ 的子集 $B$ 中的单个元素添加到 $B_1$ 的综合收益与将 $B$ 添加到 $B_1$ 的整体收益之间的比率。

**引理 4.1** 对于一个非负非增加的集函数 $g(\cdot)$ 的次模比具有以下属性:

(1) $v_{V,K}(g) \in [0,1]$;

(2) $v_{V,K}(g)=1$, 当且仅当集函数 $g(\cdot)$ 是次模的。

**证明** (1) 由于集函数 $g(\cdot)$ 是非增加的, 得到 $v_{V,K}(g)$ 是非负的。考虑到次模比 $v_{V,K}(g)$ 的标量最大化, 获得 $v_{V,K}(g) \leqslant 1$。此外, 对于任意单个子集 $B$ 必须使不等式 $v_{V,K}(g) \geqslant 0$ 成立。因此, 集函数 $g(\cdot)$ 的次模比 $v_{V,K}(g) \in [0,1]$。

(2) 首先, 令集函数 $g(\cdot)$ 的次模比 $v_{V,K}(g) \geqslant 1$。在式 (4.3) 中, 设 $B=\{y,z\}$ 和 $K=2$, 可得 $g(B_1 \cup \{y\})+g(B_1 \cup \{z\}) \geqslant g(B_1 \cup \{y,z\})+g(B_1)$, 即 $g(B_1 \cup \{y,z\})-g(B_1 \cup \{z\}) \leqslant g(B_1 \cup \{y\})-g(B_1)$。现在, 给出两个集合 $B \subseteq V$ 和 $W=B \cup \{w_1,w_2,\cdots,w_K\}$, 并设置 $W_i = B \cup \{w_1,\cdots,w_i\}$, 其中 $i \in \{1,2,\cdots,K\}$。令 $B_1 = W_i$, 得到 $g(W_i \cup \{y\})-g(W_i) \geqslant g(W_{i+1} \cup \{y\})-g(W_{i+1})$。下面, 将使用归纳法证明这个不等式对于任何 $i \in \{1,2,\cdots,K\}$ 都成立。

当 $i=1$ 时, 得到不等式 $g(W_1 \cup \{y\})-g(W_1) \geqslant g(W_2 \cup \{y\})-g(W_2)$, 这显然是成立的。

设 $i=j$ 时, 不等式 $g(W_j \cup \{y\})-g(W_j) \geqslant g(W_{j+1} \cup \{y\})-g(W_{j+1})$ 成立。

当 $i=j+1$ 时, 得到 $g(W_{j+1} \cup \{y\})-g(W_{j+1}) \geqslant g(W_{j+1} \cup \{y,z\})-g(W_{j+1} \cup \{z\}) = g(W_{j+2} \cup \{y\})-g(W_{j+2})$。因此, 对于任何 $i \in \{1,2,\cdots,K\}$, 不等式 $g(W_i \cup \{y\})-g(W_i) \geqslant g(W_{i+1} \cup \{y\})-g(W_{i+1})$ 成立, 归纳证明完成。

相反地, 假设集函数 $g(\cdot)$ 是次模的。在式 (4.5) 中, 令 $B=\{b_1,b_2,\cdots,b_K\}$ 和 $X_i = \{b_1,\cdots,b_i\}$。对任意 $i \in \{1,2,\cdots,K\}$, 得到 $g(B_1 \cup X_i)-g(B_1 \cup X_{i-1}) = g(B_1 \cup X_{i-1} \cup b_i)-g(B_1 \cup X_{i-1}) \leqslant g(B_1 \cup b_i)-g(B_1)$。现在, 有 $g(B_1 \cup B)-g(B_1) = \sum_{i=1}^{K} g(B_1 \cup X_i)-g(B_1 \cup X_{i-1}) \leqslant \sum_{i=1}^{K} g(B_1 \cup b_i)-g(B_1)$, 这给出集函数 $g(\cdot)$ 的次模比 $v_{V,K}(g)$ 的一个下界并且 $v_{V,K}(g)=1$。 □

不幸的是, 目标集函数 $Q(\cdot)$ 已经被证明是非次模函数, 则从引理 4.1 可以清楚地得到 $v_{V,K}(Q) \in [0,1)$。在不引起歧义的情况下, 在本章以下内容中将次模比 $v_{V,K}(Q)$ 简写为 $v(Q)$。虽然定义 4.2 给出次模比的定义, 但不能在多项式时间[144]内计算出一个非次模集函数的次模比。通常, 精确计算出非次模集函数的次模比是 NP-难的。

### 4.2.2 曲率的定义

考虑一个集合函数 $f: 2^X \to \mathbb{R}_{\geqslant 0}$, 对于任意一个集合 $A \subseteq X$, $j \notin A$, $f_A(j)=f(A \cup j)-$

$f(A)$ 是元素 $j$ 相对于集合 $A$ 的边际效用。那么，$f$ 是单调递增的次模函数当且仅当对于所有可能的集合 $A\subseteq X$ 和 $j\notin A$，$f_A(j)\geqslant 0$ 以及对于所有的 $A\subseteq B$，$j\notin B$，$f_A(j)\geqslant f_B(j)$。在这种情况下，元素 $j$ 的边际收益 $f_A(j)$ 可能会随着集合 $A$ 的增长而减小，尽管它始终为非负数。直观地说，单调递增次模函数的**曲率**测量了任何元素的边际收益可能减少的最大程度。因此，总曲率 $c$ 定义为

$$c = \max_{j\in X^*} \frac{f_\varnothing(j) - f_{X-j}(j)}{f_\varnothing(j)} = 1 - \min_{j\in X^*} \frac{f_{X-j}(j)}{f_\varnothing(j)} \tag{4.8}$$

其中，$X^* = \{i\in X: f_\varnothing(i) > 0\}$。当 $c=0$ 时，$f$ 的所有边际收益保持不变，此时 $f$ 是线性的。因此，参数 $c$ 是子模函数 $f$ 与线性相差的一种度量。

### 4.2.3 集函数的连续化

本节提供一种集函数的连续化的方法——Lovász 扩展[145]，将函数优化的定义域从超立方体顶点 $\{0,1\}^m$ 扩展到超立方体外壳 $[0,1]^m$，其中 $m$ 为虚实交互社交网络中个体的数量。

对于任意向量 $s\in[0,1]^m$，定义 $\omega:[m]$ 为向量 $s$ 中 $m$ 个元素的降序排列，即 $s_{\omega(1)}\geqslant s_{\omega(2)}\geqslant\cdots s_{\omega(m-1)}\geqslant s_{\omega(m)}$。令集合 $\Xi_i^s = \{\omega(1),\omega(2),\cdots,\omega(i)\}$，并且对于任意 $i\in\{1,2,\cdots,m\}$ 存在一个集合链 $\Xi_1^s\subseteq\Xi_2^s\subseteq\cdots\subseteq\Xi_i^s$。设 $\mathbf{1}_{\Xi_i^s}$ 是 $m$ 元组向量，其中第 $j$ 个（$j\in\Xi_i^s$）元素为 1，其余元素为 0。给定集函数 $F(B) = Q(B) - Q(\varnothing)$，则 $F(\varnothing)=0$。由于 $Q(\varnothing)$ 是一个固定值，所以集函数 $F(\cdot)$ 与目标集函数 $Q(\cdot)$ 的性质相同。下面，将给出集函数 $F(\cdot)$ 的 Lovász 扩展函数。

**定义 4.5** 将具有 $F(\varnothing)=0$ 的集函数 $F:\{0,1\}^m\to\mathbb{R}$ 的 Lovász 扩展函数 $F_L:[0,1]^m\to\mathbb{R}$ 定义为

$$F_L(s) = \sum_{i=1}^m \left[F(\Xi_i^s) - F(\Xi_{i-1}^s)\right]\cdot s_{\omega(i)} \tag{4.9}$$

其中 $\Xi_0^s = \varnothing$，向量 $s\in[0,1]^m$ 并且 $\sum_{i=1}^m s_{\omega(i)} \leqslant K$。

基于 Lovász 扩展函数的定义，函数优化的定义域从 $\{B\subseteq V\setminus R: |B|\leqslant K\}$ 转换为 $B_L\subseteq [0,1]^m$，其中 $B_L$ 为 $\{s\in[0,1]^m: \|s\|_1\leqslant K\}$，$\|s\|_1$ 表示向量 $s$ 的 $l_1$ 范数。

式 (4.9) 可等价转化为 $F_L(s) = \sum_{i=0}^m \left[s_{\omega(i)} - s_{\omega(i+1)}\right]\cdot F(\Xi_i^s)$，其中 $s_{\omega(0)}=1$ 和 $s_{\omega(m+1)}=0$。此外，等式 $\sum_{i=0}^m \Xi_i^s \cdot \left[s_{\omega(i)} - s_{\omega(i+1)}\right] = s$ 成立，因为

$$\begin{aligned}
&\sum_{i=0}^{m} \Xi_i^s \cdot [s_{\omega(i)} - s_{\omega(i+1)}] \\
&= (1 - s_{\omega(1)})\Xi_0^s + \sum_{i=1}^{m}(s_{\omega(i)} - s_{\omega(i+1)})(\Xi_{i-1}^s + \mathbf{1}_{\omega(i)}) \\
&= \sum_{i=1}^{m}\mathbf{1}_{\omega(i)}\Big[\sum_{j=i}^{m}s_{\omega(j)} - s_{\omega(j+1)}\Big] \\
&= \sum_{i=1}^{m}\mathbf{1}_{\omega(i)} s_{\omega(i)} \\
&= s
\end{aligned} \quad (4.10)$$

次模集函数 $g(\cdot)$ 的 Lovász 扩展函数 $g_L(\cdot)$ 是凸函数[145]，最小化集函数 $g(\cdot)$ 等效于最小化凸函数 $g_L(\cdot)$，即 $\min g(\cdot) = \min g_L(\cdot)$。不幸的是，集函数 $F(\cdot)$ 仅是一个具有次模比的弱次模函数[146]，其最小值（最优解）与其 Lovász 扩展函数最小值（最优解）之间的关系怎么样并不清楚的。

### 4.2.4 非次模函数的优化方法

尽管非次模函数的优化具有挑战性，但仍然存在一些方法和技术来求解这类问题。这些方法主要包括以下几种。

**贪心算法的改进**

虽然贪心算法在非次模函数的优化中效果不佳，但可以通过改进和调整贪心策略来应对。贪心加随机化策略（greedy with randomization）通过在贪心选择中引入随机因素，避免陷入局部最优解，提高解的质量。

**次模近似**

对于非次模函数，可以尝试将其近似为次模函数，从而利用次模优化方法来求解。这种方法通常通过引入次模比（submodularity ratio）来衡量非次模函数与次模函数的接近程度，并在此基础上进行优化。

**局部搜索算法**

局部搜索算法（local search）通过从一个初始解出发，不断在邻域内进行搜索，寻找更优的解。对于非次模函数，可以采用多种邻域搜索策略，例如下面的几种算法。

（1）梯度下降。尽管梯度下降主要用于连续优化问题，但在非次模函数的优化中，也可以通过计算离散梯度，沿着梯度方向进行搜索，找到更优解。

(2) 模拟退火。模拟退火（simulated annealing）通过在搜索过程中逐步降低系统温度，允许一定概率的劣解接受，避免陷入局部最优解。模拟退火适用于非次模函数的优化，因为其能有效跳出局部最优，探索全局解空间。

**元启发式算法**

元启发式算法（metaheuristic algorithm）是一类高效的优化算法，适用于求解复杂的优化问题。常用的元启发式算法包括下面几种。

(1) 遗传算法。遗传算法（genetic algorithm）通过模拟自然选择和遗传变异过程，对解进行编码、交叉和变异，逐步进化出优质解。遗传算法适用于非次模函数的优化，因其能在全局范围内搜索并找到接近最优的解。

(2) 蚁群优化。蚁群优化（ant colony optimization）通过模拟蚂蚁寻找食物的过程，利用信息素引导搜索，逐步构建优质解。蚁群优化适用于离散优化问题，包括非次模函数的优化。

(3) 粒子群优化。粒子群优化（particle swarm optimization）通过模拟鸟群觅食的行为，利用个体和群体的最佳位置引导搜索。粒子群优化在连续和离散优化问题中均表现出色，可以用于非次模函数的优化。

**深度学习与强化学习**

随着人工智能技术的发展，深度学习和强化学习方法在优化问题中展现出巨大潜力。对于非次模函数的优化，可以尝试采用以下方法。

(1) 深度强化学习。深度强化学习（deep reinforcement learning）通过训练智能体在复杂环境中进行决策，逐步学习最优策略。对于非次模函数的优化，可以构建环境和奖励机制，利用深度强化学习算法进行求解。

(2) 神经网络优化。利用神经网络模型来近似和优化非次模函数，通过训练神经网络来学习函数的结构和特性，从而指导优化过程。这种方法可以结合深度学习和优化算法，提高解的质量和效率。

## 4.2.5　非次模函数优化的实际应用

非次模函数优化在多个实际应用领域中发挥着重要作用，尽管这种优化方法复杂且具有挑战性。下面列举非次模函数优化在几种不同领域的应用。

**网络优化**

(1) 通信网络中的资源分配。在通信网络中，资源分配问题通常涉及带宽、频谱和功率等有限资源的分配。非次模优化方法用于确保资源分配的效率和公平性，最大化网络的整体性能。例如，在无线通信中，通过优化频谱分配，可以减少干扰并提高网络吞吐量。

（2）流量管理。在大型网络中，流量管理是确保数据高效传输的关键。非次模优化方法帮助设计路由算法，优化流量路径，从而减少拥堵，提升数据传输速度和可靠性。

（3）网络设计。非次模函数优化在网络设计中用于确定节点和链路的最优配置，以确保网络的覆盖范围、可靠性和成本效益。通过优化节点的布局和连接方式，可以建立高效且稳健的网络结构。

**供应链管理**

（1）库存控制。在供应链管理中，库存控制是确保供应链高效运行的重要方面。非次模优化方法用于确定库存水平和补货策略，优化库存成本和服务水平，避免库存过多或不足导致的资源浪费和服务中断。

（2）物流规划。物流规划涉及运输路径、车辆调度和仓库选址等问题。非次模优化方法有助于设计高效的物流网络，优化运输路径和车辆利用率，降低物流成本，提高配送效率。

（3）供应链优化。非次模函数优化在供应链优化中用于协调各环节的资源和活动，确保供应链的整体效益最大化。这包括供应商选择生产计划和配送策略等，通过优化这些决策，提高供应链的响应速度和适应能力。

**智能交通**

（1）交通流量优化。在智能交通系统中，交通流量优化是减少拥堵、提高道路利用率的关键。非次模优化方法用于设计交通信号控制策略和实时交通流量管理方案，通过优化信号灯的配时和交通流向，减少车辆等待时间，提高交通效率。

（2）路径规划。路径规划涉及为车辆找到最优的行驶路线，避免拥堵和减少行驶时间。非次模优化方法帮助设计导航算法，考虑实时交通状况和路网信息，提供最优路径选择，提高出行效率。

（3）车辆调度。在公共交通和物流运输中，车辆调度是提高服务水平和运营效率的重要方面。非次模优化方法用于确定车辆的调度和分配策略，优化车辆利用率，降低运营成本，提高服务质量。

**广告投放**

（1）广告选择。在数字广告领域，广告选择涉及选择最优的广告内容和展示位置，以最大化广告效果和收益。非次模优化方法有助于设计广告投放策略，通过优化广告内容和展示时机，提高广告点击率和转化率。

(2) 预算分配。广告预算分配是确保广告活动高效运行的重要方面。非次模优化方法用于确定广告预算的分配方案，优化各渠道和活动的投资回报率，最大化整体广告效果。

**机器学习与数据科学**

(1) 特征选择。在机器学习中，特征选择是提高模型性能和训练效率的重要步骤。非次模优化方法用于选择最具代表性的特征子集，优化模型的预测准确性和计算效率。

(2) 数据选择。数据选择涉及从大量数据中选择最具代表性的子集，用于模型训练。非次模优化方法用于设计数据选择策略，优化训练数据的代表性和多样性，提高模型的泛化能力。

**生物信息学**

(1) 基因选择。在生物信息学中，基因选择是基因表达数据分析的重要步骤。非次模优化方法用于选择最相关的基因子集，优化疾病诊断和生物标志物发现的准确性。

(2) 蛋白质网络分析。蛋白质网络分析涉及蛋白质之间相互作用的研究。非次模优化方法用于确定关键蛋白质及其相互作用，优化网络结构和功能分析，提高生物学研究的深度和精度。

**社交网络分析**

(1) 影响力最大化。在社交网络中，影响力最大化问题涉及选择关键节点以最大化信息传播范围。非次模优化方法用于设计节点选择策略，优化信息传播效果，应用于病毒营销和信息扩散等领域。

(2) 社区发现。社区发现是社交网络分析中的重要任务，涉及识别网络中的紧密群体。非次模优化方法用于设计社区发现算法，优化社区结构和特性分析，提高社交网络研究的准确性和实用性。

**公共卫生**

(1) 疫苗分配。在公共卫生领域，疫苗分配是确保疫苗接种覆盖率和效果的关键。非次模优化方法用于设计疫苗分配策略，优化接种计划和资源分配，提高疫苗接种的效率和公平性。

(2) 疾病传播控制。疾病传播控制涉及制定干预措施以控制疾病的传播。非次模优化方法用于设计控制策略，优化干预措施的实施效果，减少疾病传播的范围和影响。

## 4.3 本章小结

在社交网络中，信息传播的研究不仅具有重要的理论意义，还具有广泛的实际应用价值。社交网络中的信息传播模型、算法及其应用，特别是次模性和超模性的研究，为解决复杂的离散优化问题提供了强有力的工具。

次模性是一种集函数的性质，表现为边际效用递减。具体而言，次模函数的边际收益随着集合的增大而递减。这种特性使得次模性在许多应用中尤为重要，包括虚假信息治理、自然语言处理和语义分析等。在这些应用中，次模函数可以用于优化资源分配、提高算法效率，甚至在大规模数据处理中提供接近最优解的贪心算法。与次模性相对应的还有超模性，其特征为边际收益递增。超模性在一些优化问题中也具有重要意义，特别是在需要逐步优化选择、结构性分析和资源分配的场景中。

非次模函数是指不满足次模性条件的集函数。非次模函数的优化问题较为复杂，因为无法利用次模函数的边际收益递减特性来简化问题。这种复杂性表现在计算复杂性、缺乏结构性和容易陷入局部最优解等方面。为了解决这些问题，研究者采用了多种优化方法，包括改进的贪心算法、次模比和曲率进行次模近似、局部搜索算法（如模拟退火和梯度下降）、元启发式算法（如遗传算法、蚁群优化和粒子群优化），以及结合深度学习和强化学习的技术。这些方法在网络优化、供应链管理、智能交通和广告投放等实际应用中都取得了显著成效。

在社交网络中，信息传播过程具有高度的随机性。负面信息传播尤其如此，其目标函数往往是离散集函数，需要考虑信息传播的速度、覆盖范围、信息的可信度以及用户的响应等多个因素。由于传播过程的随机性，目标函数的优化具有高度的不确定性和复杂性。因此，通过精确建模和优化方法来分析和控制信息传播变得尤为重要。通过理解和预测负面信息的传播模式，可以设计和实施有效的干预措施，控制负面信息的扩散，减轻其对社会和个体的负面影响。例如，在公共卫生领域，通过控制虚假健康信息的传播，能够保护公众健康；在企业管理中，通过监控和管理负面评价，可以维护品牌声誉；在政治领域，通过防止谣言传播，能够维护社会稳定和公共秩序。

总的来说，次模性和超模性在离散优化理论中扮演着关键角色，为解决许多实际问题提供了理论基础和技术支持。随着数据规模和问题复杂度的不断增加，研究这些性质的优化算法和技术将继续发展，推动相关领域的进步。

# 第 5 章 抽样近似性

在社交网络中，信息传播的复杂性和不确定性对传播影响力的精确计算提出了挑战。抽样近似方法，如蒙特卡罗仿真和近似算法，成为解决大规模信息传播问题的重要手段。这些方法通过抽样和仿真，在合理时间内估计传播影响力，提升了算法的效率和精度。本章将探讨这些方法的理论基础和应用实例，重点分析如何在不确定条件下优化信息传播模型，以提供更有效的解决方案。

## 5.1 蒙特卡罗仿真

**蒙特卡罗法**也称为统计模拟法、统计试验法。它是把概率现象作为研究对象的数值模拟方法，是按抽样调查法求取统计值来推定未知特性量的计算方法。在计算仿真中，通过构造一个和系统性能相近似的概率模型，并在计算机上进行随机试验，模拟系统的随机特性，因此它也被称为**多重概率仿真**。当预测或估计面临巨大不确定性时，某些方法采用单一均值来代替不确定的变量，而蒙特卡罗仿真则使用多个数值，然后对结果进行统计平均。

蒙特卡罗方法认为任何仿真技术都存在一个问题：由于随机变量的干扰，不同结果的概率不能被准确地确定。因此，蒙特卡罗仿真的重点是采用不断重复的随机样本。蒙特卡罗仿真采用具有不确定性的变量，并为其分配一个随机值，然后运行模型并提供一个结果，这个过程会反复进行，同时给有关变量分配多个不同的值。一旦仿真完成，就对结果进行平均提出一个估计值。

传统的有关概率问题的求解过程首先是构建概率分布或概率密度函数，通过一些有关随机的规则进行方程或函数的推导，如贝叶斯规则、随机微积分等，最终得到目标概率分布或概率密度函数。而蒙特卡罗仿真则针对那些有概率分布或概率密度函数的变量，构建一系列样本集，使其满足该概率条件，然后每个样本根据具体物理事件推演，得到目标的样本集，最终进行统计分析，得到需要的目标概率分布或概率密度函数等。

蒙特卡罗仿真分为三步。

第一步，构造或描述概率过程。对于本身就具有随机性的问题，主要是正确描述和模拟这个概率过程，对于本来不是随机性的确定性问题，就须事先构造一个人为的概率过程，它的某些参变量即为所求问题的解。这一步骤将不具有随机性问题转化为随机性问题。

第二步，实现从已知概率分布抽样。构造概率模型后，由于各种概率模型均可看作由各种概率分布构成的，因此产生已知概率分布的随机变量就成为实现蒙特卡罗方法仿真实验的基本手段，这也是蒙特卡罗方法被称为随机抽样方法的原因。

第三步，建立各种估计量。一般来说，构造概率模型并从中抽样后，即实现仿真实验后，就要确定一个随机变量作为所求问题的解。该解被称为无偏估计。建立各种估计量，相当于对仿真实验的结果进行考察和登记，从中得到问题的解。

## 5.2 近似算法

估计未知量 $\mu$ 的一个典型方法为：设计一个实验，生成分布在 $[0,1]$ 之间的随机变量 $Z$，有 $E(Z)=\mu$；然后多次独立运行该实验，将运行结果的平均值作为估计值。在本书中，我们假设对于随机变量 $Z$，除已知其定义域为 $[0,1]$ 之外，没有其他任何先验信息。于是，为估计未知量 $\mu$，我们给出近似算法 $\mathcal{AA}$：给定 $\epsilon$ 和 $\delta$，当对于任意 $Z$ 运行实验时，产生的估计值至少以概率 $1-\delta$ 在 $\mu$ 的 $1+\epsilon$ 范围内。

下面给出近似算法 $\mathcal{AA}$ 的具体说明。

### 5.2.1 近似算法 $\mathcal{AA}$

首先定义 $\gamma=4\lambda\ln(2/\delta)/\epsilon^2$，其中 $\lambda=(e-2)\approx 0.72$。令 $\sigma_Z^2$ 为随机变量 $Z$ 的方差，$\mu_Z$ 为 $Z$ 的均值，定义 $\rho_Z=\max\{\sigma_Z^2,\epsilon\mu_Z\}$。

$(\epsilon,\delta)$-近似算法 $\mathcal{AA}$ 包含以下三个主要步骤。

第一步，利用停止规则算法生成估计值 $\hat{\mu}_Z$，该估计值以至少 $1-\delta$ 的概率在 $\mu_Z$ 的常数因子范围内。

第二步，用 $\hat{\mu}_Z$ 的值来确定运行实验的次数以进一步生成估计值 $\hat{\rho}_Z$，该估计值以至少 $1-\delta$ 的概率在 $\rho$ 的常数因子范围内。其中，实验次数 $N=\gamma_2 \cdot \epsilon/\hat{\mu}_Z$，$\gamma_2\approx 2\gamma$。

第三步，用前两步中生成的 $\hat{\mu}_Z$ 和 $\hat{\rho}_Z$ 来确定实验次数并运行，以生成 $\mu_Z$ 的 $(\epsilon,\delta)$-估计 $\tilde{\mu}_Z$。其中，实验次数 $N=\gamma_2 \cdot \hat{\rho}_Z/\hat{\mu}_Z^2$，$\gamma_2\approx 2\gamma$。

设 $Z$ 为分布在 $[0,1]$ 区间内的随机变量，其均值为 $\mu_Z$，方差为 $\sigma_Z^2$。设 $Z_1,Z_2,\cdots$ 和 $Z_1',Z_2',\cdots$ 为两个独立同分布的随机变量序列。近似算法 $\mathcal{AA}$ 如下。

**算法 5.1　近似算法 $AA$**

输入：$(\epsilon,\delta)$，$0<\epsilon\leqslant 1$，$0<\delta\leqslant 1$，
$$\gamma_2=2(1+\sqrt{\epsilon})(1+2\sqrt{\epsilon})\left(1+\ln\left(\frac{3}{2}\right)/\ln\left(\frac{2}{\delta}\right)\right)\gamma\approx 2\gamma$$

1：用 $Z_1,Z_2,\cdots$ 及输入参数 $\min\{1/2,\sqrt{\epsilon}\}$ 和 $\delta/3$，运行停止规则算法生成 $\mu_Z$ 的估计 $\hat{\mu}_Z$

2：取 $N=\gamma_2\cdot\epsilon/\hat{\mu}_Z$ 并初始化 $S\leftarrow 0$
　　**for** $i=1,2,\cdots,N$ **do**
　　　$S\leftarrow S+(Z'_{2i-1}-Z'_{2i})^2/2$
　　$\hat{\rho}_Z\leftarrow\max\{S/N,\epsilon\hat{\mu}_Z\}$

3：取 $N=\gamma_2\cdot\hat{\rho}_Z/\hat{\mu}_Z^2$ 并初始化 $S\leftarrow 0$
　　**for** $i=1,2,\cdots,N$ **do**
　　　$S\leftarrow S+Z_i$
　　$\hat{\mu}_Z\leftarrow S/N$

输出：$\hat{\mu}_Z$

**定理 5.1（$AA$ 定理）**　设 $Z$ 为分布在 $[0,1]$ 区间内的随机变量，$\mu_Z$ 为 $Z$ 的均值，$\sigma_Z^2$ 为方差，$\rho_Z=\max\{\sigma_Z^2,\epsilon\mu_Z\}$。设 $\tilde{\mu}_Z$ 为 $AA$ 算法生成的近似值，设 $N_Z$ 表示输入参数 $\epsilon$ 和 $\delta$ 运行 $AA$ 算法的实验次数，则有

(1) $\Pr[\mu_Z(1-\epsilon)\leqslant\tilde{\mu}_Z\leqslant\mu_Z(1+\epsilon)]\geqslant 1-\delta$；

(2) $\Pr[N_Z\geqslant c'\gamma\cdot\rho_Z/\mu_Z^2]\leqslant\delta$，$c'$ 为普适常数；

(3) $E[N_Z]\leqslant c'\gamma\rho_Z/\mu_Z^2$，$c'$ 为普适常数。

该定理的证明见 5.4.3 节。

下面我们给出近似算法 $AA$ 的第一步中用于估计 $\mu_Z$ 的停止规则算法。

## 5.2.2　停止规则算法

设 $Z$ 为分布在 $[0,1]$ 区间内的随机变量，均值为 $\mu_Z$。随机变量 $Z_1,Z_2,\cdots$ 独立同分布。停止规则算法如下。

**算法 5.2　停止规则算法**

输入：$(\epsilon,\delta)$，$0<\epsilon<1$，$\delta>0$

1：$\gamma_1=1+(1+\epsilon)\gamma$

2：初始化 $N\leftarrow 0$，$S\leftarrow 0$

3：**While** $S<\gamma_1$ **do**
　　$N\leftarrow N+1$；$S\leftarrow S+Z_N$

输入：$\tilde{\mu}_Z\leftarrow\gamma_1/N$

**定理 5.2（停止规则定理）** 令 $Z$ 为分布在 $[0,1]$ 之间的随机变量，$\mu_Z = E[Z] > 0$。令 $\tilde{\mu}_Z$ 为估计值，$N_Z$ 为在输入 $\epsilon$ 和 $\delta$ 的情况下 $Z$ 的停止规则算法运行的实验次数，则有

(1) $\Pr[\mu_Z(1-\epsilon) \leqslant \tilde{\mu}_Z \leqslant \mu_Z(1+\epsilon)] > 1-\delta$；

(2) $E[N_Z] \leqslant \gamma_1/\mu_Z$。

该定理的证明见 5.4.2 节。

## 5.3 下界

近似算法 $\mathcal{AA}$ 能够在没有关于 $Z$ 的先验信息的情况下产生 $\mu_Z$ 的一个良好估计。那么至少需要多少次实验才能够产生 $\mu_Z$ 的 $(\epsilon,\delta)$-近似？本节将描述当没有关于 $Z$ 的先验信息时，用于估计 $\mu_Z$ 的任一 $(\epsilon,\delta)$-近似算法所需的实验次数的下界。这里下界是指，在一个常数因子范围内，对每个随机变量 $Z$，近似算法 $\mathcal{AA}$ 所需的最小的实验运行次数。

为规范描述下界，下面引入一个自然模型。设 $\mathcal{BB}$ 是输入内容为 $(\epsilon,\delta)$ 的对 $Z$ 进行运算的任一算法。令 $Z_1, Z_2, \cdots$ 为 $[0,1]$ 区间内的独立同分布随机变量序列，这里 $Z_N$ 是指第 $N$ 次运行某一 $\mathcal{BB}$ 算法所得到的值。$\mathcal{BB}$ 算法用它运行实验的次数来度量运行时间，即 $\mathcal{BB}$ 执行的所有其他运算时间不计算在其运行时间中。$\mathcal{BB}$ 允许使用任何准则来决定何时停止运行实验并产生估计，它也可以使用之前所有实验的结果。$\mathcal{BB}$ 停止时产生的估计可以是 $\mathcal{BB}$ 运行到该点时实验结果的任一函数。$\mathcal{BB}$ 算法就是要产生一个 $\mu_Z$ 的 $(\epsilon,\delta)$-近似。

该模型捕捉了如下信息：该算法只能通过随机实验收集 $\mu_Z$ 的相关信息，且该算法在开始前没有关于 $\mu_Z$ 的先验知识。这是对实际情况的两个合理假设。事实证明，先验知识的假设可以充分放宽：该算法可预先知道，运行结果是根据一些已知的随机变量 $Z$ 或者一些紧密相关的随机变量 $Z'$ 产生的，并且仍然适用于实验次数的下界。

近似算法 $\mathcal{AA}$ 符合该模型。因此，在所有近似算法中，对于所有 $Z$ 来说，$\mathcal{AA}$ 算法运行的关于 $Z$ 的平均实验次数是最小的。

**定理 5.3（下界定理）** 设 $\mathcal{BB}$ 算法是输入 $(\epsilon,\delta)$ 并按上述描述运行的任一算法。设 $Z$ 为分布在 $[0,1]$ 之间的随机变量，$\mu_Z$ 为 $Z$ 的均值，$\sigma_Z^2$ 为方差，$\rho_Z = \max\{\sigma_Z^2, \epsilon\mu_Z\}$。令 $\tilde{\mu}_Z$ 为 $\mathcal{BB}$ 算法生成的近似值，$N_Z$ 为关于 $Z$ 的 $\mathcal{BB}$ 算法的运行实验次数。假设 $\mathcal{BB}$ 算法有以下特性：

(1) 对于所有 $Z$，$\mu_Z > 0$，有 $E[N_Z] < \infty$；

(2) 对于所有 $Z$，$\mu_Z > 0$，有 $\Pr[\mu_Z(1-\epsilon) \leqslant \tilde{\mu}_Z \leqslant \mu_Z(1+\epsilon)] > 1-\delta$。

那么，对于所有 $Z$，存在一个普适常量 $c>0$，有 $E[N_Z] \geqslant c\gamma \cdot \rho_Z/\mu_Z^2$。

该定理的证明见 5.4.4 节。

## 5.4 证明

### 5.4.1 证明的准备工作

令 $\xi_0 = 0$，对于 $k>0$，令

$$\xi_k = \sum_{i=1}^{k}(Z_i - \mu_Z) \tag{5.1}$$

对于固定的 $\alpha, \beta \geqslant 0$，定义如下随机变量：

$$\zeta_k^+ = \xi_k - \alpha - \beta k \tag{5.2}$$

$$\zeta_k^- = -\xi_k - \alpha - \beta k \tag{5.3}$$

用来证明停止规则定理的（1）部分的主要引理提供了随机变量 $\zeta_k^+, \zeta_k^- > 0$ 的概率的界。

首先，对于任一实数 $d$，形成随机变量序列 $e^{d\zeta_0^+}, e^{d\zeta_1^+}, \cdots$ 和 $e^{d\zeta_0^-}, e^{d\zeta_1^-}, \cdots$。当 $0 \leqslant d \leqslant 1$ 且 $\beta \geqslant d\sigma_Z^2$ 时，可以证明上述随机变量序列是上鞅，即对于所有 $k>0$，有 $E[e^{d\zeta_k^+} \mid e^{d\zeta_{k-1}^+}, \cdots, e^{d\zeta_0^+}] \leqslant e^{d\zeta_{k-1}^+}$。同理，有 $E[e^{d\zeta_k^-} \mid e^{d\zeta_{k-1}^-}, \cdots, e^{d\zeta_0^-}] \leqslant e^{d\zeta_{k-1}^-}$。

然后，用上鞅的性质来约束随机变量 $\zeta_k^+, \zeta_k^- > 0$ 的概率。下面两个不等式十分有用。

**不等式 5.1** 对于所有 $\alpha$，有 $e^\alpha \geqslant 1+\alpha$。

**不等式 5.2** 令 $\lambda = (e-2) \approx 0.72$。对于所有 $\alpha, |\alpha| \leqslant 1$，有
$$1 + \alpha + \alpha^2/(2+\lambda) \leqslant e^\alpha \leqslant 1 + \alpha + \lambda \cdot \alpha^2$$

**引理 5.1** 对于 $|d| \leqslant 1$，有 $E[e^{dZ}] \leqslant e^{d\mu_Z + \lambda d^2 \sigma_Z^2}$。

**证明** 观察可得 $E[e^{dZ}] = e^{d\mu_Z} E[e^{d(Z-\mu_Z)}]$。由不等式 5.2 可得
$$e^{d(Z-\mu_Z)} \leqslant 1 + d(Z-\mu_Z) + \lambda d^2 (Z-\mu_Z)^2$$

取期望并应用不等式（5.1）即可完成证明。

**引理 5.2** 对于 $0 \leqslant d \leqslant 1$，$\beta \geqslant \lambda d\sigma_Z^2$，随机变量序列 $e^{d\zeta_0^+}, e^{d\zeta_1^+}, \cdots$ 和 $e^{d\zeta_0^-}, e^{d\zeta_1^-}, \cdots$ 形成上鞅。

**证明** 对于 $k \geqslant 1$，有 $e^{d\zeta_k^+} = e^{d\zeta_{k-1}^+} \cdot e^{-d\beta} \cdot e^{d(\xi_k - \xi_{k-1})}$，因此，
$$E[e^{d\xi_k^+} \mid e^{d\zeta_{k-1}^+}, \cdots, e^{d\zeta_0^+}] = e^{d\zeta_{k-1}^+} \cdot e^{-d\beta} E[e^{d(\xi_k - \xi_{k-1})}]$$

同理，对于 $k \geq 1$，有

$$E[e^{d\zeta_k^-} \mid e^{d\zeta_{k-1}^-}, \cdots, e^{d\zeta_0^-}] = e^{d\zeta_{k-1}^-} \cdot e^{-d\beta} E[e^{d(\xi_k - \xi_{k-1})}]$$

由于 $\xi_k - \xi_{k-1} = Z_k - \mu_Z$，根据引理 5.1，有

$$E[e^{d(\xi_k - \xi_{k-1})}] \leq e^{\lambda d^2 \sigma_Z^2}$$

$$E[e^{-d(\xi_k - \xi_{k-1})}] \leq e^{\lambda d^2 \sigma_Z^2}$$

因此，对于 $\beta \geq \lambda d \sigma_Z^2$，有

$$E[e^{d\xi_k^+} \mid e^{d\xi_{k-1}^+}, \cdots, e^{d\xi_0^+}] \leq e^{d\zeta_{k-1}^+} \cdot e^{d(\lambda d \sigma_Z^2 - \beta)} \leq e^{d\zeta_{k-1}^+}$$

$$E[e^{d\xi_k^-} \mid e^{d\xi_{k-1}^-}, \cdots, e^{d\xi_0^-}] \leq e^{d\zeta_{k-1}^-} \cdot e^{d(\lambda d \sigma_Z^2 - \beta)} \leq e^{d\zeta_{k-1}^-} \qquad \square$$

下面，引理 5.3 直接遵循条件期望和鞅的性质。

**引理 5.3** 若 $\eta_0, \eta_2, \cdots, \eta_k$ 是上鞅，则对于所有 $0 \leq i \leq k$，有 $E[\eta_i \mid \eta_0] \leq \eta_0$。

引理 5.4 是证明停止规则定理第 (1) 部分的关键。通过引理 5.4，易证更为广义的 0-1 估计定理。

**引理 5.4** 对于任一固定的 $N > 0$，任一 $\beta \leq 2\lambda \rho_Z$，有

$$\Pr[\xi_N/N \geq \beta] \leq e^{\frac{-N\beta^2}{4\lambda\rho_Z}} \tag{5.4}$$

$$\Pr[\xi_N/N \leq -\beta] \leq e^{\frac{-N\beta^2}{4\lambda\rho_Z}} \tag{5.5}$$

**证明** 由式 (5.2) 和式 (5.3) 给出 $\zeta_N^+$ 和 $\zeta_N^-$。令 $\alpha = 0$，则有式 (5.4) 左侧 $\Pr[\xi_N/N \geq \beta] = \Pr[\zeta_N^+ \geq 0]$，式 (5.5) 左侧 $\Pr[\xi_N/N \leq -\beta] = \Pr[\zeta_N^- \geq 0]$。令 $\alpha' = \beta N/2$，$\beta' = \beta/2$。对于 $0 \leq i \leq N$，令 $\zeta_i'^+ = \xi_i - \alpha' - \beta' i$，$\zeta_i'^- = -\xi_i - \alpha' - \beta' i$。因此，$\zeta_N'^+ = \zeta_N^+$，$\zeta_N'^- = \zeta_N^-$。

用 $\zeta_N'^+$ 给出式 (5.4) 的剩余部分证明，式 (5.5) 的剩余部分证明与之类似。对于任一 $N > 0$，有 $\Pr[\zeta_N'^+ \geq 0] = \Pr[e^{d\zeta_N'^+} \geq 1] \leq E[e^{d\zeta_N'^+}]$。设 $d = \beta'/(\lambda \rho_Z) = \beta/(2\lambda \rho_Z)$。注意，$\beta \leq 2\lambda \rho_Z$ 表明 $d \leq 1$，$\rho_Z \geq \sigma_Z^2$ 表明 $\beta' \geq \lambda d \sigma_Z^2$。因此，由引理 5.2，$e^{d\zeta_0'^+}, \cdots, e^{d\zeta_N'^+}$ 是上鞅。由引理 5.3，有

$$E[e^{d\zeta_N'^+} \mid e^{d\zeta_0'^+}] \leq e^{d\zeta_0'^+} = e^{\frac{-\alpha'\beta'}{\lambda\rho_Z}} = e^{\frac{-N\beta^2}{4\lambda\rho_Z}}$$

由于 $e^{d\zeta_0'^+}$ 是个常数，故有

$$E[e^{d\zeta_N'^+} \mid e^{d\zeta_0'^+}] = E[e^{d\zeta_N'^+}]$$

式 (5.4) 得证。 $\square$

用引理 5.4 将 0-1 估计定理从 $\{0,1\}$ 二值的随机变量推广到区间 $[0,1]$ 中的随机变量。

**定理 5.4（广义 0-1 估计定理）**　把 $Z_1, Z_2, \cdots, Z_N$ 定义为与 $Z$ 有相同分布的独立同分布的随机变量。若 $\epsilon < 1$，$N = 4\lambda \ln(2/\delta) \cdot \rho_Z/(\epsilon \mu_Z)^2$，则有

$$\Pr\left[(1-\epsilon)\mu_Z \leqslant \sum_{i=1}^{N} Z_i/N \leqslant (1+\epsilon)\mu_Z\right] > 1-\delta$$

**证明**　用 $\beta = \epsilon \mu_Z$，由引理 5.4 可以直接得到证明。注意 $\epsilon \mu_Z \leqslant 2\lambda \rho_Z$，$N \cdot (\epsilon \mu_Z)^2/(4\lambda \rho_Z) = \ln(2/\delta)$。　□

## 5.4.2　停止规则定理的证明

### 第（1）部分的证明

已知 $\widetilde{\mu}_Z = \gamma_1/N_Z$。下面证明

$$\Pr[N_Z < \gamma_1/(\mu_Z(1+\epsilon))] + \Pr[N_Z > \gamma_1/(\mu_Z(1-\epsilon))] \leqslant \delta$$

首先证明 $\Pr[N_Z < \gamma_1/(\mu_Z(1+\epsilon))] \leqslant \delta/2$。令 $L = \lceil \gamma_1/(\mu_Z(1+\epsilon)) \rceil$。假设 $\mu_Z(1+\epsilon) \leqslant 1$，则 $\gamma_1$ 和 $L$ 的定义表明

$$L \leqslant \frac{4\lambda \ln(2/\delta)}{\epsilon^2 \mu_Z} \tag{5.6}$$

由于 $N_Z$ 是个整数，因此当且仅当 $N_Z \leqslant L$ 时，有 $N_Z < \gamma_1/(\mu_Z(1+\epsilon))$。但当且仅当 $S_Z \geqslant \gamma_1$ 时，有 $N_Z \leqslant L$。因此，

$$\Pr[N_Z < \gamma_1/(\mu_Z(1+\epsilon))] = \Pr[N_Z \leqslant L] = \Pr[S_Z \geqslant \gamma_1]$$

令 $\beta = \gamma_1/L - \mu_Z$，则

$$\Pr[S_L \geqslant \gamma_1] = \Pr[S_L - \mu_Z L - \beta L \geqslant 0] = \Pr[\xi_L/L \geqslant \beta]$$

由于 $\epsilon \mu_Z \leqslant \beta \leqslant 2\lambda \rho_Z$，则由引理 5.4，有

$$\Pr[\xi_L/L \geqslant \beta] \leqslant e^{\frac{-L\beta^2}{4\lambda \rho_Z}} \leqslant e^{\frac{-L(\epsilon \mu_Z)^2}{\lambda \rho_Z}}$$

利用式（5.6）及 $\rho_Z \leqslant \mu_Z$，则 $\Pr[N_Z < \gamma_1/(\mu_Z(1+\epsilon))] \leqslant \delta/2$ 得证。

同理可证 $\Pr[N_Z > \gamma_1/(\mu_Z(1-\epsilon))] \leqslant \delta/2$。

### 第（2）部分证明

随机变量 $N_Z$ 表示停止时间，且有 $\gamma_1 \leqslant S_{N_Z} < \gamma_1 + 1$。

用沃尔德等式（Wald's Equation）及 $E[N_Z] < \infty$，有

$$E[S_{N_Z}] = E[N_Z] \mu_Z$$

因此，有 $\gamma_1/\mu_Z \leqslant E[N_Z] < (\gamma_1 + 1)/\mu_Z$。　□

证明的第（1）部分也可以由引理 5.4 直接得到。定义 $\lambda = (e-2) \approx 0.72$，$\gamma_1 = 1 + (1+\epsilon)\gamma = 1 + 4\lambda \ln(2/\delta)(1+\epsilon)/\epsilon^2$。

与停止规则定理第（1）部分的证明类似，可以证明

$$\Pr[N_Z > (1+\epsilon)\gamma_1/\mu_Z] \leqslant \delta/2 \quad (5.7)$$

因此，有至少 $1-\delta/2$ 的概率需要最多 $(1+\epsilon)\gamma_1/\mu_Z$ 次实验来生成近似值。以下引理将用于证明 $\mathcal{AA}$ 定理。

**引理 5.5（停止规则引理）**

(1) $E[1/\tilde{\mu}_Z] = O(1/\mu_Z)$；

(2) $E[1/\tilde{\mu}_Z^2] = O(1/\mu_Z^2)$。

停止规则引理证明，由停止规则定理第（2）部分及 $N_Z$ 的定义可直接证明 $E[1/\tilde{\mu}_Z] = O(1/\mu_Z)$。而根据停止规则定理第（2）部分的证明中所使用的思想易证 $E[1/\tilde{\mu}_Z^2] = O(1/\mu_Z^2)$。

### 5.4.3 $\mathcal{AA}$ 定理的证明

**第（1）部分的证明**

由停止规则定理，在 $\mathcal{AA}$ 算法第一步之后，$\mu_Z(1-\sqrt{\epsilon}) \leqslant \hat{\mu}_Z \leqslant \mu_Z(1+\sqrt{\epsilon})$ 成立的概率至少为 $1-\delta/3$。设 $\Phi = 2(1+\sqrt{\epsilon})^2$。接下来证明如果 $\mu_Z(1-\sqrt{\epsilon}) \leqslant \hat{\mu}_Z \leqslant \mu_Z(1+\sqrt{\epsilon})$，则在第二步中 $\gamma_2$ 的选择保证了 $\hat{\rho}_Z \geqslant \rho_Z/2$。因此，在第一步和第二步之后，$\Phi \hat{\rho}_Z/\hat{\mu}_Z^2 \geqslant \rho_Z/\mu_Z^2$ 的概率至少为 $1-\delta/3$。根据广义 0-1 估计定理，对于

$$N = \left(1 + \ln\left(\frac{3}{2}\right)/\ln\left(\frac{2}{\delta}\right)\right)\gamma \cdot \rho_Z/\mu_Z^2$$

$$\leqslant \Phi\left(1 + \ln\left(\frac{3}{2}\right)/\ln\left(\frac{2}{\delta}\right)\right)\gamma \cdot \hat{\rho}_Z/\hat{\mu}_Z^2$$

$$\leqslant \gamma_2 \cdot \hat{\rho}_Z/\hat{\mu}_Z^2$$

第三步保证了满足 $\Pr[\mu_Z(1-\epsilon) \leqslant \tilde{\mu}_Z \leqslant \mu_Z(1+\epsilon)] \geqslant 1-2\delta/3$ 的 $\mathcal{AA}$ 算法的输出 $\tilde{\mu}_Z$。对所有 $i$，设 $\xi_i = (Z_{2i-1} - Z_{2i})^2/2$，有 $E[\xi] = \sigma_Z^2$。首先假设 $\sigma_Z^2 \geqslant \epsilon\mu_Z$，因此 $\rho_Z = \sigma_Z^2$。若 $\sigma_Z^2 \geqslant 2(1-\sqrt{\epsilon})\epsilon\mu_Z$，则由广义 0-1 估计定理，在经过最多 $(2/(1-\sqrt{\epsilon}))\left(1+\ln\left(\frac{3}{2}\right)/\ln\left(\frac{2}{\delta}\right)\right)\gamma \cdot \epsilon/\mu_Z \leqslant \gamma_2 \cdot \epsilon/\hat{\mu}_Z$ 次实验之后，$\rho_Z/2 \leqslant S/N \leqslant 3\rho_Z/2$ 的概率至少为 $1-2\delta/3$。因此 $\hat{\rho}_Z \geqslant \epsilon\hat{\mu}_Z \geqslant \rho_Z/2$。

接下来，假设 $\sigma_Z^2 \leqslant \epsilon\mu_Z$，则 $\rho_Z = \epsilon\mu_Z$。第一步和第二步保证了 $\hat{\rho}_Z \geqslant \epsilon\hat{\mu}_Z \geqslant \rho_Z(1-\sqrt{\epsilon})$ 的概率至少为 $1-\delta/3$。

**第（2）部分的证明**

$\mathcal{AA}$ 算法在 $O(\gamma \cdot \rho_Z/\mu_Z^2)$ 次实验后未能终止，其原因：一是第一步未能以至少 $\delta/2$ 的

概率生成满足 $\mu_Z(1-\sqrt{\epsilon}) \leqslant \hat{\mu}_Z \leqslant \mu_Z(1+\sqrt{\epsilon})$ 的估计 $\hat{\mu}_Z$；二是第二步中，对于 $\sigma_Z^2 \leqslant 2(1-\sqrt{\epsilon})\epsilon\mu_Z$，$\hat{\rho}_Z = S/N$，在至少 $1-\delta/2$ 的概率下，$S/N$ 不是 $O(\epsilon\mu_Z)$。

但式（5.7）保证了 $\mathcal{A}\mathcal{A}$ 算法的第一步以至少 $1-\delta/2$ 的概率在 $O(\gamma \cdot \rho_Z/\mu_Z^2)$ 次实验后终止。此外，与引理 5.4 类似，可以证明，若 $\sigma_Z^2 \leqslant 2\epsilon\mu_Z$，则有

$$\Pr[S/N \geqslant 4\epsilon\mu_Z] \leqslant e^{-N\epsilon\mu_Z/2}$$

因此，对于 $N \geqslant 2\gamma \cdot \epsilon/\mu_Z$，有 $\Pr[S/N \geqslant 4\epsilon\mu_Z] \leqslant \delta/2$。

#### 第（3）部分的证明

从停止规则定理可以看出，第一步的期望实验次数为 $O(\ln(1/\delta)/(\epsilon\mu_Z))$，第二步的期望实验次数为 $O(\ln(1/\delta)/(\epsilon\mu_Z))$。从第三步可以看到，由于 $\hat{\rho}_Z$ 和 $\hat{\mu}_Z$ 是由独立同分布的随机变量的不相交集合计算出来的，因此，有 $E[\hat{\rho}_Z/\hat{\mu}_Z^2] = E[\hat{\rho}_Z]E[1/\hat{\mu}_Z^2]$。由停止规则引理，$E[1/\hat{\mu}_Z^2]$ 为 $O(\ln(1/\delta)/\mu_Z^2)$。此外，可以看到 $E[\hat{\rho}_Z] \leqslant E[S/N] + E[\epsilon\hat{\mu}_Z]$。因为 $E[S/N] = \sigma_Z^2$，$E[\epsilon\hat{\mu}_Z] = O(\epsilon\mu_Z)$。因此，若 $\sigma_Z^2 \geqslant \epsilon\mu_Z$，则 $\rho_Z = \sigma_Z^2$，$E[\hat{\rho}_Z] = O(\sigma_Z^2) = O(\rho_Z)$；若 $\sigma_Z^2 < \epsilon\mu_Z$，则 $\rho_Z = \epsilon\mu_Z$，$E[\hat{\rho}_Z] = O(\epsilon\mu_Z) = O(\rho_Z)$。因此，第三步的期望实验次数为 $O(\ln(1/\delta) \cdot \rho_Z/(\epsilon\mu_Z)^2)$。 □

### 5.4.4 下界定理的证明

**证明** 设 $f_Z(x)$ 和 $f_{Z'}(x)$ 表示两个给定的不同的概率质量函数，在连续的情况下，它们为概率密度函数。设 $Z_1, Z_2, \cdots$ 表示独立同分布的随机变量，其概率密度为 $f(x)$。假设 $f = f_Z$ 用 $H_Z$ 表示，假设 $f = f_{Z'}$ 用 $H_{Z'}$ 表示。设 $\alpha$ 表示在 $f_Z$ 下拒绝 $H_Z$ 的概率，$\beta$ 表示在 $f_{Z'}$ 下接受 $H_{Z'}$ 的概率。

在所有误差概率 $\alpha$ 和 $\beta$ 相同的检验中，在 $H_Z$ 和 $H_{Z'}$ 下，序贯概率比检验能够使期望样本量最小化。定理 5.5 给出序贯概率比检验的结果。

**定理 5.5** 若 $T$ 是在 $H_Z$ 和 $H_{Z'}$ 下的任一检验的停止时间，其误差概率为 $\alpha, \beta$，并且 $E_Z[T] < \infty$，$E_{Z'}[T] < \infty$，则有

$$E_Z[T] \geqslant \frac{1}{\omega_Z}\left(\alpha \ln\frac{1-\beta}{\alpha} + (1-\alpha)\ln\frac{\beta}{1-\alpha}\right)$$

$$E_{Z'}[T] \geqslant \frac{1}{\omega_{Z'}}\left((1-\beta)\ln\frac{1-\beta}{\alpha} + \beta\ln\frac{\beta}{1-\alpha}\right)$$

其中，$\omega_Z = E_Z[\ln(f_{Z'}(x)/f_Z(x))]$，$\omega_{Z'} = E_{Z'}[\ln(f_{Z'}(x)/f_Z(x))]$。

**证明** $Z_1, Z_2, \cdots$ 为独立同分布的随机变量序列，令 $\lambda_k(Z_k) = \ln(f_{Z'}(Z_k)/f_Z(Z_k))$。定义 $\zeta_k^+ = \lambda_1 + \lambda_2 + \cdots + \lambda_k$，$\zeta_k^- = \zeta_k^+$。

对于停止时间 $T$，由沃尔德等式有

$$E_Z[\zeta_T^+] = E_Z[T]E_Z[\lambda_1]$$

$$E_{Z'}[\zeta_T^-] = E_{Z'}[T]E_{Z'}[\lambda_1]$$

接下来，令 $\Omega$ 表示检验拒绝 $H_Z$ 的所有输入的空间，令 $\Omega^c$ 表示 $\Omega$ 的补集。因此，根据定义，令 $\Pr_Z[\Omega] = \alpha$，$\Pr_Z[\Omega^c] = 1-\alpha$。同样，令 $\Pr_{Z'}[\Omega] = 1-\beta$，$\Pr_{Z'}[\Omega^c] = \beta$。由期望的性质，可以证明

$$E_Z[\zeta_T^+] = E_Z[\zeta_T^+|\Omega]\Pr_Z[\Omega] + E_Z[\zeta_T^+|\Omega^c]\Pr_Z[\Omega^c]$$

同理，可分解 $E_Z[\zeta_T^-]$。令 $\mu = E_Z[\zeta_T^+|\Omega]$，由不等式 5.1 可以得到，$E_Z[e^{\zeta_T^+-\mu}|\Omega] \geqslant 1$。因此，

$$\mu \leqslant \ln E_Z[e^{\zeta_T^+}|\Omega]$$

另外，

$$E_Z[e^{\zeta_T^+}|\Omega] = E_Z[e^{\zeta_T^+}I_\Omega]/\Pr_Z[\Omega]$$

其中，$I_\Omega$ 表示集合 $\Omega$ 的特征函数。由于

$$e^{\zeta_T^+} = \prod_{i=1}^T \frac{f_{Z'}(Z_i)}{f_Z(Z_i)}$$

可以证明

$$E_Z[e^{\zeta_T^+}I_\Omega] = \Pr_{Z'}[\Omega]$$

最后有

$$E_Z[\zeta_T^+|\Omega] \leqslant \ln E_Z[e^{\zeta_T^+}|\Omega] = \ln\frac{1-\beta}{\alpha}$$

同理，可以证明

$$E_Z[\zeta_T^+|\Omega^c] \leqslant \ln\frac{\beta}{1-\alpha}$$

$$E_{Z'}[\zeta_T^-|\Omega] \leqslant \ln\frac{\alpha}{1-\beta}$$

$$E_{Z'}[\zeta_T^-|\Omega^c] \leqslant \ln\frac{1-\alpha}{\beta}$$

因此，

$$-E_Z[T]E_Z[\lambda_0] \leqslant \alpha\ln\frac{1-\beta}{\alpha} + (1-\alpha)\ln\frac{\beta}{1-\alpha}$$

这样就能证明定理 5.5 的第一个式子。同样，

$$-E_{Z'}[T]E_{Z'}[\lambda_0] \leqslant (1-\beta)\ln\frac{\alpha}{1-\beta} + \beta\ln\frac{1-\alpha}{\beta}$$

这就证明了定理5.4的第二个式子。 □

**推论5.1**  若 $T$ 是 $H_Z$ 和 $H_{Z'}$ 下的任一检验的停止时间,其误差概率为 $\alpha$, $\beta$,并且 $\alpha+\beta=\delta$,则有

$$E_Z[T] = -\frac{1-\delta}{\omega_Z}\ln\frac{2-\delta}{\delta}$$

$$E_{Z'}[T] = -\frac{1-\delta}{\omega_{Z'}}\ln\frac{2-\delta}{\delta}$$

**证明**  若 $\alpha+\beta=\delta$,则

$$(1-\beta)\ln\frac{1-\beta}{\alpha}+\beta\ln\frac{\beta}{1-\alpha} = -\alpha\ln\frac{1-\beta}{\alpha}-(1-\alpha)\ln\frac{\beta}{1-\alpha}$$

当 $\alpha=\beta=\delta/2$ 时,有最小值。代入 $\alpha=\beta=\delta/2$,即可完成证明。 □

当 $\sigma_Z^2 \geq \epsilon\mu_Z$ 时,引理5.8证明了下界定理。下面给出一些定义。令 $\xi = Z - \mu_Z$,对任一 $0 \leq d \leq 1$,令 $\psi = E_0[e^{d\xi}]$。定义 $\zeta = d\xi - \ln\psi$,$f_{Z'}(x) = f_Z(x) \cdot e^\zeta$。

**引理5.6**  $1 + d^2\sigma_Z^2/(2+\lambda) \leq \psi \leq 1 + \lambda d^2\sigma_Z^2$。

**证明**  由 $\psi$ 的定义有 $\psi = E_Z[e^{d\xi}]$,由不等式5.2,可以证明

$$1 + d\xi + d^2\xi^2/(2+\lambda) \leq e^{d\xi} \leq 1 + d\xi + \lambda d^2\xi^2$$

对上式取期望即可完成证明。 □

**引理5.7**  $2d\sigma_Z^2/((2+\lambda)\psi) \leq E_{Z'}[\xi] \leq 2\lambda d\sigma_Z^2/\psi$。

**证明**  已知 $E_{Z'}[\xi] = \psi^{-1}\psi'$,其中 $\psi'$ 表示 $\psi$ 关于 $d$ 的导数。接下来由引理5.6可直接完成证明。 □

**引理5.8**  若 $\sigma_Z^2 \geq \epsilon\mu_Z$,则对于任意 $\epsilon < 1$,有 $E[N_Z] \geq (1-\delta)(1-\epsilon)^2\ln\left(\frac{2-\delta}{\delta}\right) \cdot \sigma_Z^2/((2+\lambda)2\epsilon\mu_Z)^2$。

**证明**  设 $T$ 为 $H_Z$ 和 $H_{Z'}$ 下的任一检验的停止时间。可知 $E_{Z'}[Z] - E_Z[Z] = E_{Z'}[Z] - \mu_Z = E_{Z'}[\xi]$。若设 $d = \epsilon\mu_Z/\sigma_Z^2$,则由引理5.6和引理5.7,有 $E_{Z'}[Z] - \mu_Z > \epsilon\mu_Z/(2+\lambda)$。因此,为检验 $H_Z$ 和 $H_{Z'}$,可在输入 $\epsilon^*$ 的情况下使用 $\mathcal{BB}$ 算法,且对于 $\epsilon^*$,有 $\mu_Z(1+\epsilon^*) \leq \mu_Z(1+\epsilon/(2+\lambda))(1+\epsilon^*) < \mu_{Z'}(1-\epsilon^*)$。求解 $\epsilon^*$,可得 $\epsilon^* \leq \epsilon/(2(2+\lambda)+\epsilon)$。推论5.1给出了 $\mathcal{BB}$ 算法关于 $Z$ 运行的期望实验次数 $E[N_Z^*]$ 的一个下界。由引理5.6可以得出

$$-\omega_Z = E_Z[\zeta] = \ln\psi \leq d^2\sigma_Z^2$$

令 $d = \epsilon\mu_Z/\sigma_Z^2$,其中 $\epsilon = 2(2+\lambda)\epsilon^*/(1-\epsilon^*)$,即可完成证明。 □

接下来证明当 $\sigma_Z^2 < \epsilon\mu_Z$ 时,下界定理同样成立。我们如下定义密度:

$$f_{Z'}(x) = f_Z(x) \cdot (1-\epsilon\mu_Z) + \epsilon\mu_Z$$

**引理 5.9** 若 $\mu_Z \leqslant 1/4$，则 $E_{Z'}[Z] - \mu_Z \geqslant \epsilon\mu_Z/4$。

**证明** 可以看到 $E_Z[Z] = (1-\epsilon\mu_Z)E_Z[Z] + \epsilon\mu_Z/2$，因此有 $E_{Z'}[Z] - \mu_Z = \epsilon\mu_Z(1/2 - \mu_Z)$。

**引理 5.10** $-E_Z\left[\ln\dfrac{f_{Z'}(x)}{f_Z(x)}\right] \leqslant \dfrac{\epsilon\mu_Z}{1-\epsilon\mu_Z}$。

**证明** 可以看出

$$-\ln\frac{f_{Z'}(x)}{f_Z(x)} \leqslant -\ln(1-\epsilon\mu_Z) \leqslant \frac{\epsilon\mu_Z}{1-\epsilon\mu_Z}$$

取期望即可完成证明。 □

**引理 5.11** 若 $\mu_Z \leqslant 1/4$，则 $E[N_Z] \geqslant (1-\delta)(1-\epsilon)\ln\left(\dfrac{2-\delta}{\delta}\right)/(16\epsilon\mu_Z)$。

**证明** 设 $T$ 为 $H_Z$ 和 $H_{Z'}$ 下的任一检验的停止时间。由引理 5.9，当 $\mu_Z \leqslant \dfrac{1}{4}$ 时，$E_{Z'}[Z] - E_Z[Z] \geqslant \epsilon\mu_Z/4$。因此，为检验 $H_Z$ 和 $H_{Z'}$，可以输入 $\epsilon^*$ 并运行 $\mathcal{BB}$ 算法，且对于 $\epsilon^*$，有 $\mu_Z(1+\epsilon^*) \leqslant \mu_Z(1+\epsilon/4)(1-\epsilon^*) < \mu_{Z'}(1-\epsilon^*)$。求解 $\epsilon^*$，可得 $\epsilon^* \leqslant \epsilon/(8+\epsilon)$。推论 5.1 给出了 $\mathcal{BB}$ 算法关于 $Z$ 运行的期望实验次数 $E[N_Z^*]$ 的一个下界。由引理 5.10，推论 5.1 中的 $-\omega_Z$ 最多为 $2\epsilon\mu_Z$。代入 $\epsilon = 8\epsilon^*/(1-\epsilon^*)$ 即可完成证明。 □

**下界定理的证明**：由引理 5.8 和引理 5.11 可证。 □

## 5.5 本章小结

本章主要讨论了社交网络中信息传播的抽样近似性问题。首先介绍了蒙特卡罗仿真法，这是一种传统且有效的近似方法，通过大量随机样本模拟复杂系统的行为。虽然其计算成本较高，但在处理复杂网络中的信息传播问题时具有重要的应用价值。

接着详细分析了两种近似算法：近似算法 $\mathcal{AA}$ 和停止规则算法。近似算法 $\mathcal{AA}$ 通过简化信息传播路径的计算过程，提高了计算效率，同时保持了结果的准确性，特别是在大规模网络中表现出显著优势。停止规则算法则通过设定合理的终止条件，在保证结果精度的前提下进一步优化了计算资源的利用。这两种算法为大规模网络中信息传播近似计算问题提供了新的解决思路。

本章还探讨了信息传播模型的理论下界，这些下界为评估算法性能提供了基准，使我们能够更好地理解和比较不同算法在处理信息传播问题上的有效性。通过对下界的分析，验证了近似算法在保证精度的前提下，显著提高了计算效率。

最后，本章详细介绍了相关的证明工作，包括证明的准备、停止规则定理证明、$\mathcal{AA}$ 定理证明以及下界定理证明。通过严谨的数学推导和逻辑分析，这些证明为本章提出的近似方法和理论框架提供了坚实的理论依据，不仅验证了算法的正确性和有效性，也为后续研究提供了参考和指导。

综上所述，本章通过对抽样近似性方法的详细探讨，提出并验证了一系列有效的近似算法。这些算法在提高计算效率的同时，保持了结果的精度，为解决大规模社交网络中的信息传播问题提供了新的思路和方法。

# 第 6 章 复杂度分析与算法近似性

复杂度分析在社交网络信息传播研究中至关重要，用于衡量不同算法的性能。除贪心算法和三明治算法外，本章还将介绍集函数分解等方法，这些方法能够在信息传播问题求解中提高效率和精度。通过分析这些算法的近似性和复杂度，可以优化信息传播机制，提升整体算法效果。本章将详细探讨复杂度分析的基本概念及其在社交网络中的应用，提供对复杂度分析的新视角。

## 6.1 复杂度分析中的基本概念

同一个优化问题可能存在多个求解算法，为了衡量不同算法的优越性需要对不同的算法进行复杂度分析。算法的复杂度分析是在线社交网络负面信息传播研究中的一个重要部分，主要有时间复杂度与空间复杂度。下面介绍复杂度分析中的基本概念。

首先需要了解时间复杂度。在计算科学中，时间复杂度是描述一个算法的运行时间的函数，它表示该算法的输入的字符串长度。时间复杂度不是表示该算法程序解决问题所需要花费的时间长度，而是算法程序在处理扩大规模后的问题时，运行时间的变化。若算法程序运行时间不随数据量的变化而变化，则该算法具有 $O(1)$ 的时间复杂度，也称**常数级复杂度**；当运行时间随着数据规模的增大而线性增大时，该算法的时间复杂度为 $O(n)$，称为**线性级复杂度**；而像冒泡排序、插入排序等，数据扩大为 2 倍，时间变长为 4 倍，时间复杂度是 $O(n^2)$，为**平方级复杂度**。还有一些穷举类的算法，所需时间长度几何阶数增长，这就是 $O(a^n)$ 的**指数级复杂度**，甚至是 $O(n!)$ **阶乘复杂度**。将具有 $O(1), O(n^a)$，$O(\ln n)$ 等复杂度的称为**多项式复杂度**。$O(a^n)$ 以及 $O(n!)$ 等为**非多项式级的复杂度**，这样的时间复杂度往往是计算机不能承受的。

在计算复杂度理论中，问题的分类对于理解其可解性和计算资源需求至关重要。我们通常通过时间复杂度来衡量算法解决问题的效率，其中"多项式时间"是一个重要的衡量标准。根据问题在多项式时间内的解决和验证能力，可以将其分为 P 问题、NP 问题、NP

完全问题和 NP 难问题。以下是这些类别的详细定义和解释。

### 6.1.1 P 问题

**P 问题**（polynominal）是指那些可以在多项式时间内由确定性图灵机解决的问题。这意味着对于输入大小 $n$，有一个算法能在 $O(n^k)$ 时间复杂度内解决这个问题，其中 $k$ 是一个常数。这类问题通常被认为是"容易"解决的问题。常见的例子包括冒泡排序、快速排序、二分查找和最短路径问题等。

### 6.1.2 NP 问题

**NP 问题**（nondeterministic polynominal）是指那些能够在多项式时间内验证一个给定解是否正确的问题。这并不意味着这些问题在多项式时间内一定能找到解，而是如果给出一个解，可以在多项式时间内验证其正确性。常见的例子包括旅行商问题以及子集和问题等。

### 6.1.3 NP 完全问题

**NP 完全问题**（NP-complete）是 NP 问题中最困难的一类，这些问题具有以下两个特点：
(1) 它是一个 NP 问题，即解的正确性可以在多项式时间内验证；
(2) 所有 NP 问题都可以在多项式时间内规约到这个问题。

这意味着，如果能够找到一个多项式时间算法来解决任何一个 NP 完全问题，那么所有 NP 问题都可以在多项式时间内解决。NP 完全问题的存在使得它们成为计算复杂度理论中的核心问题之一。经典的 NP 完全问题例子包括旅行商问题、3-可满足性问题、顶点覆盖问题和哈密顿回路问题。

### 6.1.4 NP 难问题

**NP 难问题**（nondeterminism polynomial hard）是所有 NP 问题都可以在多项式时间内规约到它们的问题，但它们不一定是 NP 问题。这意味着它们的解可能无法在多项式时间内验证。NP 难问题的定义要求满足：

所有 NP 问题都可以在多项式时间内规约到这类问题。

NP 难问题可以是决策问题（如 NP 完全问题）或者优化问题（如最大割问题）。常见的例子包括旅行商优化问题（寻找最短的路径而非仅验证路径的存在性）、哈密顿路径优化问题和蛋糕切割问题。NP 难问题的研究对于理解计算复杂度的边界具有重要意义,因为它们提供了对多项式时间可解性和计算资源需求的深刻见解。

## 6.2 信息传播问题中的复杂度分析

Domingos 和 Richardson 等[147]首次提出了社交网络中影响力传播的一般模型描述,之后 Kempe 等[6]提出了影响力最大化问题,即在社交网络中找到一组固定大小的用户点集合作为触发最大影响力的种子节点集合,建立了一个离散优化模型,证明了该问题在独立级联模型和线性阈值模型下均是 NP 难问题,并提出用贪心算法解决该问题。他们将影响力函数建立为种子节点集可能影响的节点个数函数,表示为

$$\sigma(A) = \sum_{X \in O} P(X) \cdot \sigma_X(A) \tag{6.1}$$

其中,$X$ 表示活边图,$O$ 表示所有可能的活边图,$\sigma_X(A)$ 表示当种子节点集为 $A$、活边图为 $X$ 时,在传播过程中激活的节点数量,$\sigma(A)$ 为预期激活的节点数,即所有可能结果的加权平均值。

**定理 6.1** 独立级联模型(IC)以及线性阈值模型(LT)下影响力最大化问题是 NP 难的。

分别将两种传播模型下的影响力最大化问题规约为集合覆盖问题与顶点覆盖问题即可证明影响力最大化问题是 NP 难的。

**证明** 影响力最大化问题在 IC 模型下是 NP 难的。

已知集合覆盖问题是 NP 完全问题。集合覆盖问题描述如下:设有一个全局点集合 $U = \{u_1, u_2, \cdots, u_n\}$ 和一系列子集 $S_1, S_2, \cdots, S_m$,需要找 $k$ 个子集使得这些子集的并集等于 $U$,其中 $k < n < m$。IC 模型影响力传播过程如图 6.1 所示。

为了将集合覆盖问题规约为影响力最大化问题,我们构造一个有向二分图,包含 $n+m$ 个节点。具体步骤如下:

(1) 设节点 $i$ 对应子集 $S_i$,当 $u_j \in S_i$ 时,设 $p_{ij} = 1$。

(2) 对于每个节点 $i$ 和 $j$,如果 $u_j \in S_i$,则从节点 $i$ 到节点 $j$ 添加一条有向边,并设影响概率为 1。

(3) 集合覆盖问题在影响力最大化问题中的等价描述是:是否存在一个包含 $k$ 节点的集合 $A$,使得 $\sigma(A) \geq n+k$。

传播过程中的状态变化:在 IC 模型下,每个节点 $i$ 通过概率 $p_{ij}$ 影响其邻居节点 $j$;在 LT 模型下,每个节点 $i$ 通过累计邻居节点的影响力达到阈值后被激活。

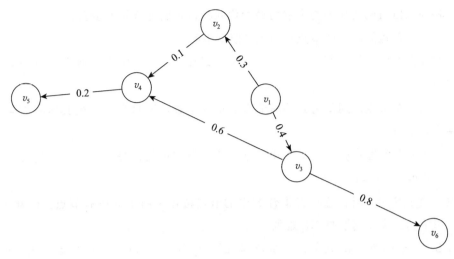

图 6.1　IC 模型的影响力传播过程简化图

复杂度分析：在 IC 模型下，计算每个节点的影响力传播需要遍历所有可能的传播路径，其时间复杂度为 $O(n^2)$；在 LT 模型下，需要计算每个节点的累计影响力，复杂度为 $O(n\log n)$。

假设信息传播过程是确定的。如果任意包含 $k$ 个节点的集合 $A$ 均有 $\sigma(A) \geqslant n+k$，则集合覆盖问题必定有解。因此，在 IC 模型下，影响力最大化问题是 NP 难的。

**证明 IM 问题在 LT 模型下是 NP 难的。**

已知顶点覆盖问题是 NP 完全问题。顶点覆盖问题描述如下：在一个包含 $n$ 个顶点的无向图中，给定一个阈值 $k$，是否存在一个包含 $k$ 个节点的子集，使得该子集中的每个节点至少覆盖图中的一条边。LT 模型的影响力传播过程如图 6.2 所示。

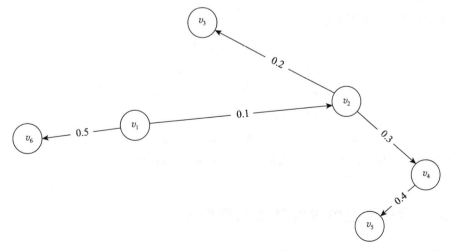

图 6.2　LT 模型的影响力传播过程简化图

为了将顶点覆盖问题规约为影响力最大化问题,我们进行如下步骤:

(1) 设顶点覆盖问题中的节点对应 LT 模型中的节点。

(2) 在无向图中,如果两个节点之间有边,则在 LT 模型中为这两个节点添加一条有向边。

(3) 假设每个节点的阈值为其邻居节点数量的倒数,即每个节点被其所有邻居节点激活的概率为均等分布。

(4) 顶点覆盖问题在影响力最大化问题中的等价描述是:是否存在一个包含 $k$ 个节点的子集 $S$,使得 $\sigma(S) \geq n$。

显然,当 $\sigma(S)=n$ 时,意味着集合 $S$ 中的节点覆盖了图中的所有节点。因此,在 LT 模型下,影响力最大化问题是 NP 难的。 □

**引理 6.1** 影响力函数 $\sigma(\cdot)$ 具有次模性。次模函数具有"边际收益递减"的性质,即对于两个集合 $A$ 和 $B$,如果 $A$ 包含于 $B$,那么添加一个元素 $v$ 到集合 $A$ 中所增加的影响力不小于添加同一个元素到集合 $B$ 中所增加的影响力。

**证明** 为了证明影响力函数 $\sigma(\cdot)$ 具有次模性,我们需要展示对于任意的集合 $A \subseteq B \subseteq V$ 和 $v \in V \setminus B$,都有 $\sigma(A \cup \{v\}) - \sigma(A) \geq \sigma(B \cup \{v\}) - \sigma(B)$。

首先设 $A \subseteq B \subseteq V$ 且 $v \in V \setminus B$。在独立级联模型中,考虑从集合 $A$ 和集合 $B$ 开始的传播过程。由于 $A \subseteq B$,从 $A$ 开始的传播过程是一种从 $B$ 开始的传播过程的子过程。因此,添加节点 $v$ 到集合 $A$ 的传播过程可以看作从较少节点开始的传播过程,边际收益较高。在线性阈值模型中,节点的激活依赖于其邻居节点的累计影响力。由于 $A \subseteq B$,集合 $B$ 中的激活节点数量大于或等于集合 $A$ 中的激活节点数量,因此从 $B$ 开始的传播过程对节点 $v$ 的边际影响力较小。

设 $A \subseteq B \subseteq V$ 且 $v \in V \setminus B$,则有

$$\begin{aligned} \sigma(A \cup \{v\}) &= \sigma(A) + \Delta\sigma(A,v) \\ \sigma(B \cup \{v\}) &= \sigma(B) + \Delta\sigma(B,v) \end{aligned} \quad (6.2)$$

其中,$\Delta\sigma(A,v)$ 和 $\Delta\sigma(B,v)$ 分别表示将节点 $v$ 添加到集合 $A$ 和 $B$ 所增加的边际影响力。由于次模性要求 $\Delta\sigma(A,v) \geq \Delta\sigma(B,v)$,因此有

$$\sigma(A \cup \{v\}) - \sigma(A) \geq \sigma(B \cup \{v\}) - \sigma(B)$$

综上所述,影响力函数 $\sigma(\cdot)$ 满足次模性条件,证明完毕。 □

## 6.3 信息传播问题中求解算法的近似性

由于信息传播问题的复杂性,确定的算法只可用在解集空间很小的问题上,但对于

NP 难问题,可行时间内在多个解集空间中找到全局最优解的可能性非常小,所以需要使用近似方法在有限时间内找到近似最优解。近似方法主要有近似算法以及启发式算法两类,近似算法通常可以得到一个"有保障的解"。衡量"保障"的指标为近似比。

**定义 6.1（近似比）** 对于每一个大小为 $n$ 的输入,求解优化问题的算法近似比为 $\rho(n)$,

$$\max\left\{\frac{C}{C^*},\frac{C^*}{C}\right\}\leqslant \rho(n) \tag{6.3}$$

其中,$C^*$ 为最优解的大小,$C$ 为近似算法求得的解的大小。显然近似比越小,该近似算法的性能越好。

### 6.3.1 贪心算法求解近似性

影响力最大化问题的求解算法与具体研究中的目标函数建立有直接关系。对于具有次模性或超模性的模型,在 P≠NP 的条件下,Domingos 等[5]提出的一般模型或者固定阈值模型在影响力最大化问题中都无法在任何非平凡条件下近似,因此出现了具有近似性保证的贪心算法。由于影响力函数 $\sigma(\cdot)$ 的次模性使得贪心算法的评估与已有算法的评估有所不同。但是通过模拟信息传播过程,对生成的结果进行抽样可以以较高的概率获得 $\sigma(A)$ 的任意近似值。另外,Nemhauser 等[148]的结果表明,对于任何 $\varepsilon>0$,可以获得 $1-e^{-1}-\varepsilon$ 的近似。利用这个结果,接下来将介绍贪心算法求解影响力最大化问题时的近似保证。

由于影响力最大化问题已经被证明是 NP 难的,因此贪心算法被广泛应用于影响力最大化问题的求解。算法 6.1 是求解影响力最大化问题的近似贪心算法的伪代码,其中,$A$ 为种子节点集合,$k$ 为给定的种子节点集合大小。

---

**算法 6.1 贪心近似算法**

1: $A=\varnothing$
2: **for** $i=1$ to $k$ **do**
3:　$v_i \leftarrow$ 最大化边际收益 $\sigma(A\cup\{v\})-\sigma(A)$
4:　$A \leftarrow A\cup v_i$
5: **end for**

---

如算法 6.1 所示,贪心算法在初始时给定一个激活节点的空集合 $A$,在每一次迭代中选择使得函数 $\sigma(\cdot)$ 边际收益最大的节点加入集合 $A$,直到集合 $A$ 中有 $k$ 个节点。种子集合的传播影响力的计算是 #P 难的。

#P(Sharp-P) 的定义主要指 NP 问题中对应的满足条件的解的个数的一类问题。简言之，拿到一个 NP 问题后，将求解目的改为"有多少"，NP 问题就会转化成一个#P 问题。#P 问题比 NP 更加复杂。

**定理 6.2** 设 $A^*$ 为使得影响力函数 $\sigma(\cdot)$ 最大的节点集合，$\sigma(\cdot)$ 为单调则非负次模函数，以贪心算法求解得到的大小为 $k$ 的解集合 $A$ 与最优解 $A^*$ 满足 $\sigma(A) \geqslant (1-e^{-1}) \cdot \sigma(A^*)$，即贪心算法为 $(1-e^{-1})$-近似算法。

Kempe 等[6]将该问题扩展为更为复杂的一般营销模型，营销行为有一定的概率激活节点，并通过该模型获得了贪心算法的 $1-e^{-1}$ 近似保证。

### 6.3.2 三明治算法求解近似性

对于不具有模性质的影响力最大化问题，三明治近似策略[149]被广泛采用。三明治算法的基本思路是构造出优化函数 $f$，该函数具有次模性质的上、下界函数 $f^+$；$f^-$。令 $S^+$，$S^-$，$S'$ 分别为 $f^+$，$f^-$，$f$ 的解，三明治算法选取的最优解为

$$S^* = \mathop{\mathrm{argmax}}_{S \in \{S^+, S^-, S'\}} f(S)$$

算法的基本思路如下所示。

---

**算法 6.2 三明治算法**

**输入：** $G(V,E)$，$S$，$k$
**输出：** $S^*$
1：求解 $f^+$，$f^-$，$f$ 得到 $S^+$，$S^-$，$S'$
2：$S^* \leftarrow \mathrm{argmax}\{f(S^+), f(S^-), f(S')\}$
3：**return** $S^*$

---

设 $S^+$ 为 $f^+$ 的一个 $a$-近似解，$S^-$ 为 $f^-$ 的一个 $b$-近似解，$S'$ 为原函数的一个任意解，则三明治算法返回的最优解 $S^*$ 具有 $\max\left\{\dfrac{f^-(S_l^*)}{f(S_f^*)} \cdot a, \dfrac{f(S^+)}{f^+(S^+)} \cdot b\right\}$ 的近似比保证，其中，$S_l^*$ 和 $S_f^*$ 分别表示下界问题的最优解以及原问题的最优解。

### 6.3.3 集函数分解算法求解近似性

集函数分解算法是一种用于解决复杂非次模函数优化问题的有效方法。该算法通过将非次模集函数表示为两个次模函数之差，从而利用次模优化技术进行求解。在信息传播影响力最大化问题中，直接优化非次模函数通常非常困难，因为非次模函数的复杂性和非线

性性质使得求解过程计算量巨大。其中，集函数分解算法通过一种巧妙的分解方式，将问题转化为两个相对容易处理的次模函数优化问题。

具体而言，集函数分解算法首先将目标非次模函数 $f$ 表示为两个次模函数 $g_1$ 和 $g_2$ 之差，即 $f=g_1-g_2$，其中 $g_1$ 和 $g_2$ 均为次模函数。这一步骤将非次模函数的复杂优化问题分解为两个次模函数的优化问题，从而简化了整体求解过程。

**定理 6.3** 每个集函数 $f: 2^X \to R$ 可以表示为两个单调非递减子函数 $g$ 和 $h$ 的差，即 $f=g-h$，其中 $X$ 是有限集合。

**证明** 定义 $\zeta(f) = \min\limits_{A\subset B\subseteq X, x\in X\setminus A}\{\Delta_x f(A) - \Delta_x f(B)\}$。注意，当且仅当 $f$ 单调非递减且有次模性时，$\zeta(f) \geq 0$。假设集函数 $p(A) = \sqrt{|A|}$。则 $\zeta(p) \geq 0$，因为

$$\min_{A\subset B\subseteq X, x\in B\setminus A}\{\Delta_x p(A) - \Delta_x p(B)\} = \min_{A\subset B\subseteq X, x\in B\setminus A}\{\Delta_x p(A)\}$$
$$= \min_{A\subset X}\{\sqrt{|A|+1} - \sqrt{|A|}\}$$
$$\geq \sqrt{|X|+1} - \sqrt{|X|}$$
$$> 0 \qquad (6.4)$$

并且

$$\min_{A\subset B\subseteq X, x\in B\setminus A}\{\Delta_x p(A) - \Delta_x p(B)\}$$
$$= \min_{A\subset B\subset X}\{(\sqrt{|A|+1}-\sqrt{|A|})-(\sqrt{|B|+1}-\sqrt{|B|})\}$$
$$= \min_{A\subset X}\{(\sqrt{|A|+1}-\sqrt{|A|})-(\sqrt{|A|+2}-\sqrt{|A|+1})\}$$
$$\geq 2\sqrt{|X|+1} - \sqrt{|X|} - \sqrt{|X|+2}$$
$$> 0 \qquad (6.5)$$

因为 $\sqrt{n}$ 是一个凹函数。如果 $\zeta(f) \geq 0$，则 $f$ 单调递减且有子模性，因此 $f = f - 0$ 是满足要求的平凡分解。

现在，假设 $\zeta(f) < 0$。令集函数 $h = 2 \cdot \dfrac{-\zeta(f)}{\zeta(p)} \cdot p$ 和 $g = f + h$，则 $\zeta(h) = 2 \cdot \dfrac{-\zeta(f)}{\zeta(p)} \cdot \zeta(p) = -2\zeta(f) > 0$ 且 $\zeta(g) = \zeta(f) + \zeta(h) = -\zeta(f) > 0$。

在收益最大化问题中，目标函数为

$$r(S) = \sigma(S) \cdot \alpha - |S| \cdot \beta \qquad (6.6)$$

当影响力扩展 $\sigma(S)$ 单调非递减且有子模性时，这能给出自然的集函数分解。

算法的基本思路如下所示，其中 $R$ 表示最大迭代次数。

**算法 6.3　集函数分解算法**

1: $S = \varnothing$
2: **for** $i = 1$ to $R$ **do**
3:　　$v_i \leftarrow \underset{v \in V \setminus S}{\operatorname{argmax}}\ (g_1(S \cup \{v\}) - g_1(S))$
4:　　$S \leftarrow S \cup \{v_i\}$
5:　　$u_i \leftarrow \underset{u \in V \setminus S}{\operatorname{argmax}}(g_2(S \cup \{u\}) - g_2(S))$
6:　　$S \leftarrow S \setminus \{u_i\}$
7: **end for**

算法步骤详解：

（1）初始化。开始时，将解集合 $S$ 初始化为空集。

（2）在每次迭代中，首先对次模函数 $g_1$ 进行优化，选择一个收益最大的元素 $v_i$ 加入集合 $S$。具体来说，在集合 $S$ 的基础上，计算将每个候选元素 $v$ 加入 $S$ 后的边际收益，并选择收益最大的元素 $v_i$。然后，对次模函数 $g_2$ 进行优化，选择一个收益最大的元素 $u_i$ 从集合 $S$ 中移除。类似地，计算将每个候选元素 $u$ 从 $S$ 中移除后的边际收益，并选择收益最大的元素 $u_i$。

（3）终止条件。迭代过程持续进行，直到达到预定的最大迭代次数或满足其他终止条件（如边际收益低于某个阈值）。

（4）输出结果。最终输出优化后的集合 $S$，作为非次模函数优化的近似解。

集函数分解算法在信息传播影响力最大化问题中表现出色，特别是在处理复杂的非次模优化问题时。通过将非次模函数分解为两个次模函数，集函数分解算法利用次模优化技术进行求解，从而获得接近最优的解。研究表明，结合贪心算法和集函数分解算法，可以在实际应用中获得更好的性能和效率。

这种方法特别适用于大规模社交网络中的信息传播模型优化，通过提高算法的效率和精度，为复杂网络中的优化问题提供了新的解决方案。集函数分解算法不仅在理论上具有重要意义，而且在实际应用中展示了其强大的潜力和广泛的适用性。

## 6.4　本章小结

在本章中，我们介绍了贪心算法、三明治算法和集函数分解算法在传播问题中的应用及其近似性分析。贪心算法由于其简单性和高效性，被广泛应用于影响力最大化问题中。其优势主要在于能够在多项式时间内获得近似最优解，适用于处理大规模数据集。然而，贪心算法的局限性在于其近似比无法超过 $1-\frac{1}{e}$，在某些复杂场景中可能无法提供足够精确的解。

三明治算法通过结合上、下界的方法来提高近似精度。该算法在次模函数和非次模函数的优化问题中表现优异，能够提供更严格的近似保证。其主要优势在于能够在多种约束条件下，如基数约束和背包约束，提供高效的解决方案。然而，由于其计算复杂度较高，三明治算法在处理超大规模数据集时可能会表现出一定的计算瓶颈。

集函数分解算法将复杂的非次模函数表示为两个次模函数的差，以便应用次模优化技术进行求解。该算法特别适用于处理包含多个约束的复杂优化问题，如矩阵约束和拟阵约束。其优势主要在于能够提供灵活的优化框架，适用于多种复杂场景。然而，集函数分解算法的计算复杂度较高，需要通过精细的参数调整和高效的计算资源来实现最优性能。

总之，贪心算法适用于大规模、较简单的优化问题，三明治算法适用于需要严格近似保证的次模函数和非次模函数优化问题，而集函数分解算法则适用于多约束条件下的复杂优化问题。根据具体的应用需求选择合适的算法，可以有效提升信息传播模型的求解效率和精度。

# 第 7 章 应用

社交网络中的信息传播不仅影响着个体之间的交流与互动,而且在商业营销、公共舆论和危机管理等诸多领域扮演着至关重要的角色。为了深入理解和有效利用社交网络中的信息传播机制,研究者提出了多种信息传播模型,并开发了相应的算法进行分析和优化。在本章中,我们将聚焦社交网络信息传播研究在实际中的多种应用。信息传播模型和算法不仅在理论上具有重要价值,在实际应用中也展现了巨大的潜力和广泛的应用场景。我们将通过具体案例展示如何将前述理论和方法应用于数字营销、舆情分析和公共健康传播等领域。

## 7.1 从众效应下的影响力最大化问题

### 7.1.1 问题背景

影响力最大化问题旨在选择 $k$ 个最初受影响的种子用户,以最大化最终受影响用户的预期数量,在过去几十年中受到了极大的关注。影响力最大化在许多领域都有应用,如病毒营销、流行病控制和评估复杂系统中的级联故障。在本节中,我们通过考虑超图中的群体影响来扩展影响力最大化问题。

研究表明,个人行为在很大程度上受到群体的影响。群体影响力不等于群体中个体影响力的组合。它超越了群体中个体的独立影响力的组合。下面是一个具体的例子。有向边表示从 $A$ 或 $B$ 到 $C$ 的影响。$C$ 从 $A$ 和 $B$ 接收到的影响彼此独立。根据群体心理学,如果 $A$ 和 $B$ 都是活跃的,那么除了 $A$ 和 $B$ 的影响之外,还应该存在群体影响。使用超边来描述这种群体影响。我们将有向超边表示为 $e=(H_e,v)$,其中 $H_e$ 是超边起始点集合,$v$ 是

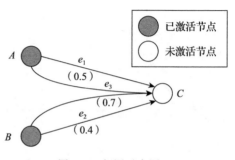

图 7.1 超图示意图

尾部节点。如图 7.1 所示，$e_3$ 是一个超边，其中 $H_e=\{A,B\}$，$C$ 是尾部节点。$e_3$ 边上的权重表示来自 $\{A,B\}$ 的群体对 $C$ 的影响为 0.7。

当社会影响力最大化问题考虑这种群体心理影响现象时所导致问题的非次模性，群体心理学揭示了群体影响力不同于群体中个体的独立综合影响。这种现象在社会影响传播中产生了非次模性，并且这些传播是通过超图建模的。在本节中，信息扩散是基于独立级联（IC）模型的。如图 7.1 所示，有三个独立事件：$A$ 以概率 0.5 激活 $C$，$B$ 以概率 0.4 激活 $C$，以及来自 $A$ 和 $B$ 的群体影响力以概率 0.7 激活 $C$。那么 $C$ 的激活概率为 $1-(1-0.5)(1-0.4)(1-0.7)=0.91$。

由于通过超图的影响力不是次模的，我们不能采用现有的影响力最大化方法来解决超图中的影响力最大化问题。因此求解该问题产生了新的难点。第一个难点是如何处理非次模性。超图中的影响力最大化问题的求解难度以及可逼近性有待探讨。因为简单的贪心算法不能保证近似率，需要提出新的算法。另一个难点是可扩展性的改变。由于超边改变了图的可扩展性，因此很难降低其复杂度。

## 7.1.2 模型构建

**独立级联模型**

独立级联模型是应用最广泛的信息扩散模型。超图中的影响力最大化问题是基于独立级联模型的。给定一个有向超图 $G=(V,E,P)$，其中 $V$ 是一组节点（即在线社交网络中的用户），$E$ 是一组有向超边，$P$ 是超边集 $E$ 上的权重函数。超边表示影响力传播方向，包括个体和群体的影响力。对于超边 $e=(H_e,v)$，设 $H_e$ 表示其头节点的集合，$v$ 是尾节点。如果 $H_e$ 只包含一个节点 $u$，则意味着 $e$ 是普通的有向边，即表示个体影响力。当 $H_e$ 包含多个节点时，超边 $e$ 意味着从 $H_e$ 到 $v$ 存在群体影响力。设 $P_e$ 表示 $e$ 的权重，表示影响力传播概率，$0 \leq P_e \leq 1$。具体来说，$P_e$ 是在 $H_e$ 中的每个节点被激活之后，$v$ 被 $H_e$ 激活的概率。

独立级联模型假设种子集 $S \subseteq V$，设 $S_t$ 是在步骤 $t(t=0,1,\cdots)$ 中被激活的节点，$S_0=S$。对于超边 $e=(H_e,v)$，只有当 $H_e \subseteq S_t, H_e \setminus S_{t-1} \neq \varnothing$ 时，$e$ 在步骤 $t$ 第一次被激活。扩散过程如下。在步骤 $t$，每个激活的超边 $e=(H_e,v)$ 只有一次机会以 $P_e$ 的概率激活未激活的节点 $v$。请注意，超边 $e=(H_e,v)$ 只能在 $H_e$ 中的所有节点首次全部激活时才可以传播影响力。图 7.2 解释了超图中影响力的扩散过程。图中有 7 个节点，设每个边的影响力概率为 1。在开始时，$v_1$ 和 $v_2$ 被选择作为初始种子。在步骤 1 中，$v_3$ 被 $v_1$ 激活。在步骤 2 中，超边 $(\{v_2,v_3\},v_4)$ 被激活，因为 $v_2$ 和 $v_3$ 都被激活了，因此 $v_4$ 将被这个超边激活。

在步骤 3 中，$v_6$ 将被 $v_4$ 激活，$v_7$ 无法激活，因为 $v_5$ 处于非活跃状态。最后 $\{v_1,v_2,v_3,v_4,v_6\}$ 被激活。

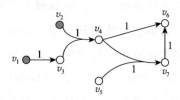

图 7.2 具有初始种子 $\{v_1,v_2\}$ 的影响力扩散过程示意图

**超图中的影响力最大化问题**

超图中的影响力最大化问题也考虑了独立级联模型下具有群体影响力的社交网络中的信息扩散。给定一个有向超图 $G=(V,E,P)$，目标是选择 $k$ 个最初受影响的种子用户，以最大化最终受影响用户的预期数量：

$$\max \sigma(S)$$
$$\text{s.t. } |S| \leqslant k \tag{7.1}$$

其中 $S$ 是初始种子集，$\sigma(S)$ 是最终受影响节点的预期数量。

### 7.1.3 理论分析

**问题难度分析**

NP 难问题的任何推广也是 NP 难问题。普通图中的影响力最大化问题已被证明是 NP 难的，是超图中影响力最大化问题的一个特例，即当头节点集 $H_e$ 只包含一个节点。因此，超图中影响力最大化问题是明显的 NP 难问题。

**定理 7.1** 超图中的影响力最大化问题是 NP 难问题。

此外，我们可以得到计算 $\sigma(S)$ 结果的性质。因为在不考虑群体影响力的情况下，社交网络中的影响力最大化问题在独立级联模型下是#P 难的，因此计算 $\sigma(S)$ 为#P 难的。

**定理 7.2** 给定种子节点集 $S$，在独立级联模型下计算 $\sigma(S)$ 是#P 难的。

**目标函数的模性**

在独立级联模型下，影响力最大化的目标函数是次模的。遗憾的是，超图中影响力最大化问题的目标函数不是次模的。此外，我们还可以证明 $\sigma(\cdot)$ 也不是超模的。

**定理 7.3** 在独立级联模型下 $\sigma(\cdot)$ 不是次模的。

**证明** 举一个反例证明。如图 7.3 所示，在社交网络 $G=(V,E,P)$ 中，节点集为 $V=\{v_1,v_2,v_3,v_4\}$，边集为 $E=\{\langle(v_1),v_4\rangle,\langle(v_3),v_4\rangle,\langle(v_1,v_2),v_3\rangle\}$，边权重为 $\{P_{(v_1,v_4)}=1,$

$P_{(v_3,v_4)}=1, P_{\{(v_1,v_2),v_3\}}=1$)。设 $A=\varnothing$,$B=\{v_2\}$,可以得到 $\sigma(A)=0$,$\sigma(B)=1$。在 $A,B$ 中加入 $v_1$,有 $\sigma(\{v_1\})=2$,$\sigma(\{v_2,v_1\})=4$,因此可以得到

$$\sigma(A\bigcup\{v_1\})-\sigma(A)<\sigma(B\bigcup\{v_1\})-\sigma(B) \tag{7.2}$$

因此,$\sigma(\cdot)$ 不是次模的。 □

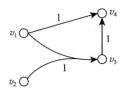

图 7.3 反例示意图

从以上的证明过程我们可以看出,$\sigma(\cdot)$ 由于新加入节点与已有节点的群组效应影响导致了函数的非次模性。

**定理 7.4** 在独立级联模型下 $\sigma(\cdot)$ 不是超模的。

**证明** 如图 7.3 所示。设 $A=\varnothing$,$B=\{v_1\}$,可以得到 $\sigma(A)=0$,$\sigma(B)=2$。在 $A,B$ 中加入 $v_3$,有 $\sigma(\{v_3\})=2$,$\sigma(\{v_1,v_3\})=3$,因此可以得到

$$\sigma(A\bigcup\{v_3\})-\sigma(A)>\sigma(B\bigcup\{v_3\})-\sigma(B) \tag{7.3}$$

因此,$\sigma(\cdot)$ 不是超模的。 □

**目标函数上下界分析**

由于没有通用的方法来优化非次模函数,可利用三明治算法,通过寻找目标函数的下界和上界来逼近目标函数。因此需要找到原函数的上、下界函数,并通过上、下界函数的性质求解原问题。

**函数上界**

获得上界的一种直接方法是复制超边的影响后删除超边。给定一个图 $G_U=(V,E_U,P^U)$,$V$ 与有向超图 $G$ 中的节点相同,$E_U$ 是一组有向边。对于任意两个节点 $u$ 和 $v$,如果存在有向超边 $e=(H_e,v)$,$u\in H_e$,则 $u$ 与 $G_U$ 中的 $v$ 连接。对于任意一条边 $(u,v)\in E_U$,假设 $u$ 出现在图 $G$ 的 $k$ 个超边 $(H_1,v),(H_2,v),\cdots,(H_k,v)$ 的头节点集合中,假设 $k$ 个事件集合"$H_i$ 影响 $v$"是相互独立的。定义 $(u,v)$ 上的一个新的影响概率 $P^U_{(u,v)}=1-\prod_{i=1}^{k}(1-P_{(H_i,v)})$,则 $G_U=(V,E_U,P^U)$ 为一个普通有向图,且每个有向边的影响概率为 $P^U_{(u,v)}$,则辅助问题为在独立级联模型下,找到 $k$ 个初始受影响的种子用户,以最大化该辅助问题中最终受影响用户的预期数量。

$$\max \sigma_U(S)$$
$$\text{s.t.} \ |S| \leqslant k \tag{7.4}$$

其中 $S$ 是初始种子集，$\sigma_U(S)$ 是最终受影响节点的预期数量。

**定理 7.5** 给定图 $G=(V,E,P)$，$\sigma_U(\cdot)$ 是 $\sigma(\cdot)$ 的上界函数。

**证明** 我们需要证明对于任意 $S \in V$，$\sigma_U(S) \geqslant \sigma(S)$。根据独立级联模型，假设 $S_t$ 和 $S_t'$ 分别是步骤 $t$ $G$ 和 $G_U$ 中的激活节点。我们只需要证明 $S_t \subseteq S_t'$。

当 $t=0$，$S_t = S_t' = S$。首先我们证明在第一步之后 $S_1 \subseteq S_1'$。对于每一个未被激活的节点 $v$，我们将证明 $G_U$ 中的总影响概率 $P^U(v)$ 大于 $G$ 中的 $P(v)$。设 $v$ 是 $l$ 条超边 $(H_1,v)$，$(H_2,v),\cdots,(H_l,v)$ 的尾节点。只有当 $H_i \subseteq S$ 时，$H_i$ 会以 $P_{(H_i,v)}$ 的概率尝试激活 $v$，则 $v$ 会以 $P(v)=1-\prod_{H_i \subseteq S}(1-P_{(H_i,v)})$ 的概率被激活。另一方面，根据上界图的形成过程，对于每一条超边 $(H_i,v)$，影响概率 $P_{(H_i,v)}$ 被复制在 $H_i$ 中的每一个节点 $w$ 到节点 $v$ 的边中，则 $P^U(v)=1-\prod_{w \in S \cap (H_1 \cup H_2 \cdots \cup H_l)}(1-P_{(w,v)})$，对于任意 $H_i \subseteq S$，$(1-P_{(H_i,v)})^{|H_i|} \leqslant 1-P_{(H_i,v)}$。因此有 $P^U(v) = 1 - \prod_{w \in S \cap (H_1 \cup H_2 \cup \cdots \cup H_l)}(1-P_{(w,v)}) = 1 - \prod_{w \in (S \cap H_1) \cup (S \cap H_2) \cup \cdots \cup (S \cap H_l)}(1-P_{(w,v)}) \geqslant 1 - \prod_{H_i \subseteq S}(1-P_{(H_i,v)})^{|H_i|} \geqslant 1 - \prod_{H_i \subseteq S}(1-P_{(H_i,v)}) = P(v)$。则对于每一个未被激活的节点 $v$，$P^U(v) \geqslant P(v)$ 意味着在第一步后 $S_1 \subseteq S_1'$。

其次，设在第 $t$ 步后 $S_t \subseteq S_t'$，我们第 $t+1$ 步后 $S_{t+1} \subseteq S_{t+1}'$。对于每一个未被激活的节点 $v$，我们将证明 $G_U$ 中的总影响概率 $P^U(v)$ 大于 $G$ 中的 $P(v)$。设 $v$ 是 $l$ 条超边 $(H_1,v)$，$(H_2,v),\cdots,(H_l,v)$ 的尾节点，当 $H_i \subseteq S$ 时，$H_i$ 会以 $P_{(H_i,v)}$ 的概率尝试激活 $v$，则 $v$ 会以 $P(v)=1-\prod_{H_i \subseteq S_t}(1-P_{(H_i,v)})$ 的概率被激活。另一方面，根据上界图的形成过程，对于每一条超边 $(H_i,v)$，影响概率 $P_{(H_i,v)}$ 被复制在 $H_i$ 中的每一个节点 $w$ 到节点 $v$ 的边中，则 $P^U(v)=1-\prod_{w \in S_t' \cap (H_1 \cup H_2 \cup \cdots \cup H_l)}(1-P_{(w,v)})$，对于任意 $H_i \subseteq S_t$，$(1-P_{(H_i,v)})^{|H_i|} \leqslant 1-P_{(H_i,v)}$，因此有 $P^U(v)=1-\prod_{w \in S_t' \cap (H_1 \cup H_2 \cup \cdots \cup H_l)}(1-P_{(w,v)}) = 1 - \prod_{w \in (S_t' \cap H_1) \cup (S_t' \cap H_2) \cup \cdots \cup (S_t' \cap H_l)}(1-P_{(w,v)}) \geqslant 1 - \prod_{H_i \subseteq S_t}(1-P_{(H_i,v)})^{|H_i|} \geqslant 1 - \prod_{H_i \subseteq S_t}(1-P_{(H_i,v)}) = P(v)$。因此，对于每一个未被激活的节点 $v$，$P^U(v) \geqslant P(v)$ 意味着在第 $t+1$ 步后 $S_{t+1} \subseteq S_{t+1}'$。 □

图 7.4 显示了节点对 $u$ 到 $v$ 的示例。假设有三个头节点集 $H_1, H_2, H_3$ 包含 $u$，如超图 a 所示，图 b 显示了有向边 $(u,v)$ 的概率权重为 $P_{(u,v)} = 1-(1-P_1)(1-P_2)(1-P_3)$。

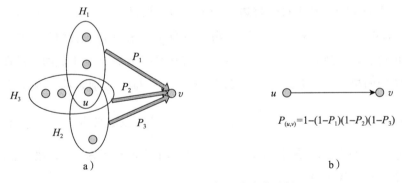

图 7.4 生成上界的每对节点的示例

**函数下界**

接下来给出超图中影响力最大化问题的下界。其主要思想是从 $G$ 中删除一些超边，只保留部分超边，这些超边的头节点集合中的节点可以同时被激活。这意味着该超边的头节点集合中的所有节点都具有相同的头节点集合。如图 7.5a 所示，超边 $(H,v) = (\{u_1,u_2,u_3\},v)$ 的头节点集合 $\{u_1,u_2,u_3\}$ 存在三个超边，分别是 $(W,u_1),(W,u_2)$，$(W,u_3)$，它们具有相同的头节点集合 $W$，这意味着 $u_1,u_2,u_3$ 会被同时激活。这样的超边 $(H,v)$ 将会留在图 $G$ 中，否则将会被删除，如图 7.5c 所示。

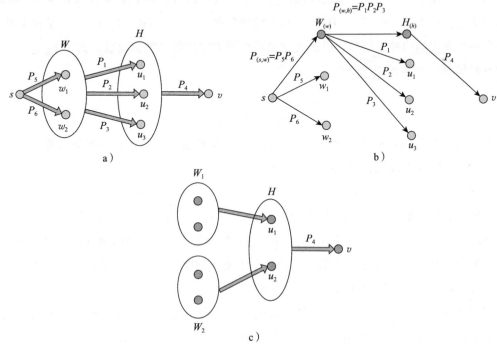

图 7.5 生成下界问题有向图的一个例子

给定 $G=(V,E,P)$，对于每个超边 $e=(H_e,v)$，设 $H_e=\{u_1,u_2,\cdots,u_l\}$，若存在 $W\subseteq V$，$\{(W,u_1),(W,u_2),\cdots,(W,u_l)\}\subseteq E$，则 $e=(H_e,v)$ 被保留，否则从 $G$ 中删除 $e$。在考虑了所有的超边后，得到 $G$ 的一个子超图 $G'$。现在给一个基于 $G'$ 生成的辅助图 $G_L=(V_L,E_L)$。对于 $G'$ 中的超边 $e=(H_e,v)$，生成两个超节点 $h$ 和 $w$ 分别表示头节点集合 $H_e$ 和 $W$，然后添加有向边 $(w,h)$ 和 $(h,v)$，它们的影响概率分别被定义为 $P^L_{(w,h)}=\prod_{i=1}^{l}P(W,u_i)$，$P^L_{(h,v)}=P_{(H_e,v)}$。设 $V'$ 包含所有的超节点，设置超节点的权重为 0，其他节点的权重为 1。然后定义一个权重函数 $f(\cdot)$

$$f(v)=\begin{cases}1, v\in V\\0, v\in V'\end{cases} \tag{7.5}$$

上述过程可以分为两个阶段。第一个阶段是删除不满足条件的超边，第二个阶段是生成超节点并添加新边。

图 7.5 展示了如何生成下界的有向图。当我们考虑如图 a 中的超边 $(H,v)$ 时，$(H,v)$ 上的概率为 $P_4$，存在超边 $(W,u_1),(W,u_2),(W,u_3)$，则 $(H,v)$ 可以保留。图 c 中超边 $(H,v)$ 将被删除，因为 $u_1$ 和 $u_2$ 与不同的头节点集 $W_1$ 和 $W_2$ 连接。图 b 是由图 a 生成的有向图。对于头节点集 $H$ 和 $W$，添加两个超级节点 $h$ 和 $w$。$v$ 将被超级节点 $h$ 激活，概率为 $P_{(W,h)}=P_{(W,u_1)}P_{(W,u_2)}P_{(W,u_3)}=P_1P_2P_3$；同时，超节点 $w$ 将被超节点 $s$ 激活，概率为 $P_{(s,w)}=P_{(s,w_1)}P_{(s,w_2)}=P_5P_6$。那么辅助问题 $G_L=(V\cup V',E_L,P^L,f)$ 是在 $V$ 中选择 $k$ 个最初受影响的种子用户，以最大化最终受影响用户的预期加权数，其中 $E_L$ 包含 $G$ 中的所有原始有向边和新添加的边。

$$\max \sigma_L(S)$$
$$\text{s. t.} \quad |S|\leqslant k \tag{7.6}$$

其中 $S$ 是初始种子集，$\sigma_L(S)$ 是最终受影响节点的预期加权数。在超边删除过程和节点合并过程中，影响概率降低。我们有以下定理。

**定理 7.6** 给定图 $G=(V,E,P)$，$\sigma_L(\cdot)$ 是 $\sigma(\cdot)$ 的下界函数。

**证明** 我们需要证明对于任意 $S\in V$，$\sigma_L(S)\leqslant\sigma(S)$。根据独立级联模型，假设 $S_t$ 和 $S'_t$ 分别是在步骤 $tG$ 和 $G_L$ 中的激活节点。由于 $G_L$ 包含超节点，$S'_t$ 有两部分：$V$ 中的节点和 $V'$ 中的节点，其中 $V$ 是原始节点集，$V'$ 是超节点集。同时，$\sigma_L(S)$ 是激活节点的预期加权数。那么，我们只需要证明在每步 $S'_t\cap V\subseteq S_t$。

当 $t=0$ 时，$S'_0=S_0=S\subseteq V$。首先，我们证明步骤 1 之后 $S'_1\cap V\subseteq S_1$。对于每个未被激活的节点 $v\in V$，我们将证明 $G_L$ 中的总影响概率 $P^L(v)$ 小于 $G$ 中的 $P(v)$。设 $v$ 是 $l$ 条

超边 $(H_1,v),(H_2,v),\cdots,(H_l,v)$ 的尾节点，当 $H_i\subseteq S$ 时，$H_i$ 会以 $P_{(H_i,v)}$ 的概率尝试激活 $v$。也就是说，$v$ 以 $P(v)=1-\prod\limits_{H_i\subseteq S_t}(1-P_{(H_i,v)})$ 的概率被激活。另一方面，$l$ 条边中的部分边在形成 $G'$ 的第一个阶段将会被删除。设 $(H'_1,v),(H'_2,v),\cdots,(H'_q,v)$ 是保留在 $G'$ 中的 $q$ 条超边，则 $q\leqslant l$。对于这 $q$ 条边中的每条超边，生成一个新的超节点。设 $\{(H'_1,v),(H'_2,v),\cdots,(H'_q,v)\}=E_1\bigcup E_2$，其中 $E_1=\{(w_1,v),(w_2,v),\cdots,(w_h,v)\}$ 是普通边集合，$E_2$ 为超边集合。设 $u\in U$ 是 $E_2$ 中超边对应的超节点。由于开始时 $S\subseteq V$，超节点没有被激活。然后，$P^L(v)=1-\prod\limits_{w_i\in S\cap\{w_1,w_2,\cdots,w_h\}}(1-P_{(w_i,v)})\leqslant 1-\prod\limits_{H_i\subseteq S}(1-P_{(H_i,v)})=P(v)$。因此，对于任意一个未被激活的节点 $v\subseteq V$，$P^L(v)\leqslant P(v)$ 表示 $S'_1\cap V\subseteq S_1$。

设在步骤 $t$ 后，$S'_t\cap V\subseteq S_t$，我们将证明 $S'_{t+1}\cap V\subseteq S_{t+1}$。对于每个未被激活的节点 $v\in V$，我们将证明 $G_L$ 中的总影响概率 $P^L(v)$ 小于 $G$ 中的 $P(v)$。设 $v$ 是 $l$ 条超边 $(H_1,v),(H_2,v),\cdots,(H_l,v)$ 的尾节点，当 $H_i\subseteq S$ 时，$H_i$ 会以 $P_{(H_i,v)}$ 的概率尝试激活 $v$，则 $v$ 会以 $P(v)=1-\prod\limits_{H_i\subseteq S_t}(1-P_{(H_i,v)})$ 的概率被激活。另一方面，$l$ 条边中的部分边在形成 $G'$ 的第一个阶段将会被删除。设 $(H'_1,v),(H'_2,v),\cdots,(H'_q,v)$ 是保留在 $G'$ 中的 $q$ 条超边，$q\leqslant l$。对于这 $q$ 条边中的每条超边，生成一个新的超节点。设 $\{(H'_1,v),(H'_2,v),\cdots,(H'_q,v)\}=E_1\bigcup E_2$，其中 $E_1=\{(w_1,v),(w_2,v),\cdots,(w_h,v)\}$ 是普通边集合，$E_2$ 为超边集合，设 $u\in U$ 是 $E_2$ 中超边对应的超节点。由于 $S'_t\subseteq V\cup V'$，超节点可能被激活。对于每个激活的超节点，必须激活相应的超边，这意味着该超边的头节点集合中的所有节点都必须被激活，因为这些节点是由上一步骤中的同一节点集合激活的。因此，

$$P^L(v)=1-\prod_{w_i\in S\cap\{w_1,w_2,\cdots,w_h\}}(1-P_{(w_i,v)})\prod_{u\in S'_t\cap U}(1-P_{(u,v)})$$

$$\leqslant 1-\prod_{w_i\in S'_t\cap V}(1-P_{(w_i,v)})\prod_{H_i\subseteq S'_t\cap V}(1-P_{(H_i,v)})$$

由于 $S'_t\cap V\subseteq S_t$，我们可以得到

$$1-\prod_{w_i\in S'_t\cap V}(1-P_{(w_i,v)})\prod_{H_i\subseteq S'_t\cap V}(1-P_{(H_i,v)})$$

$$\leqslant 1-\prod_{w_i\in S'_t}(1-P_{(w_i,v)})\prod_{H_i\subseteq S'_t}(1-P_{(H_i,v)})$$

$$\leqslant 1-\prod_{H_i\subseteq S_t}(1-P_{(H_i,v)})=P(v)$$

这表示 $S'_{t+1}\cap V\subseteq S_{t+1}$。 □

上述两个辅助问题是 NP 难的，因为它们分别是普通影响力最大化问题和加权影响力

最大化问题。在独立级联模型下 $\sigma_L(\cdot)$ 和 $\sigma_U(\cdot)$ 是单调的次模的。

## 7.2 社交网络群组影响力最大化问题

### 7.2.1 问题背景

理解群组是理解个体行为的关键，例如他们在想什么和他们在做什么。人类行为大多容易受到群组行为的影响，世界上的大部分决策或工作都是由群组或团队完成的。有时，群组很小，只有两三个人，如家庭。有时，群组可能很大，如社区，甚至是整个国家。

今天，出现了大型社交网络，例如拥有 22 亿用户的 Facebook、拥有 3.4 亿用户的 Twitter 和拥有 10 亿用户的微信等。数百万人能够成为朋友并相互分享信息或话题。具有相同特性的人，例如兴趣相同，可能会在社交网络平台上创建一个群组来讨论关注的话题。群组在这些平台上扮演着重要角色。另一个群组决策的例子是美国总统选举。如果总统候选人在某个州获得最多的票数，他将赢得该州的所有选票。

群组可以通过传统的线下方式形成。但随着互联网应用的深入，许多线下的群组决策过程转移到了线上。在线社区很容易建立，社区成员往往是陌生人甚至不在同一地点。这些病毒式的社区随处可见，各种信息在群组内部传播。例如，群组购买可以使买家以相对较低的价格买到更高质量的商品。这意味着广告需要影响到该群组中的一定数量的成员，从而可以形成群组购买。图 7.6a 中展示了一个简单的例子。在这个网络中，有三个大小不同的群组。群组 $U_1$ 包含四个成员，而群组 $U_2$ 和 $U_3$ 分别有三个成员。注意成员 $v_6$ 属于两个不同的群组。

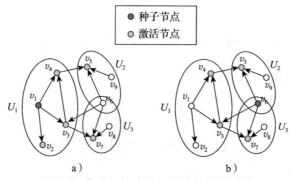

图 7.6 使用初始种子 $v_3$ 的信息扩散过程

无论在现实世界还是在在线社交网络中，群组都扮演着重要角色。在许多情况下，政府或公司试图影响群组而不是关注个人，以获得最大利益。如果群组中的一定数量的成员被激活,则该群组将被激活。给定一个随机社交网络 $G=(V,E,P)$, $P$ 代表每个有向边 $(u,v)$ 上的影响概率,这意味着当 $u$ 被激活时,将以概率 $P$ 试图激活 $v$。传统的影响力最大化 (IM) 问题旨在选择整个网络中的 $k$ 个初始种子用户,以最大化最终激活的用户的期望数量。我们考虑在社交网络中存在一组群组。如果一个群组中的一定数量的用户被激活,则该群组将被激活。图 7.6 展示了一个群组影响问题。网络中有 9 个节点,每条边的影响概率为 1,并且存在三个群组。$U=\{U_1=\{v_1,v_2,v_3,v_4\}, U_2=\{v_5,v_6,v_9\}, U_3=\{v_6,v_7,v_8\}\}$。假设激活阈值 $\beta=0.5$,这意味着如果至少有一半的节点被激活,则该群组将被激活。图 7.6a 选择 $v_1$ 作为种子,则 $v_2,v_3,v_4,v_5,v_7$ 将被激活,且在激活阈值 0.5 下仅群组 $U_1$ 被激活。图 7.6b 选择 $v_6$ 作为种子,则 $v_3,v_4,v_5,v_7$ 将被激活,$U_2$ 和 $U_3$ 被激活。种子 $v_1$ 可以激活 6 个节点和 1 个群组,而种子 $v_6$ 可以激活 5 个节点和 2 个群组。这意味着节点影响力最大化并不总是**群组影响力最大化** (GIM)。下面我们将研究群组影响力最大化问题,旨在选择 $k$ 个种子,使得激活的群组数量最大化。

群组可以是现实世界社交网络中的家庭、公司或社会。比如,一个家庭通常根据广告决定是否购买某种商品;公司使用投票方式决定购买的电脑品牌,员工给不同品牌的电脑投票,最终购买的品牌是获得最多投票的品牌;一个实验室中的学生和教师形成了一个研究群组,他们可以随时轻松地分享信息和想法。

在在线社交网络中,例如微信,人们会形成群组或加入不同类型的群组。有数百万种类型的群组,而每个群组都有自己的特性。在一些大型群组中,群组内部的成员在群组形成之初可能彼此并不认识。越来越多的信息在群组中传播,这使得研究群组特性和群组影响问题变得更加有价值。

### 7.2.2 模型构建

独立级联模型是最流行的信息传播模型之一。群组影响力最大化问题也基于独立级联模型。独立级联模型规定,每个节点 $u$ 在被激活后只有一次机会激活其每个邻居,并且所有的影响过程都是独立的。

给定有向图 $G=(V,E,P)$, 一个群组为 $V$ 的一个子集。设 $U$ 为群组的集合,总群组数为 $l$。给定一个激活阈值 $0<\beta\leqslant 1$, 如果在独立级联模型下,一个群组中百分比为 $\beta$ 的节点被激活,则该群组被激活。

社交网络中信息传播的群组影响力最大化问题,目标是寻找 $k$ 个初始种子用户,使最终激活的群组的期望数量最大化:

$$\max \rho(S) \tag{7.7}$$

$$\text{s.t.} \quad |S| \leqslant k \tag{7.8}$$

其中 $S$ 是初始种子集合，$\rho(S)$ 是给定初始种子集合 $S$ 最终激活的群组的期望数量。

图 7.7 中展示了一个群组影响力的扩散过程示例，图中有 9 个节点，每条边的影响概率为 1，有四个群组，群组集合 $U=\{U_1=\{v_1,v_2,v_3\}, U_2=\{v_1,v_5\}, U_3=\{v_4,v_7,v_9\}, U_4=\{v_6,v_8\}\}$。假设激活阈值 $\beta=0.5$。起初选择 $v_3$ 作为种子。在步骤 1，$v_1,v_2$ 和 $v_4$ 将被 $v_3$ 激活，如图 7.7b 所示。在步骤 2，$v_5$ 将被 $v_1$ 激活，$v_6$ 将被 $v_4$ 激活，如图 7.7c 所示。在步骤 3，$v_8$ 将被 $v_6$ 激活，如图 7.7d 所示。然后，最终激活的节点为 $v_1,v_2,v_3,v_4,v_5,v_6,v_8$。根据给定的激活阈值 0.5，群组 $U_1,U_2,U_4$ 被激活，而 $U_3$ 未被激活。最终激活的群组数量为 $\rho(v_3)=3$。

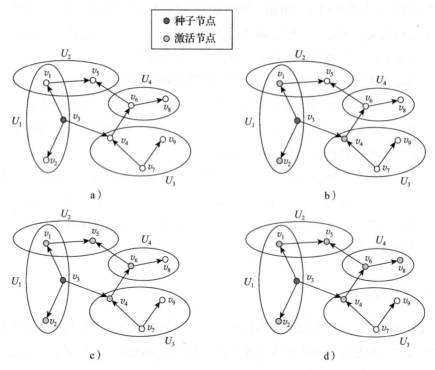

图 7.7 使用初始种子 $v_3$ 的群组影响力扩散过程

### 7.2.3 理论分析

我们首先介绍群组影响力最大化问题的难度，然后讨论目标函数 $\rho(\cdot)$ 的性质。

**问题难度分析**

影响力最大化问题已被证明为 NP 难的，这相当于每个节点视为一个群组且 $\beta=1$ 时群组影响力最大化问题的一个特例。因此，群组影响力最大化显然是 NP 难的。

**定理 7.7** 群组影响力最大化问题是 NP 难的。

给定一个群组影响力最大化，即使对于给定的种子集合 $S$，计算目标 $\rho(S)$ 也是困难的，因为激活过程不是确定性的，而是根据影响概率随机化的。因此，$\rho(S)$ 是最终激活的群组数量的期望值。对于这样的问题，蒙特卡罗方法广泛用于通过生成大量样本图 $G$ 并计算每个样本图上的 $\rho(S)$ 来计算最终的 $\rho(S)$。最终的输出是所有 $\rho(S)$ 的平均值。下一节将讨论需要生成的图的数量。由于在独立级联模型下，影响力最大化问题已被证明为 #P 难的，因此我们有以下结果。

**定理 7.8** 给定一个种子节点集合 $S$，在独立级联模型下计算 $\rho(S)$ 是 #P 难的。

**随机图的实现**

给定一个一般的有向图 $G=(V,E,P)$，$G$ 的一个实现 $g$ 是一个样本图，其中 $g$ 具有与 $G$ 相同的节点集，并且 $g$ 的边集 $E(g)$ 是 $E(G)$ 的一个子集。样本图中的每条边的影响概率设为 1，这意味着影响过程是确定性的。样本图 $g$ 的生成过程如下：

(1) 对于每条边 $e \in E(G)$，在 0 和 1 之间随机生成一个均匀分布的数 $r$。

(2) 仅当 $P_e \geqslant r$ 时，$e$ 将保留在 $g$ 中。现在，$g$ 是一个确定性的有向图。假设 $\mathcal{G}$ 包含 $G$ 的所有可能实现。注意，$\mathcal{G}$ 中有 $2^{|E(G)|}$ 个图。设 $P_g$ 为生成 $g$ 的概率，则

$$P_g = \prod_{e \in E(g)} P_e \prod_{e \in E(G) \setminus E(g)} (1 - P_e) \tag{7.9}$$

设 $\rho_g(S)$ 表示种子集 $S$ 在 $g$ 中激活的群组数量。因此，$\rho(S)$ 可以表示为

$$\rho(S) = \sum_{g \in \mathcal{G}} P_g \rho_g(S) \tag{7.10}$$

**目标函数的模性**

假设 $f: 2^V \leftarrow \mathbb{R}$ 是一个集函数。如果对于任意两个子集 $V_1 \subset V_2 \subseteq V$ 和 $v \in V \setminus V_2$，$f(V_1 \bigcup v) - f(V_1) \geqslant f(V_2 \bigcup v) - f(V_2)$，则 $f$ 是**次模函数**。而如果对于任意两个子集 $V_1 \subset V_2 \subseteq V$ 和 $v \in V \setminus V_2$，$f(V_1 \bigcup v) - f(V_1) \leqslant f(V_2 \bigcup v) - f(V_2)$，则 $f$ 是**超模函数**。如果对于任意 $V_1 \subseteq V_2 \subseteq V$，$f$ 满足 $f(V_1) \leqslant f(V_2)$，则 $f$ 是**单调非减的**。$f$ 被称为**多面体函数**，如果它是次模的且是单调非减的，而且 $f(\varnothing) = 0$，其中 $\varnothing$ 表示空集。

具有基数约束的多面体最大化问题的贪心算法有 $(1-1/e)$ 近似性。此外，这种近似性在一般情况下无法改进，因为最大 $k$-覆盖问题（假设 P $\neq$ NP）等价于多面体最大化问题，没有多项式算法能够提供更好的近似保证。

显然，$\rho(\varnothing) = 0$ 并且 $\rho(\cdot)$ 是单调非减的。不幸的是，在独立级联模型下，$\rho(\cdot)$ 既不是次模的也不是超模的。

**定理7.9** 在群组影响力最大化问题中，$\rho(\cdot)$ 在独立级联模型下既不是次模的也不是超模的。

**证明** 我们将通过构造反例来证明此定理。首先，我们将证明 $\rho(\cdot)$ 不是次模的。考虑如图 7.7 所示的群组影响力最大化问题的一个实例。设 $A=\varnothing$，$B=v_3$，则 $v_9 \in V \setminus B$。我们有 $\rho(A)=0$，$\rho(B)=3$。我们有 $\rho(A \cup v_9)=0$，因为 $v_9$ 不能激活任何群组。$\rho(B \cup v_9)=4$，因为所有群组最终都被激活。因此，$\rho(A \cup v_9)-\rho(A)=0$，$\rho(B \cup v_9)-\rho(B)=4-3=1$。因此，$\rho(A \cup v_9)-\rho(A) < \rho(B \cup v_9)-\rho(B)$ 意味着 $\rho(\cdot)$ 不是次模的。

另一方面，$\rho(\cdot)$ 也不是超模的。设 $A=\varnothing$，$B=v_3$，且 $v_7 \in V \setminus B$。我们有 $\rho(A)=0$，$\rho(B)=3$，$\rho(A \cup v_7)=3$，因为 $v_7$ 可以激活 $v_4, v_5, v_6, v_7, v_8, v_9$。$\rho(B \cup v_7)=4$，因为所有节点最终都被激活。因此，$\rho(A \cup v_7)-\rho(A)=3$ 和 $\rho(B \cup v_7)-\rho(B)=4-3=1$。因此，$\rho(A \cup v_7)-\rho(A) > \rho(B \cup v_7)-\rho(B)$ 意味着 $\rho(\cdot)$ 不是超模的。 □

### 上下界分析

下面我们将首先为 $\rho(\cdot)$ 设计一个上界，然后为 $\rho(\cdot)$ 提出一个下界。

我们将定义一个新的集函数 $\bar{\rho}(\cdot)$，使得对于任意种子集 $S \subseteq V$，$\rho(S) \leqslant \bar{\rho}(S)$。构造过程可以分为两个步骤。第一步是通过改变群组激活规则得到一个**放宽的群组影响力最大化**（r-GIM）问题。对于 r-GIM 问题，如果一个群组中至少有一个节点被激活，则该群组被激活。第二步，对于每个群组，我们向图中添加一个超节点，并将该群组中的每个节点与超节点以影响概率 1 相连。图 7.8 展示了一个示例。

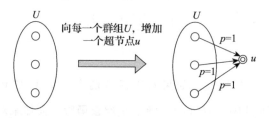

图 7.8 生成超节点：假设 $U$ 是一个群组，则添加超节点 $u$，并以影响概率 1 将 $U$ 中的每个节点连接到 $u$

假设 $W$ 是超节点集，$E'$ 是从 $V$ 中的节点到 $W$ 中节点的边集。一般加权影响力最大化（WIM）问题的定义如下。

**定义 7.1** $V \cup W$ 是节点集，$E \cup E'$ 是边集。$C \subseteq V$ 是候选种子集，所有的 $k$ 个种子节点必须从 $C$ 中选择。对于每个节点 $v$，有一个权重 $f(v)$，且 $f$ 满足

$$f(v)=\begin{cases} 1, & v \in W \\ 0, & v \in V \end{cases} \quad (7.11)$$

对于属于超节点集的所有节点，权重 $f$ 为 1。对于其他节点，$f$ 为 0。假设 $S$ 是初始种子集。设 $\bar{\rho}(S) = \sum_{v\text{是激活的}} f(v)$ 为最终受影响节点的期望权重数。$\bar{\rho}(S)$ 仅计算所有被激活的超节点。$G=(V,C,E,P,f)$ 被称为具有候选种子集 $C \subseteq V$ 的**一般加权影响力最大化问题**。$\bar{\rho}(\cdot)$ 是单调次模的，并且对于任意种子集 $S \subseteq V$, $\rho(S) \leqslant \bar{\rho}(S)$。

**定理 7.10** 给定一个群组影响力最大化问题 $G=(V,E,P)$，$\bar{\rho}(\cdot)$ 是 $\rho(\cdot)$ 的上界。

在本节中，我们将为群组影响力最大化问题构造一个下界。主要思路是删除一些群组，仅保留那些 $\beta$ 百分比的节点可以同时被激活的群组。这意味着在 $G$ 中至少存在一个节点连接到该群组的 $\beta$ 百分比的节点。图 7.9 展示了一个下界生成的示例，激活阈值 $\beta=0.5$。群组 $U$ 将被保留，因为存在 $v_1$ 和 $v_2$ 连接到群组 $U$ 的两个节点。然后为群组 $U$ 生成超节点 $u$ 并添加新的有向边（$v_1,u$）和（$v_2,u$），其影响概率分别为 $p(v_1,u)=p_1 p_2$ 和 $p(v_2,u)=p_3 p_4$。

一般构造过程如下。给定群组影响力最大化问题的一个实例，对于每个群组 $U_i$，假设 $H_i=\{v\in V | v$ 至少连接到 $U_i$ 中 $\beta$ 百分比的节点$\}$，如果 $H_i \neq \varnothing$，生成超节点 $u$ 并添加有向边。假设 $W$ 是超节点集。对于每个 $v \in H_i$，假设 $U'_i$ 包含 $U_i$ 中 $v$ 连接到的所有节点。然后，$p(v,u) = \prod_{v' \in U'_i} p(v,v')$。这样就形成了一个一般加权影响力最大化问题。$V \cup W$ 是节点集，$E \cup E'$ 是边集，其中 $E'$ 包含所有新添加的边，候选种子集 $C \subseteq V$ 表示 $k$ 个种子节点必须从 $C$ 中选择。$f$ 是节点的权重函数，满足

$$f(v) = \begin{cases} 1, v \in W \\ 0, v \in V \end{cases} \tag{7.12}$$

假设 $S$ 是初始种子集。设 $\underline{\rho}(S) = \sum_{v\text{是激活的}} f(v)$ 为最终受影响节点的期望权重数。$\underline{\rho}(S)$ 仅计算所有被激活的超节点。然后，$G=(V,C,E,P,f)$ 是具有候选种子集 $C \subseteq V$ 的一般加权影响力最大化问题。$\underline{\rho}(\cdot)$ 是单调的、次模的，并且对于任意种子集 $S \subset V$, $\underline{\rho}(S) \leqslant \rho(S)$。

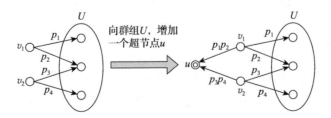

图 7.9 下界生成示意

**定理 7.11** 给定一个群组影响力最大化问题 $G=(V,E,P)$，$\underline{\rho}(\cdot)$ 是 $\rho(\cdot)$ 的下界。

## 7.3 社交网络中群组影响力收益最大化问题

### 7.3.1 问题背景

没有人是孤立的,每个人都必须属于某个群组。了解一个人的感受需要了解他所处的群组。人们的行为往往是群组行为,世界上的许多决策或工作都是由群组和团队完成的。各种各样的群组存在于现实社会和在线社交网络中。有些群组可能很小,比如只有几个成员的家庭,而有些群组可能包含数百名成员,例如一所学校、一个州或国家。随着Facebook(22亿用户)、微信(10亿用户)和Twitter(3.4亿用户)等大型社交网络的爆炸性增长和人口的不断增长,数百上千甚至更多的具有相同兴趣或爱好的人可能会在社交网络平台上组成群组,讨论感兴趣的话题。另一个群组决策的例子是美国总统选举。如果某位总统候选人在某个州获得了最多的选票,他将赢得该州的所有选票。

由于群组在现实社会和在线社交网络中都扮演着重要角色,商品生产者(如公司)或政府尝试激活群组,而不是关注个体。如果群组中的一定数量成员被激活,群组将被激活。商品生产者通常会通过社交网络来传播他们的广告,以影响所有可能的潜在群组。这里我们假设如果群组中 $\beta$ 百分比的成员被激活,则该群组被激活。商品生产者将通过群组行为从所有被激活的群组中获得收入。同时,为了传播影响力,商品生产者需要向社交网络提供者支付传播费用,而这笔费用通常与广告的总点击量相关。我们的目标是选择 $k$ 个种子用户,结合被激活群组的预期收益和影响力传播成本,最大化整体预期收益,称为**群组影响力收益最大化**(GPM)问题。给定一个随机社交网络 $G=(V,E,P)$,其中 $P$ 代表每条有向边 $(u,v)$ 上的影响概率,这意味着当 $u$ 被激活时,它将以概率 $P$ 尝试激活 $v$。如果一个群组中 $\beta$ 百分比的用户被激活,则群组被激活。$\beta$ 被称为激活阈值。对于每个群组 $U$,当 $U$ 被激活时,$b(U) \geqslant 0$ 是收益。而对于 $v \in V$,如果 $v$ 被激活,$c(v) \geqslant 0$ 是传播成本。

### 7.3.2 模型构建

信息扩散模型是建模影响力最大化问题的第一步。在本节中,我们应用独立级联模型。给定一个有向图 $G=(V,E,P)$,一个群组 $U$ 是 $V$ 的子集。$l$ 为群组总数。给定一个激活阈值 $0<\beta \leqslant 1$,如果在独立级联模型下群组中 $\beta$ 百分比的节点被激活,则认为该群组被激活。对于每个群组 $U$,当 $U$ 被激活时,$b(U) \geqslant 0$ 是收益。而对于 $v \in V$,如果 $v$ 被激活,$c(v) \geqslant 0$ 是传播成本。

接下来，我们介绍随机图实现的概念，以帮助理解独立级联模型。给定一个随机有向图 $G=(V,E,P)$，$G$ 的一个实现 $g$ 是一个图，其中 $V(g)=V(G)$ 且 $E(g)$ 是 $E(G)$ 的一个子集。$E(g)$ 中的每条边的影响概率为 1，并且是随机构建的。构建过程如下：(1) 对于 $E(G)$ 中的每条边 $e$，生成一个从 0 到 1 的随机数 $r$；(2) 当且仅当 $r \leqslant P_e$ 时，这条边 $e$ 出现在 $g$ 中。然后，$g$ 是一个确定性有向图。设 $\mathcal{G}$ 为 $G$ 的所有可能实现的集合。显然，$\mathcal{G}$ 中有 $2^{|E(G)|}$ 个 $G$ 的实现。设 $P[g]$ 为生成 $g$ 的概率。那么，

$$P[g] = \prod_{e \in E(g)} P_e \prod_{e \in E(G) \setminus E(g)} (1 - P_e) \tag{7.13}$$

设 $U_g(S)$ 和 $V_g(S)$ 分别为由初始种子集 $S$ 激活的群组集和节点集。那么，被激活群组的预期收益为

$$\beta(S) = \sum_{g \in \mathcal{G}} P[g] \sum_{U \in U_g(S)} b(U) \tag{7.14}$$

被激活节点的预期成本为

$$\gamma(S) = \sum_{g \in \mathcal{G}} P[g] \sum_{v \in V_g(S)} c(v) \tag{7.15}$$

我们自然地将收益定义为 $\rho(S) = \beta(S) - \gamma(S)$。群组影响力收益最大化问题也就是选择 $k$ 个初始影响种子用户，以最大化预期收益 $\rho(S)$。

### 7.3.3 理论分析

在本节中，我们首先介绍群组影响力收益最大化的难度，然后讨论目标函数 $\rho(\cdot)$ 的性质。

已知任何 NP 难问题的推广也是 NP 难的。影响力最大化（IM）问题已被证明是 NP 难的，这是群组影响力收益最大化的特殊情况，当每个节点被视为一个群组时，$\beta=1$，每个群组的收益为 1，每个节点的成本为 0。因此，群组影响力收益最大化显然是 NP 难的。

**定理 7.12** 群组影响力收益最大化问题是 NP 难的。

给定一个群组影响力收益最大化问题，即使对于给定的种子集 $S$，计算目标 $\rho(S)$ 也是困难的，因为激活过程不是确定的，而是根据影响概率随机化的。对于这样的问题，蒙特卡罗方法被广泛用于通过生成大量 $G$ 的样本图并计算每个样本图上的 $\rho(S)$ 来估计 $\rho(S)$。最后，输出平均值。我们将在下一节讨论应该生成多少图。由于在独立级联模型下影响力最大化问题是 #P 难的，于是有以下结果。

**定理 7.13** 给定一个种子节点集 $S$，在独立级联模型下计算 $\rho(S)$ 是 #P 难的。

**定理 7.14** $\rho(S) = \beta(S) - \gamma(S)$，则 $\gamma(\cdot)$ 是单调递增次模的，并且 $\gamma(\varnothing) = 0$，因此 $\gamma$ 是一个多面体函数。

虽然 $\beta(\varnothing)=0$ 并且 $\beta(\cdot)$ 是单调递增的，但不幸的是，$\beta(\cdot)$ 在独立级联模型下既不是次模的也不是超模的。

**定理 7.15** 即使对于任何 $U\in\mathcal{U}$，$b(U)=1$，$\beta(\cdot)$ 在独立级联模型下既不是次模的也不是超模的。

对于非次模函数优化问题，没有通用的方法。Lu 等提出了一种三明治算法，通过寻找其下界和上界来逼近目标函数。在本节中，我们将给出 $\rho(\cdot)$ 的一个下界和一个上界。然后，我们将分析下界和上界的性质。

我们定义一个新的集函数 $\bar{\beta}(\cdot)$，使得对于任何种子集 $S\subseteq V$，$\beta(S)\leqslant\bar{\beta}(S)$。构造过程可以分为两步。给定一个群组影响力收益最大化问题 $G=(V,E,P)$，第一步，通过改变群组激活规则，得到一个放宽的群组影响力收益最大化（r-GPM）问题。对于 r-GPM 问题，如果某个群组中至少有一个节点被激活，则该群组被激活。第二步，对于每个群组，我们向图中添加一个超节点，并将该群组中的每个节点与超节点以影响概率 1 相连。设 $W$ 为超节点集，$E'$ 为从 $V$ 中的节点到 $W$ 中节点的边集。然后，定义一个一般加权影响力最大化（WIM）问题。$V\cup W$ 是节点集，$E\cup E'$ 是边集，候选种子集 $C\subseteq V$ 表示 $k$ 个种子节点必须从 $C$ 中选择。$f$ 是节点的权重函数，

$$f(v)=\begin{cases}b(v), & v\in W \\ 0, & v\in V\end{cases} \tag{7.16}$$

假设 $S$ 是种子集。设 $\bar{\beta}(S)=\sum_{v\text{是激活的}}f(v)$ 为最终受影响节点的期望权重数。然后，$G=(V,C,E,P,f)$ 被称为具有候选种子集 $C\subseteq V$ 的一般加权影响力最大化问题。$\bar{\beta}(\cdot)$ 是单调次模的，并且对于任何种子集 $S\subseteq V$，$\beta(S)\leqslant\bar{\beta}(S)$。

**定理 7.16** 给定一个群组影响力收益最大化问题 $G=(V,E,P)$，$\bar{\beta}(\cdot)$ 是 $\beta(\cdot)$ 的上界。

显然，设 $\bar{\rho}(\cdot)=\bar{\beta}(\cdot)-\gamma(\cdot)$，那么我们有以下结果。

**定理 7.17** 给定一个群组影响力收益最大化问题，$G=(V,E,P)$，$\bar{\rho}(\cdot)$ 是 $\rho(\cdot)$ 的上界，并且 $\bar{\rho}(\cdot)$ 是两个次模函数的差。

接下来，我们将为群组影响力收益最大化问题构造一个下界。主要思路是删除一些群组，仅保留那些 $\beta$ 百分比的节点可以同时被激活的群组。这意味着在 $G$ 中至少存在一个节点连接到该群组的 $\beta$ 百分比的节点。一般构造过程如下。给定的群组影响力收益最大化问题 $G=(V,E,P)$，对于每个群组 $U_i$，假设 $H_i=\{v\in V|v$ 至少连接到 $U_i$ 的 $100\beta\%$ 个节点 $\}$，如果 $H_i\neq\varnothing$，生成超节点 $u_i$ 并添加有向边 $\{(v,u_i)|v\in H_i\}$。假设 $W$ 是超节点集。对于每个 $v\in H_i$，假设 $U_i'$ 包含 $U_i$ 中 $v$ 连接到的所有节点。那么，$p(v,u_i)=\prod_{v'\in U_i'}p(v,v')$,

$b(u_i)=b_i$，其他节点的收益为 0。最后形成一个一般加权影响力最大化（WIM）问题。$V\cup W$ 是节点集，$E\cup E'$ 是边集，其中 $E'$ 包含所有新添加的边，候选种子集 $C\subseteq V$ 表示 $k$ 个种子节点必须从 $C$ 中选择。$f$ 是节点的权重函数，满足

$$f(v)=\begin{cases} b(v), & v\in W \\ 0, & v\in V \end{cases} \tag{7.17}$$

假设 $S$ 是种子集。设 $\beta(S)=\sum_{v\text{是激活的}}f(v)$ 为最终受影响节点的期望权重数。然后，$G=(V,C,E,P,f)$ 是具有候选种子集 $C\subseteq V$ 的一般加权影响力最大化问题。$\underline{\beta}(S)$ 是单调次模的，并且对于任何种子集 $S\subseteq V$，$\beta(S)\geqslant\underline{\beta}(S)$。

**定理 7.18** 给定一个群组影响力收益最大化问题 $G=(V,E,P)$，$\underline{\beta}(\cdot)$ 是 $\beta(\cdot)$ 的下界。

显然，设 $\rho(\cdot)=\beta(\cdot)-\gamma(\cdot)$，那么我们有以下结果。

**定理 7.19** 给定一个群组影响力收益最大化问题 $G=(V,E,P)$，$\underline{\rho}(\cdot)$ 是 $\rho(\cdot)$ 的下界，并且 $\underline{\rho}(\cdot)$ 是两个次模函数的差。

## 7.4 社交网络中谣言源不确定情形下的鲁棒控制问题

### 7.4.1 问题背景

在社交网络中传播负面信息，可能引发恐慌或动荡。我们想通过社交网络中几个保护节点的积极信息来阻断谣言。如果用户在收到负面信息之前收到正面信息，则不会受到影响。在许多情况下，网络管理者或监管部门可能不知道谣言源的确切位置，但是需要选择保护节点，为谣言阻断做准备。

随着 Twitter、Facebook、微信和新浪微博等在线社交网络的迅速发展，越来越多的人成为好友并分享各种信息。这些信息包括正面信息和负面信息。有时候负面信息可能会演变成谣言。例如，2011 年日本福岛第一核电站遭受地震破坏，一些消费者开始堆存食盐，有传言称，辐射会通过空气和海洋传播到中国，而加碘食盐可以保护身体免受辐射。食盐一时断货，一些地方盐价超过平时价格的 10 倍。这样的负面信息引起了大规模的恐慌。毫无疑问，谣言一旦被发现，就应该尽快封堵，从而将其负面影响降到最低。

前面研究了影响力最大化问题。影响力最大化在很多领域都有应用，例如病毒式营销。相比之下，负面影响最小化问题试图设计有效的策略来阻断谣言并最小化负面影响。第一种策略是在社交网络中阻断有限数量的连接，以最小化谣言的传播。第二种策略是封锁社交网络中的节点。无论是阻断连接还是封锁节点策略，都没有考虑到现实社交网络中

的用户体验问题。第三种策略是从社交网络中的一组节点发起针对谣言的正面信息。如果用户提前接收到正面信息，就会对谣言免疫。

然而，这些策略都是基于谣言已经被检测出来，而政府有时需要在谣言出现之前做好准备。下面我们考虑不确定性情况，社交网络中有 $l$ 个节点是谣言源头，但是我们并不知道这些潜在谣言节点的确切位置。监管部门或网络管理者在谣言出现前需要选择节点传播正面信息，称这些节点为"保护者"。做"保护者"总是需要付出代价，在一定的预算下，需要对 $k$ 个初始保护者进行选择，使得谣言影响最小化。然后，应对谣言源的不确定性，做出保护者选择策略的鲁棒决策。

## 7.4.2 模型构建

由于保护者和谣言传播者在社交网络中传播相反的信息，因此先到达的级联将主导节点，一旦激活将永远不会改变其状态。如果一个节点被两个或多个具有不同级联的邻居节点在同一时间步成功激活，我们假设保护者具有更高的优先级。令 $S$ 和 $R$ 分别表示保护者种子集和谣言源集。信息扩散过程如下：

（1）在 $t=0$ 时刻，$S$ 和 $R$ 中的节点分别被保护者和谣言激活。

（2）在 $t>0$ 时刻，每一个在 $t-1$ 时刻被激活的节点 $u$ 都会以概率 $p(u,v)$ 尝试激活它的每一个未激活的邻居 $v$。如果 $v$ 同时被谣言和保护者成功激活，那么 $v$ 将被保护者激活。这意味着 $v$ 将受到保护。最后，当没有节点可以被进一步激活时，扩散过程终止。

图 7.10 中有 9 个节点，每条边的影响概率为 1。初始时刻，$v_4$ 被选为保护者，$v_3$ 为谣言源。在第一个时间步图 a 中，$v_1$ 和 $v_2$ 会被谣言源 $v_3$ 激活，而 $v_6$ 和 $v_7$ 会被保护者 $v_4$ 激活。在这个激活过程中，由于 $v_4$ 已经被保护了，即使存在一条从 $v_3$ 到 $v_4$ 的边，$v_4$ 不能被 $v_3$ 激活。在第二个时间步图 b 中，节点 $v_6$ 激活 $v_5$ 和 $v_8$，节点 $v_7$ 激活 $v_9$。在图 c 中，$v_5$ 不能被谣言激活节点 $v_1$ 激活。最终，谣言节点数为 3。

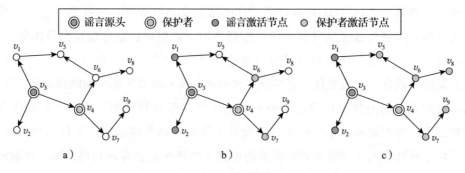

图 7.10 谣言传播过程

给定一个有向图 $G=(V,E,P)$，其中 $V$ 是节点集（即在线社交网络中的用户），$E$ 是有向边集，$P$ 是边集 $E$ 上的权函数，对于每条边 $e=(u,v)$，$P_e$ 为 $u$ 被激活后 $v$ 被激活的概率。原始谣言传播者的数量 $l$，假设 $R\subseteq V$ 为谣言种子集，且 $|R|\leqslant l$。设 $\sigma_r(S,R)$ 表示当 $S$ 为保护者种子集时，被谣言源集 $R$ 激活的期望节点数量。由于 $R$ 在选择保护节点集之前是不完全已知的，那么我们应该考虑最坏情况下种子集 $S$ 的选择。设 $f(S)$ 为所有可能的子集 $R\subseteq V$ 所激活的最大期望节点数，$f(S)=\max\limits_{R\subseteq V}\sigma_r(S,R)$。给定预算 $k$，**鲁棒谣言阻断**（RRB）问题需要选择 $k$ 个初始保护种子的集合 $S$，使得 $f(S)$ 最小。

众所周知，NP 难问题的任何扩展也是 NP 难的。影响力最大化问题已经被证明是 NP 难的。考虑鲁棒谣言阻断问题的一个特例，当 $S=\varnothing$ 时，鲁棒谣言阻断问题需要选择谣言散布者的种子，以便最大化预期的最终影响节点。因此，鲁棒谣言阻断问题明显是 NP 难的。进一步，我们可以得到给定保护者种子集 $S$ 和谣言源集 $R$，在独立级联模型下，计算 $\sigma_r(S,R)$ 是 $\sharp$P 难的。

对于给定的 $S$，设 $h(R)=\sigma_r(S,R)$ 是 $R$ 的函数，我们将证明 $h(R)$ 是关于 $R$ 的多拟阵函数。进一步，我们将讨论 $f(S)$ 的模性。

**定义 7.2（活动图）** 令 $X$ 是图 $G(V,E)$ 的一个子图，$X$ 的节点集与 $G$ 相同，而边集是 $E$ 的一个子集。为便于区分，用 $E(G)$ 和 $E(X)$ 分别表示图 $G$ 中的边和图 $X$ 中的边。子图 $X$ 发生的概率就是在 $X$ 中的边都被选中，而不在 $X$ 中的边都没被选中的概率，即

$$\Pr(X)\prod_{(u,v)\in E(X)}p(u,v)\cdot\prod_{(u,v)\in E(G)\setminus E(L)}(1-p(u,v))$$

我们称 $X$ 为一个（随机）**活动图**（live-edge graph），$X$ 中的每一条边为**活跃边**（live edge），不在 $X$ 中的边被称为**阻断边**（blocked edge）。

**定理 7.20** 对于给定的 $S$，$h(R)=\sigma_r(S,R)$ 是独立级联模型下的多面体拟阵函数。

**证明** 根据多面体拟阵函数的定义，我们需要证明 $h(R)$ 是单调非减次模的且 $h(\varnothing)=0$。

当 $R=\varnothing$ 时，由于不存在谣言源，有 $h(\varnothing)=0$。

对于 $A\subseteq B\subseteq V$，我们将证明 $h(A)\leqslant h(B)$，根据随机活边图的定义，我们有

$$\begin{aligned}h(A)&=\sum_{g\in\mathcal{G}}P[g]\sigma_r^g(S,A)=\sum_{g\in\mathcal{G}}P[g]|U_g(S,A)|\\ h(B)&=\sum_{g\in\mathcal{G}}P[g]\sigma_r^g(S,B)=\sum_{g\in\mathcal{G}}P[g]|U_g(S,B)|\end{aligned} \quad (7.18)$$

因此，我们只需要证明对于任何活边图 $g$，满足 $|U_g(S,A)|\leqslant|U_g(S,B)|$。设 $d(v,Q)$ 表示在活边图 $g$ 中从节点 $v$ 到节点集 $Q$ 的最短路径长度。对于任何节点 $v\in U_g(S,A)$，根据谣言传播模型，$d(v,S)>d(v,A)$。由于 $A\subset B$，所以 $d(v,A)>d(v,B)$。由此我们可以得

到 $d(v,S) > d(v,A) > d(v,B)$，这表示 $v \in U_g(S,B)$。因此 $|U_g(S,A)| \leqslant |U_g(S,B)|$ 已被证明。

最后我们将证明 $h(R)$ 是次模的。对于任意集合 $A \subseteq B \subseteq V$，$v \in V \setminus B$，我们需要证明 $|U_g(S,A \cup \{v\})| - |U_g(S,A)| \geqslant |U_g(S,B \cup \{v\})| - |U_g(S,B)|$。由于，

$$|U_g(S,A \cup \{v\})| - |U_g(S,A)| = |U_g(S,v) \setminus (U_g(S,v) \cap U_g(S,A))|$$
$$|U_g(S,B \cup \{v\})| - |U_g(S,B)| = |U_g(S,v) \setminus (U_g(S,v) \cap U_g(S,B))|$$
(7.19)

我们只需要证明 $U_g(S,v) \cap U_g(S,A) \subseteq U_g(S,v) \cap U_g(S,B)$。结合 $U_g(S,A) \subseteq U_g(S,B)$，这是完全正确的。

下面我们讨论鲁棒谣言阻断问题中 $f(S)$ 的模性。由于 $f(\varnothing) = 0$，$f(S)$ 不是多面体函数。我们不能分析函数 $f(S)$，我们定义一个新函数

$$y(S) = f(\varnothing) - f(S)$$

那么，最小化 $f(S)$ 的鲁棒谣言阻断问题等价于最大化 $y(S)$。而 $y(S)$ 具有如下性质。

**定理 7.21** 在独立级联模型下，$y(S)$ 是单调非减函数，且 $y(\varnothing) = 0$。

**证明** 首先，当 $S = \varnothing$ 时，$y(\varnothing) = f(\varnothing) - f(\varnothing) = 0$。其次，对于 $A \subseteq B \subseteq V$，我们将证明 $y(A) \leqslant y(B)$。根据 $y(S)$ 的定义，我们需要证明 $f(B) \leqslant f(A)$。因为 $A \subseteq B$，所以 $f(B) = \max_{R \in V} \sigma_r(B,R) \leqslant \max_{R \in V} \sigma_r(A,R) = f(A)$。 □

**定理 7.22** 在独立级联模型下，$y(S)$ 既不是次模的，也不是超模的。

**证明** 我们通过一个反例来证明。考虑一个鲁棒谣言阻断问题，图 7.11 中有 9 个节点，每条边的影响概率为 1。假设 $l = 1$，这意味着只有 1 个潜在的谣言源。当 $S = \varnothing$ 时，可以发现 $f(\varnothing) = \max_{R \in V, |R|=1} \sigma_r(\varnothing, R) = \sigma_r(\varnothing, v_1) = |\{v_1, v_2, \cdots, v_8\}| = 8$。

$y(S)$ 不是次模函数。设 $A = \{v_1\}$，$B = \{v_1, v_9\}$，则

$$y(A) = y(\{v_1\}) = f(\varnothing) - f(\{v_1\}) = 8 - \max_{R \in V, |R|=1} \sigma_r(\{v_1\}, R)$$
$$= 8 - \sigma_r(\{v_1\}, v_9) = 8 - |\{v_6, v_7, v_8, v_9\}| = 4,$$
$$y(B) = f(\varnothing) - f(B) = f(\varnothing) - f(\{v_9, v_1\}) = 8 - \max_{R \in V, |R|=1} \sigma_r(\{v_9, v_1\}, R)$$
$$= 8 - \sigma_r(\{v_9, v_1\}, v_2) = 8 - |\{v_2, v_3\}| = 6$$

接下来，考虑将 $v_2$ 加入集合 $A$ 和 $B$ 中，我们可以得到

$$y(A \cup \{v_2\}) = y(\{v_1, v_2\}) = f(\varnothing) - f(\{v_1, v_2\})$$
$$= 8 - \max_{R \in V, |R|=1} \sigma_r(\{v_1, v_2\}, R) = 8 - \sigma_r(\{v_1, v_2\}, v_9) = 8 - 4 = 4$$
$$y(B \cup \{v_2\}) = y(\{v_1, v_9, v_2\}) = f(\varnothing) - f(\{v_1, v_9, v_2\})$$

$$= 8 - \max_{R \in V, |R|=1} \sigma_r(\{v_1, v_9, v_2\}, R) = 8 - \sigma_r(\{v_1, v_9, v_2\}, v_3) = 8 - 1 = 7$$

因此

$$y(A \bigcup \{v_2\}) - y(A) = 4 - 4 = 0$$

$$y(B \bigcup \{v_2\}) - y(B) = 7 - 6 = 1$$

由此可以得到，$y(A \bigcup \{v_2\}) - y(A) \leqslant y(B \bigcup \{v_2\}) - y(B)$。

$y(S)$ 也不是超模函数。设 $A = \{\varnothing\}$，$B = \{v_9\}$，则

$$y(A) = f(\varnothing) - f(A) = 0$$

$$y(B) = f(\varnothing) - f(B) = 3$$

$$y(A \bigcup \{v_1\}) = y(\{v_1\}) = 4$$

$$y(B \bigcup \{v_1\}) = y(\{v_1, v_9\}) = 6$$

因此，

$$y(A \bigcup \{v_1\}) - y(A) = 4 > y(B \bigcup \{v_1\}) - y(B)$$

这意味着 $y(S)$ 不是超模函数。 □

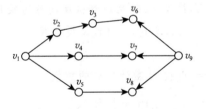

图 7.11 模性证明反例

### 7.4.3 理论分析

下面设计一种基于反向影响集（RIS）抽样方法的随机贪心算法，用来估计 $\sigma_r(S, R)$ 的值，并求解鲁棒谣言阻断问题。

给定一个图 $G = (V, E, P)$，反向影响集通过生成随机反向可达（RR）集的集合 $\mathcal{R}$ 来捕获 $G$ 的影响范围。每个反向可达集 $R_j$ 都是 $V$ 的子集。图 7.11 中有 3 个反向可达集，其中，$R_1 = \{u, v, w, t, s\}$，$d = \{0, 1, 1, 2, 3\}$，$v$ 可以通过一个跃点到达 $u$，而 $s$ 可以通过三个跃点到达 $u$。

对于给定的谣言源集 $R$ 和保护者种子集 $S$，如果满足以下两个约束条件，则 $R$ 将覆盖一个反向可达集 $R_j$：（1）$R_j \bigcap R \neq \varnothing$；（2）$R_j \bigcap S \neq \varnothing$ 或者 $\min\{d(u) | u \in R_j \bigcap R\} < \min\{d(u) | u \in R_j \bigcap S \neq \varnothing\}$。假设 $v \in R_j$ 是反向可达集构造过程中选择的随机节点，则约束条件（1）表示 $v$ 可以被 $R$ 激活，而约束条件（2）表示 $v$ 不能被 $S$ 激活，或者从 $v$ 到 $R$ 的最短距离严

格小于 $v$ 到 $S$。如果 $R$ 覆盖一个反向可达集 $R_j$，那么 $C(R_j,R)=1$，否则，$C(R_j,R)=0$。

对于给定的反向可达集的集合 $\mathcal{R}$，$\mathrm{Cov}_{\mathcal{R}}(R)=\sum_{R_j\in\mathcal{R}}C(R_j,R)$ 表示谣言源集 $R$ 的覆盖数。$\sigma_r(S,R)$ 可以通过计算谣言源集 $R$ 的覆盖率来估计。图 7.12 展示了生成随机反向可达集的示例。假设 $S=\{s\}$ 和 $R=\{t\}$，根据定义，$R_1$ 和 $R_3$ 被 $R$ 覆盖，而 $R_2$ 不能被覆盖，$\mathrm{Cov}_{\mathcal{R}}(R)=2$。设 $\mathrm{Pr}[R\text{ 覆盖 }R_j]$ 是种子集 $R$ 覆盖反向可达集 $R_j$ 的概率。

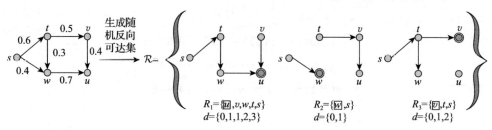

a）原始随机图 　　　　　　　b）包含三个反向可达集

图 7.12　在独立级联模型下生成随机反向可达集 $R_1,R_2,R_3$

**引理 7.1**　给定 $G=(V,E,P)$，从 $G$ 生成随机反向可达集 $R_j$。对于每对集合 $S,R\subseteq V$，
$$\sigma_r(S,R)=n\mathrm{Pr}[R\text{ 覆盖 }R_j]$$

**证明**
$$\begin{aligned}\sigma_r(S,R)&=E[\text{被 }R\text{ 激活的 }v\text{ 的数量}]\\&=\sum_{v\in V}\mathrm{Pr}[v\text{ 被 }R\text{ 激活}]\\&=\sum_{v\in V}\mathrm{Pr}[R\text{ 覆盖 }R_j]=n\mathrm{Pr}[R\text{ 覆盖 }R_j]\end{aligned}\quad(7.20)$$

算法 7.1 是谣言影响力估计算法，它的输出 $\hat{\sigma}_r(S,R)$ 是 $\sigma_r(S,R)$ 的估计，估计误差为 $\epsilon$。在算法 7.1 中，我们需要生成满足停止条件的 $N$ 个反向可达集，使得 $\sum_{i=1}^{N}\frac{\sigma_r^2(S,R)}{n}\geqslant 1+4(1+\epsilon)(e-2)\ln(2/\delta)/\epsilon^2$，其中，$\sigma_r(S,R)$ 为当谣言源集为 $R$、保护节点集为 $S$ 时，被激活的节点数量，$\hat{\sigma}_r(S,R)$ 为 $\sigma_r(S,R)$ 的估计值，$\epsilon$ 为估计的误差值，$\delta$ 为参数。

**算法 7.1　谣言影响力估计**

输入：$G=(V,E,P),0\leqslant\epsilon,\delta\leqslant 1$，保护者种子集 $S$ 及谣言源集 $R$

输出：$\hat{\sigma}_r(S,R)$

1：$\gamma=1+4(1+\epsilon)(e-2)\ln(2/\delta)/\epsilon^2$

2：$\mathcal{R}\leftarrow$ 生成 $\gamma$ 个随机反向可达集

3：$\hat{\sigma}_r(S,R)\leftarrow\mathrm{Cov}_{\mathcal{R}}(R)\cdot n/|\mathcal{R}|$

4：**return** $\hat{\sigma}_r(S,R)$

**目标函数 $f(S)$ 的估计**

下文介绍给定保护者种子集 $S$ 下选择最优谣言源集 $R$ 的算法,使得 $\sigma_r(S,R)$ 最大化。基于反向影响集抽样和最大集覆盖率问题,算法 7.2 中所示的最大覆盖程序给出了 $(1-1/e)$ 近似的种子集。

---

**算法 7.2　最大覆盖程序**

输入:反向可达集 $\mathcal{R}$,保护者种子集 $S$ 及谣言源节点数量 $l$

输出:近似解 $\hat{R}$ 及其影响力估计值 $\hat{\sigma}_r(S,\hat{R})$

1: $\hat{R}=\varnothing$

2: **for** $i=1$ to $l$ **do**

3: $\quad \hat{v} \leftarrow \underset{v \in V}{\mathrm{argmax}}\ (\mathrm{Cov}_{\mathcal{R}}(\hat{R} \cup \{v\}) - \mathrm{Cov}_{\mathcal{R}}(\hat{R}))$

4: $\quad \hat{R} \leftarrow \{\hat{v}\} \cup \hat{R}$

5: **end for**

6: **return** $\hat{R}$, $\mathrm{Cov}_{\mathcal{R}}(\hat{R}) \cdot n/|\mathcal{R}|$

---

**引理 7.2**　贪心最大覆盖算法返回一个 $(1-1/e)$ 近似种子集。

下面介绍基于动态停靠和凝视算法(D-SSA)的 $f(S)$ 估计过程(EP),如算法 7.3 所示。这种方法得到 $f(S)$ 的 $(1-1/e-\epsilon)$ 近似,概率至少为 $1-\delta$。假设 $R^*$ 是 $f(S)$ 的最优解,则 $\hat{f}(S)=\hat{\sigma}_r(S,\hat{R}) \geqslant (1-1/e-\epsilon)\sigma_r(S,R^*)$ 的概率至少为 $1-\delta$。

---

**算法 7.3　$f(S)$ 的估计过程(EP)**

输入:$G=(V,E,P)$,$n=|V|$,$0 \leqslant \epsilon$,$\delta \leqslant 1$,保护者种子集 $S$ 及谣言源节点数量 $l$

输出:近似解 $\hat{R}$ 和 $\hat{f}(S)$

1: $\Gamma \leftarrow 4(e-2)(1+\epsilon)^2 \ln(2/\delta)(1/\epsilon^2)$

2: $\mathcal{R} \leftarrow$ 通过反向影响集抽样方法生成 $\Gamma$ 个随机反向可达集

3: $<\hat{R},\hat{\sigma}_r(S,\hat{R})> \leftarrow \mathrm{MC}(\mathcal{R},l)$

4: **return** $\hat{R}$, $\hat{f}(S)=\hat{\sigma}_r(S,\hat{R})$

---

**鲁棒谣言阻断问题的贪心策略**

下面介绍一种求解鲁棒谣言阻断问题的贪心策略。该策略结合了子模化比率和曲率,给出贪心策略的近似保证。由于鲁棒谣言阻断问题等价于最大化 $y(S)$,其中 $y(S)=f(\varnothing)-f(S)$,贪心策略(GS)选择了每个步骤的最大化边际收益的节点,如算法 7.4 所示。

**算法 7.4　贪心策略（GS）**

输入：$G=(V,E,P)$，$n=|V|$，$0\leqslant \epsilon, \delta \leqslant 1$，谣言源节点数量 $l$，保护者种子数量 $k$
输出：保护者种子集 $S_k$
1：$S_k = \varnothing$
2：**for** $i=1$ **to** $k$ **do**
3：　　$\hat{v} \leftarrow \underset{v \in V}{\arg\max}(f(S_k) - f(S_k \cup \{v\}))$
4：　　$S_k \leftarrow \{\hat{v}\} \cup S_k$
5：**end for**
6：**return** $S_k$

设 $S^*$ 是鲁棒谣言阻断的最优解，$S_k$ 是算法 7.4 的输出，那么我们就有不等式

$$y(S_k) \geqslant \frac{1}{\alpha}(1-\mathrm{e}^{-\alpha\gamma})y(S^*)$$

而且，

$$f(S_k) \leqslant \frac{1}{\alpha}(1-\mathrm{e}^{-\alpha\gamma})f(S^*) + \left(1-\frac{1}{\alpha}(1-\mathrm{e}^{-\alpha\gamma})\right)f(\varnothing) \tag{7.21}$$

根据反向影响集抽样过程，对于给定的 $\epsilon,\delta$，$f(S_k)$ 的估计值 $\hat{f}(S_k)$ 以 $(1-\delta)$ 的概率满足 $|\hat{f}(S_k) - f(S_k)| \leqslant \epsilon f(S_k)$。而且算法 7.4 的解使下式成立：

$$\hat{f}(S_k) \leqslant \frac{1}{\alpha}(1-\mathrm{e}^{-\alpha\gamma})(1+\epsilon)f(S^*) + \left(1-\frac{1}{\alpha}(1-\mathrm{e}^{-\alpha\gamma})\right)(1+\epsilon)f(\varnothing) \tag{7.22}$$

## 7.5　社交网络中谣言源不确定情形下的随机优化控制问题

### 7.5.1　问题背景

近年来，智能手机在人们的日常生活中扮演着重要的角色，人们通过使用移动智能手机可以更方便地通过各种在线社交网络获取信息或联络彼此。

目前已有大量针对影响力最大化问题的研究。影响力最大化问题的目标是选择 $k$ 个初始受影响的种子用户，最大化最终受影响的期望用户数。影响力最大化在许多领域都有应用，例如病毒式营销。

负面影响最小化问题试图设计有效的策略来阻止谣言并最小化负面影响。第一种策略是阻断社交网络中有限数量的连接，以最大限度地减少谣言的传播。第二种策略是屏蔽社交网络中的节点。无论是阻断连接还是屏蔽节点策略都没有考虑到真实的社交网络中的用户体验问题。第三种策略是从社交网络中的一组节点发起针对谣言的正面信息。如果用户

在谣言之前收到正面信息,他们会对谣言免疫。

前面的传播模型是建立在先发现谣言的基础上的,但是政府有时需要在谣言出现之前做好准备。因此,我们下面考虑谣言未知的社交网络,用户是谣言源的概率可以通过该用户在互联网中的活动来分析得到。例如,一个人如果总是散布谣言,或者总在自己的 Twitter 或微博上发布信息不准确的文章,那么他很有可能会成为谣言源。监管部门或网络管理者需要在谣言出现之前,根据每个节点成为谣言源的概率,选择节点来传播正面信息,这些节点称为"保护者"。但选择"保护者"总是需要成本的。因此要在预算内,选择 $k$ 个初始保护者,使谣言影响最小化。针对谣言源的不确定性,将提出"保护者"选择策略的鲁棒决策。不确定性模型在应急资源的提前配置、恐怖袭击的预判等方面也都有着广泛应用。

### 7.5.2 模型构建

**谣言传播模型**

由于保护者和谣言在社交网络中传播相反的信息,首先到达的级联将控制节点,并且节点一旦被激活就永远不会改变其状态。如果一个节点在同一时间被两个或多个具有不同级联的邻居激活,我们假设保护者具有更高的优先级。令 $S$ 和 $R$ 分别表示保护者种子集和谣言源集。信息传播过程如下。当 $t=0$ 时,$S$ 和 $R$ 中的节点分别被保护者和谣言激活。当 $t>0$ 时,在 $t-1$ 时刻被激活的每个节点 $u$ 将尝试以概率 $p_{(u,v)}$ 激活其每个不活跃的邻居 $v$。如果谣言和保护者同时尝试激活 $v$,则 $v$ 将被保护者激活。这意味着 $v$ 受到了保护而不受谣言影响。最后,当没有节点可以被进一步激活时,传播过程终止。

**随机谣言阻断问题**

首先介绍谣言源集和随机图的构造过程,这有助于理解谣言传播模型。

设 $G=(V,E,P,Q)$ 是一个具有节点集 $V$ 和有向边集 $E$ 的社交网络,$|V|=n$,$|E|=m$。假设每个节点 $v\in V$ 与权重 $0\leqslant Q_v\leqslant 1$ 相关联,$Q_v$ 是 $v$ 为谣言源的概率。对于每个有向边 $e$,$P_e$ 为影响概率。

谣言源集 $R$ 是 $V$ 的一个子集。$R$ 的构造过程如下:(1) 对于每个节点 $v\in V$,从 0 到 1 均匀生成一个随机数 $r$;(2) 当 $r\leqslant Q_v$ 时,将 $v$ 添加到 $R$ 中。这样,谣言源集 $R$ 就确定了。设 $\mathcal{R}$ 是所有可能的谣言源集 $R$ 的集合。显然,$\mathcal{R}$ 有 $2^{|V|}=2^n$ 个子集。设 $P[R]$ 是生成 $R$ 的概率,则

$$P[R]=\prod_{v\in R}Q_v\prod_{v\in V\setminus R}(1-Q_v)$$

$g$ 是 $G$ 的子图,$V(g)=V(G)$,$E(g)=E(G)$。$E(g)$ 中每条边是随机生成的,且影响概率

为 1。$g$ 的构造过程如下：(1) 对每一条边 $e \in E(G)$，从 0 到 1 均匀生成一个随机数 $r$；(2) 当 $r \leq P_e$ 时，有向边 $e$ 出现在 $g$ 中。因此，$g$ 是一个确定的有向图。设 $\mathcal{C}$ 是所有可能的子图 $g$ 的集合。显然，$\mathcal{C}$ 有 $2^{|E(G)|}$ 个可能的子图。设 $P[g]$ 是生成 $g$ 的概率，则

$$P[g] = \prod_{e \in E(g)} P_e \prod_{e \in E(G) \setminus E(g)} (1 - P_e) \tag{7.23}$$

设 $\sigma_r^g(S, R)$ 为 $g$ 中谣言源集 $R$ 在"保护者"种子集 $S$ 下激活的节点数。根据谣言传播模型，对于给定的 $S$ 和 $R$，$g$ 中的每个节点可以通过最短路径算法确定它是否被 $R$ 激活。设 $U_g(S, R)$ 为包含所有被谣言激活节点的集合，其中 $U_g(S, R) \subset V$，$R \subset V$，则

$$\sigma_r^g(S, R) = |U_g(S, R)| \tag{7.24}$$

若 $\sigma_r(S, R)$ 为当 $S$ 为保护者集时，谣言源集 $R$ 所激活的期望节点数，则 $\sigma_r(S, R)$ 可以表示为

$$\sigma_r(S, R) = E[\sigma_r^g(S, R)] = \sum_{g \in \mathcal{C}} P[g] \sigma_r^g(S, R) \tag{7.25}$$

虽然 $R$ 是未知的，但我们仍应该考虑给定 $S$ 的期望值。设 $f(S)$ 是所有可能的子集 $R \in V$ 所激活的期望节点数量，生成 $R$ 的概率分布为 $Q$，则 $f(S) = E[\sigma_r(S, R)]$ 可以表示为

$$f(S) = E[\sigma_r(S, R)] = \sum_{R \in \mathcal{R}} P[R] \sigma_r(S, R) \tag{7.26}$$

给定预算 $k$，**随机谣言阻断问题**如下。

**随机谣言阻断问题（SRB）**：选择 $k$ 个初始"保护者"，它们的集合记为 $S$，使得 $f(S)$ 最小化。

**选择"保护者"的策略**

我们将介绍两种选择"保护者"的启发式策略。一种称为**最大输出度种子**（MOS）策略，即选择 $G$ 中具有最大输出度的前 $k$ 个节点，另一种是**影响力最大化种子**（IMS）策略，即选择 $k$ 个节点，使得最终受影响的期望节点数量最大化。

### 7.5.3 理论分析

**复杂度分析**

首先，回顾影响力最大化问题。这里基于独立级联模型进行信息传播。

**影响力最大化（IM）**：给定一个图 $G = (V, E, P)$ 和固定的预算 $k$，选择 $k$ 个初始种子，使得最终受影响的期望节点数量最大化。

众所周知，任何 NP 难问题的推广也是 NP 难的。因此，影响力最大化问题，作为我们提出的问题的一个特例，已被证明是 NP 难的。

**定理 7.23** 随机谣言阻断问题是 NP 难问题。

此外，在独立级联模型下，影响力最大化问题中目标函数的计算已被证明是 $\sharp$P 难的，因此，对于给定的 $R$ 和 $S$，我们可以得到计算 $\sigma_r(S,R)$ 的复杂度。

**定理 7.24** 在独立级联模型下，给定保护者种子集 $S$ 和谣言源集 $R$，计算 $\sigma_r(R,S)$ 是 $\sharp$P 难的。

**目标函数的模性**

设 $h(S)=\sigma_r(S,R)$ 是给定 $R$ 的关于 $S$ 的集函数，我们证明 $h(S)$ 是超模函数。此外，我们将讨论 $f(S)$ 的模性。

**定理 7.25** 对于给定的谣言源集 $R$，$h(S)=\sigma_r(S,R)$ 具有以下性质：

(1) $h(\varnothing)=\sigma_r(\varnothing,R)$。

(2) 对于 $|S|\geqslant|R|$，有 $h(S)=0$。

(3) $h(S)$ 是单调非增的。

(4) $h(S)$ 在独立级联模型下是超模函数。

由于 $f(S)$ 是所有可能的谣言源集 $R$ 下 $h(S)$ 的期望值，因此，我们可以直接得到以下推论。

**推论 7.1** $f(S)$ 具有以下性质：

(1) $f(\varnothing) = E[h(\varnothing)] = E[\sigma_r(\varnothing,R)] = \sum_{R\in\mathcal{R}} P[R]\sigma_r(\varnothing,R)$。

(2) $f(S)$ 是单调非增的。

(3) $f(S)$ 是独立级联模型下的超模函数。

由于 $f(\varnothing)\neq 0$，因此 $f(S)$ 不是多拟阵函数。我们定义

$$y(S)=f(\varnothing)-f(S)$$

则最小化 $f(S)$ 的随机谣言阻断问题等价于最大化 $y(S)$ 的问题。$y(S)$ 具有以下性质：

(1) $y(S)$ 是独立级联模型下的是单调非减函数，且 $y(\varnothing)=0$。

(2) $y(S)$ 是独立级联模型下的次模函数。

此外，我们可以直接得到以下定理。

**定理 7.26** $y(S)$ 是一个多拟阵函数。

## 7.6 社交网络回音壁效应分析与影响力最大化问题

### 7.6.1 问题背景

回音壁效应广泛存在于现实世界中，如经济管理和社交网络分析等领域。例如，当家

长们在论坛上讨论如何教育孩子时,随着论坛上活跃的家长越来越多,类似于去上某种生动有趣的课程这样的观点可能会得到更多支持。也许一开始不赞成的人最后也会赞成,这就是群体压力的结果。这种效应被称为"回音壁效应"。比如在虚假信息的传播过程中,同一倾向变得越来越明显。经济学中的另一个例子是中国的双十一购物节,人们可能会在网上购买很多并不需要的商品,各种打折信息让每个人觉得当天的东西都是最便宜的,但事实并不一定如此。

在给定的在线社交网络中,影响力最大化问题旨在选择 $k$ 个初始种子用户来传播信息,从而最大限度地增加受影响用户的数量。下面考虑信息传播过程中的回音壁效应时,将重点放在影响力最大化问题上。如果用户受到信息的影响并传播该信息,则该用户被激活。与个人之间的影响不同,回音壁效应来自用户所在的社区或群体。假设有一个在线论坛,里面有 100 个用户在讨论热门话题,他们可能互不相识,却组成了一个社区。对于某一观点,如果社区中越来越多的用户支持这一观点,那么受这个观点影响的概率就会更高。同样,回音壁效应在营销管理中也有广泛的应用。图 7.13 显示了影响力最大化问题中回音壁效应的一个小例子,一个组中有四个节点,其中 $v_1$ 和 $v_4$ 不是好友,但在同一个组中。假设 $v_1$ 是种子节点,由于 $v_1$ 和 $v_2$ 之间的影响概率为 1,因此 $v_1$ 会激活 $v_2$。虽然在影响概率为 0.1 的情况下,$v_4$ 不一定会被 $v_2$ 激活,但由于已有三个激活用户,因此存在可能激活 $v_4$ 的全局影响。我们将提出一种量化方法来评估这种全局影响。

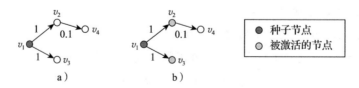

图 7.13 初始种子 $v_1$ 的回音壁效应($v_4$ 可能受全局影响而被激活)

### 7.6.2 模型构建

当考虑回音壁效应时,信息扩散过程可以是一个改进的独立级联模型。对于每个未激活的节点,不仅其邻居,而且群体环境也会试图激活该节点。这种群体环境被称为**回音壁效应**。改进的独立级联模型假定回音壁效应和人对人效应的影响事件是独立的。首先,我们使用伊辛(Ising)模型来表示回音壁效应。其次,我们将说明信息传播过程中改进的独立级联模型的假设和这一过程的细节。最后,我们给出回音壁效应影响力最大化问题的说明。

**回音壁效应**

社交媒体中的回音壁效应指的是，在一个相对封闭的群体环境中，一些观点相近的声音不断重复，并以夸张或其他歪曲的形式重复，这使得大多数人在相对封闭的环境中认为这些歪曲的故事就是全部事实。我们根据伊辛模型的宏观部分对群体环境进行建模和分析。伊辛模型是一个描述状态转换的随机过程模型。量子态 $s_i$ 的概率满足下面的玻尔兹曼分布：

$$P(s_i) = \frac{e^{-\frac{E_{s_i}}{kT}}}{\sum_{\forall s} e^{-\frac{E_s}{kT}}} \tag{7.27}$$

其中，$k$ 是玻尔兹曼常数，$T$ 是温度（假设是一个定义明确的量），$E_s$ 是量子态 $s$ 的能量。

设 $\mathcal{U}$ 为群组的集合，对任意一个群组 $U \subset \mathcal{U}$，设 $S \subset U$ 是 $U$ 中的激活节点。全局影响概率 $P_U(S)$ 可以表示为该组中激活节点数的函数，

$$P_U(S) = \frac{c e^{-\frac{|U|}{|S|}}}{e^{-\frac{|U|}{|U|-|S|}} + e^{-\frac{|U|}{|S|}}} \tag{7.28}$$

$c$ 是反映群体亲密度的群体参数，可以通过分析群体的真实社交网络数据来估算。它还可以解释一种常见的社会现象，即当一条信息传播一段时间后，它会创造一种可能影响群体中用户决策的氛围。

我们还有一个假设，即如果 $S = \varnothing$，$P_U(S) = 0$，这意味着当没有任何激活节点时，不存在全局影响。

**改进的独立级联模型**

独立级联模型被广泛应用于影响力最大化问题的建模，它假设每个新激活的节点只有一次机会激活其子节点，并具有一定的影响概率，且所有事件都是独立的。除了个体与个体之间的影响外，全局影响被视为另一个独立事件，其概率为 $P_U(S)$。

信息的传播过程如下：对于每个群组 $U$，设 $S_0^U \subset U$ 为初始种子集，$S_t^U \subset U$ 为第 $t$ 步的激活节点集（$t=0,1,2,\cdots$）。在步骤 $t>0$ 中，$S_t^U \setminus S_{t-1}^U$ 包含第 $t$ 步新激活的节点。对于每个节点 $u \in S_t^U \setminus S_{t-1}^U$，$u$ 会尝试激活 $U$ 内或 $U$ 外的相邻子节点。假设 $v$ 是 $u$ 的一个未激活相邻子节点，$P_{uv}$ 是 $u$ 尝试激活 $v$ 的影响概率。另一方面，假设 $v$ 属于群组 $U_1, U_2, \cdots, U_q$，$v$ 也将以 $P_{U_i}(S_t^{U_i} \setminus S_{t-1}^{U_i})(i=1,2,\cdots,q)$ 的概率独立地受到 $U_i$ 的影响。当没有新的激活节点时，扩散过程结束。图 7.14 展示了这个过程。

在每一步中，我们只考虑新激活的节点，这些节点将输出新的群体影响。我们给出这个假设有两个原因。首先，群体影响被认为是一个积累的过程。在现实生活中，人们的行

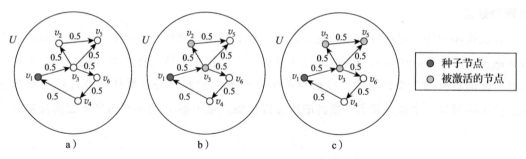

图 7.14 初始种子 $v_1$ 的信息扩散过程

为或决策总是受到增加的激活用户数量的影响。其次，在独立级联模型基础上提出了改进的独立级联模型。然而独立级联模型在第 $t$ 步新激活的节点，有且只有一次机会在 $t+1$ 步以一定的概率激活其相邻子节点。在独立级联模型中，将新激活节点的生命周期设为 1，而基于这些新激活节点的群体影响的生命周期也为 1，也就是说，我们假设只有新激活的节点，才会输出新的群体影响。

在图 7.14 中，群组 $U$ 中有 6 个节点，每条有向边的影响概率为 0.5。假设参数 $c=1$，那么群组影响概率 $P(S_0)=(e^{-(6/|S|)})/(e^{-6/(6-|S|)}+e^{-(6/|S|)})$。最初，我们选择种子 $v_1$ 来传播信息。在第 0 步，$S_0=\{v_1\}$，$P(S_0)=(e^{-6})/(e^{-(6/5)}+e^{-6})=1/(1+e^{(24/5)})=0.00816$。在这一步中，$v_1$ 将尝试以 0.5 的概率激活其子邻居 $v_3$。同时，每个未激活节点将会受到群体影响，概率为 0.00816。通过使用蒙特卡罗方法，假设 $v_2$ 和 $v_3$ 被激活，此时 $S_1=\{v_1, v_2, v_3\}$。现在进入第 1 步，$P(S_1 \setminus S_0)=P(\{v_2, v_3\})=1 \setminus (1+e^{(3/2)})=0.1824$。按照相同的方法，假设 $v_5$ 被激活，此时 $S_2=\{v_1, v_2, v_3, v_5\}$。在第 2 步中，$P(S_2 \setminus S_1)=P(\{v_5\})=0.00816$。假设没有新的激活节点。然后，信息扩散过程终止，并且激活的节点的数量为 4 个。

**影响力最大化与回音壁效应**

我们将一个在线社交网络建模为有向图 $G$，其中，$V$ 是用户集合，$E$ 是用户之间有向边的集合。每条有向边 $e=(u,v)$ 都与影响概率 $P_e$ 相关联，这意味着当 $u$ 第一次被激活时，将有一次机会以概率 $P_e$ 激活 $v$。$\mathcal{U}$ 是组的集合，对于每个 $U \in \mathcal{U}$，$U$ 是一个用户组，内部存在群体影响现象。同时，群体影响服从伊辛模型，概率公式为式（7.28）。在信息扩散的改进的独立级联模型下，回音壁效应影响力最大化问题试图选择 $k$ 个初始种子节点，使最终受影响节点的预期数量最大化。假设 $S$ 是初始种子集，我们定义 $\sigma(S)$ 是最终受影响节点的预期数量。回音壁效应影响力最大化问题可以写成

$$\max \sigma(S)$$

$$\text{s.t.} \quad |S| \leqslant k \tag{7.29}$$

### 7.6.3 理论分析

下面我们分析计算复杂度。由于回音壁效应影响力最大化问题是一个函数优化模型，我们将给出目标函数的一些性质。

**复杂度结果**

众所周知，任何 NP 难问题的推广也是 NP 难问题。影响力最大化问题已被证明是 NP 难问题，它是组集 $\mathcal{U}$ 为空时的一个特例。因此，回音壁效应影响力最大化问题是 NP 难的。

**定理 7.27** 回音壁效应影响力最大化问题是 NP 难问题。

**定理 7.28** 给定种子节点集 $S$，在改进的独立级联模型下计算 $\sigma(S)$ 是 $\sharp P$ 难的。

**目标函数的模性**

设 $F: 2^V \to R$ 是定义在 $V$ 上的集合函数。如果对于任意 $A \subseteq B \subseteq V$ 且 $v \in V \setminus B$，存在 $F(A \cup \{v\}) - F(A) \geqslant F(B \cup \{v\}) - F(B)$ 的情况，则称 $F$ 为次模函数；否则，如果 $F(A \cup \{v\}) - F(A) \leqslant F(B \cup \{v\}) - F(B)$，则称 $F$ 为超模函数。如果 $F$ 单调非递减，满足次模性且 $F(\varnothing) = 0$，则称 $F$ 为多模函数。贪心算法可以保证 $1 - (1/e)$ 近似的最大化多面体集合函数。影响力最大化问题的目标函数就是这样一个函数。

然而，回音壁效应影响力最大化问题的目标函数既不是次模的，也不是超模的。

**定理 7.29** $\sigma(\cdot)$ 在改进的独立级联模型下不是次模的。

**证明** 我们考虑回音壁效应影响力最大化问题的一个特殊情况。给定 $G = (V, E, P, \mathcal{U})$，只有一个群组 $\mathcal{U} = V$ 且 $E = \varnothing$。设式 (7.28) 中的 $c = 1$，节点数 $|\mathcal{U}| = |V|$。那么，此时不存在个体与个体之间的影响。对于任意两个节点 $v_1$ 和 $v_2$，我们指定 $A = \varnothing$ 和 $B = \{v_1\}$。我们将证明 $\sigma(A \cup \{v_2\}) - \sigma(A) \leqslant \sigma(B \cup \{v_2\}) - \sigma(B)$，这表明 $\sigma(\cdot)$ 不满足子模性。

根据改进的独立级联模型，我们需要证明在每步中，初始种子 $A \cup \{v_2\}$ 新激活节点的数量小于 $B \cup \{v_2\}$ 新激活节点的数量。设 $h(S'_t)$ 为第 $t$ 步中新激活节点的预期数量，$S'_t$ 为激活节点集，则 $\sigma(S) = |S_0| + \sum_{i=1}^{t} h(S'_t \setminus S'_{t-1})$。一开始，$h(\{v_1\}) = P(\{v_1\})(n-1) = (n-1)/(1 + e^{n-1+1/(n-1)})$，$h(\{v_1, v_2\}) = P(\{v_1, v_2\})(n-2) = (n-2)/(1 + e^{(n-2)/2+1/(n-2)})$。根据指数函数的性质，$h(\{v_1, v_2\}) - h(\{v_1\}) \geqslant h(\{v_1\})$。同时，对于所有步骤，均有 $\sigma(\{v_1, v_2\}) - \sigma(\{v_1\}) \geqslant \sigma(\{v_1\})$，这意味着对于 $A = \varnothing$ 和 $B = \{v_1\}$，$\sigma(A \cup \{v_2\}) - \sigma(A) \leqslant \sigma(B \cup \{v_2\}) - \sigma(B)$。

既然 $\sigma(\cdot)$ 不满足次模性,它是否为超模函数?然而,$\sigma(\cdot)$ 也不是超模的。我们可以用反例来证明这一点。 □

**定理 7.30** $\sigma(\cdot)$ 在改进的独立级联模型下不是超模的。

**证明** 根据超模的定义,我们只需要提出一种违反超模的特殊情况。图 7.15 显示了回音壁效应影响力最大化问题的一个例子。有两个组 $U_1$ 和 $U_2$。节点 $v$ 不属于任何群组,而 $v$ 可以由 $v_1$ 和 $v_2$ 以概率 1 激活。设 $g(S|U)$ 表示初始种子集 $S$ 在组 $U$ 中的预期激活节点数。此时,我们有

$$\sigma(\{v_1\}) = g(\{v_1\}|U_1) + 1$$

和

$$\sigma(\{v_2\}) = g(\{v_2\}|U_2) + 1$$

因为

$$\sigma(\{v_1, v_2\}) = g(\{v_1\}|U_1) + g(\{v_2\}|U_2) + 1$$

那么

$$\sigma(\{v_1, v_2\}) = \sigma(\{v_1\}) + \sigma(\{v_2\}) - 1$$

由此得出

$$\sigma(\{v_1, v_2\}) - \sigma(\{v_1\}) = \sigma(\{v_2\}) - 1 \leqslant \sigma(\{v_2\}) \tag{7.30}$$

设 $A = \varnothing$,$B = \{v_1\}$,则 $\sigma(A \cup \{v_2\}) - \sigma(A) \geqslant \sigma(B \cup \{v_2\}) - \sigma(B)$,这意味着 $\sigma(\cdot)$ 不是超模的。

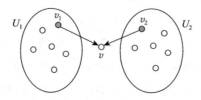

图 7.15 回音壁效应影响力最大化问题 □

目前还没有有效的算法来解决非次模集函数优化问题。下面我们将结合几种启发式算法,提出一种改进的贪心算法。对于既不是次模也不是超模的回音壁效应影响力最大化问题目标函数,虽然贪心算法不能保证 $1-(1/e)$ 近似,但是,运行贪心算法是存在可证明的近似保证的。设 $S^*$ 是所有大小为 $k$ 的集合中使得 $\sigma(\cdot)$ 最大的集合。对于一个非负的、单调集函数 $\sigma(\cdot)$,贪心算法选择的集合 $S'$ 具有以下近似保证:

$$\sigma(S') \geqslant (1 - e^{-\gamma_{S',k}(\sigma)}) \cdot \sigma(S^*) \tag{7.31}$$

其中 $\gamma_{S',k}(\sigma)$ 是单调函数 $\sigma(\cdot)$ 相对于集合 $S$ 和参数 $k \geqslant 1$ 的子模比。

我们知道精确计算子模比是 NP 难的，尽管子模比无法准确计算，但子模比可以对在什么条件下这样做具有理论合理性提供指导，即使目标函数 $\sigma(\cdot)$ 不是子模。

## 7.6.4 算法设计

下面我们提出一种基于蒙特卡罗模拟的抽样方法来估计任何给定初始种子集 $S$ 的目标函数 $\sigma(S)$。我们将设计一种改进的贪心算法，通过剪枝和过滤过程生成候选种子集 $C$。

### $\sigma(\cdot)$ 的估算过程

根据定理 7.28，计算任何初始种子集 $S$ 的 $\sigma(S)$ 都是 ♯P 难的。我们提出了一种蒙特卡罗抽样方法，它可以保证 $(\epsilon,\delta)$-近似。

**定义 7.3 [$(\epsilon,\delta)$-近似]** 设 $Z_1, Z_2, \cdots$ 是区间 $[0,1]$ 内 $Z$ 的独立同分布样本，$Z$ 的均值为 $\mu_Z$，方差为 $\sigma_Z^2$。$\mu_Z$ 的蒙特卡罗估计为

$$\hat{\mu}_Z = \frac{1}{T}\sum_{i=1}^{T} Z_i \tag{7.32}$$

$\mu_Z$ 是 $(\epsilon,\delta)$-近似的，如果

$$\Pr[(1-\epsilon)\hat{\mu}_Z \leqslant \mu_Z \leqslant (1+\epsilon)\hat{\mu}_Z] \geqslant 1-\delta \tag{7.33}$$

定义 $\gamma = 4(e-2)\ln(2/\delta)/\epsilon^2$ 和 $\gamma_1 = 1+(1+\epsilon)\gamma$，则停止规则算法被证明为 $(\epsilon,\delta)$-近似算法。

我们定义 $\mu_Z = (\sigma(S))/n$，其中 $n$ 是节点的数量，$S$ 是初始种子集。下面介绍分布式抽样过程。在算法 7.5 中，$S_{\text{new}}$ 包含当前步骤中所有新激活节点，而 $S_{\text{active}}$ 是截至当前步骤的所有激活节点的集合，$S'$ 是非活动节点集。

---

**算法 7.5　分布式抽样过程（DSP）**

**输入**：$G = (V, E, P, \mathcal{U})$，一个初始种子集 $S$
**输出**：种子集预期受影响节点数的样本结果 $S, \sigma_0(S)$

1： $S_{\text{active}} = S$，$S_{\text{new}} = S$
2： **while** $S_{\text{new}} \neq \varnothing$ **do**
3： 　$S_{\text{new}}^{\text{temp}} \neq \varnothing$
4： 　$S' = V \setminus S_{\text{active}}$
5： 　**for** $v \in S'$ **do**
6： 　　生成一个随机数 $r \in [0, 1]$
7： 　　$\mathcal{U}_v = \{U \mid v \in U, U \in \mathcal{U}\}$
8： 　　$S_v = \{u \mid (u, v) \in E, u \in S_{\text{new}}\}$

9：　　　**if** 存在 $U \in \mathcal{U}_v$ 满足 $P_U(S_{\text{new}} \cap U) \geq r$ **then**
　　　　　　$S_{\text{new}}^{\text{temp}} \leftarrow v$
10：　　**else if** 存在 $u \in S_v$ 满足 $P_{(u,v)} \geq r$ **then**
11：　　　　$S_{\text{new}}^{\text{temp}} \leftarrow v$
12：　　**end if**
13：　**end for**
14：　$S_{\text{new}} = S_{\text{new}}^{\text{temp}}$
15：　$S_{\text{active}} = S_{\text{active}} \cup S_{\text{new}}^{\text{temp}}$
16：**end while**
17：$\sigma_0(S) = |S_{\text{active}}|$
18：**return** $\sigma_0(S)$

为了实现 $(\epsilon, \delta)$-近似估计，我们需要重复分布式抽样过程直到满足停止规则。这个过程被定义为**估计过程**（estimation procedure，EP）。

---

**算法 7.6　影响力估计过程**

**输入**：$G = (V, E, P, \mathcal{U})$，一个初始种子集 $S$，$\epsilon$，$\delta$

**输出**：种子集 $S$ 的受影响节点的预期数量的 $(\epsilon, \delta)$-近似值，$\hat{\sigma}(S)$

1：　$\gamma = 4(e-2)\ln(2/\delta)/\epsilon^2$，$\gamma_1 = 1 + (1+\epsilon)\gamma$
2：　$\varGamma = \text{DSP}(G, S)/|V|$
3：　**while** $\varGamma \leq \gamma_1$ **do**
4：　　$\varGamma = \varGamma + \text{DSP}(G, S)/|V|$
5：　**end while**
6：　$\hat{\sigma}(S) = \varGamma$
7：　**return** $\hat{\sigma}(S)$

---

**候选种子剪枝和过滤过程**

对于大规模的在线社交网络来说，存在着大量低出度节点，这种节点不适合作为初始种子，我们可以通过删除这样的节点来减少搜索范围。下面给出三种生成候选种子集的策略。考虑到初始种子节点的数量 $k$ 远小于 $|V|/5$，每个策略生成的种子候选集中的种子数量为 $5k$。第一种策略称为**最大出度贪心算法**（max out-degree greedy algorithm，MDGA）。该算法基于节点出度的降序排列，选择出度最大的前 $5k$ 个节点作为候选种子集。第二种策略是 **PageRank 贪心算法**（PRGA）。该算法根据每个节点的 PageRank 值，将 PageRank 最大的前 $5k$ 个节点放入候选种子集中。第三种策略是**最大覆盖贪心算法**（max cover greedy algorithm，MCGA），该算法根据每个节点覆盖的群组数量对节点进行排序，并将覆盖群

组数量最多的前 $5k$ 个节点作为候选种子集。该过程如算法 7.7 所示。

---
**算法 7.7 候选种子集生成策略（PFP）**

输入：$G=(V,E,P,\mathcal{U})$，初始种子节点数 $k$

输出：候选种子集 $C$

1： $C_1 \leftarrow$ MDGA 根据出度值选择 $5k$ 个节点
2： $C_2 \leftarrow$ PRGA 根据 PageRank 值选择 $5k$ 个节点
3： $C_3 \leftarrow$ MCGA 根据覆盖群组数量选择 $5k$ 个节点
4： **return** $C = C_1 \cup C_2 \cup C_3$

---

贪心策略可以有效地选择初始种子。然而，$\sigma(\cdot)$ 的计算复杂度是 $\sharp P$ 难的，应优化搜索范围。假设要选择 $k$ 个初始种子，改进贪心算法（improved greedy algorithm，IGA）会从 $C$ 中逐个挑选节点，使每一步的 $\sigma(S)$ 的边际收益最大。

---
**算法 7.8 改进贪心算法**

输入：$G=(V,E,P,\mathcal{U})$，$\epsilon$，$\delta$，初始种子节点数 $k$

输出：$S$

1： $S = \varnothing$
2： $C \leftarrow \text{PFP}(G,k)$
3： **for** $i=1$ 到 $k$ **do**
4： $v \leftarrow \underset{v \in C}{\operatorname{argmax}}(\text{EP}(G, S \cup \{v\}, \epsilon, \delta) - \text{EP}(G, S, \epsilon, \delta))$
5： $S \leftarrow S \cup \{v\}$
6： **end for**
7： **return** $S$

---

## 7.7 虚假信息交互量最小化问题

### 7.7.1 问题背景

随着信息技术的飞速发展，信息的传播方式已逐渐从传统的"口耳相传"转变到依托微博、微信和 Facebook 等在线社交媒体进行传播。在线社交平台上的用户可以发布、接收和转发未知来源的信息来表达对某事的关注和看法，这虽然增加了用户之间信息交流的频率，但也为虚假信息的快速传播提供了途径。突发事件可能会造成严重的社会危害，必然牵动着人们的心，催发出许多敏感或吸引眼球的虚假信息。当用户接触到虚假信息时，除了看到虚假信息本身之外，还可以看到相关的信息，比如该信息被查看的次数、被评论的内容以及被转发的次数等。当用户看到某条虚假信息及与之相关的信息时，将会有更大的意愿去传播该条信息或加入对该信息的讨论，促使该虚假信息逐渐成为讨论的热门话题。热门话题将吸引更多的用户参与虚假信息的传播，构成一个恶性循环，扩大虚假信息的传播范围。例如，用户看到某条虚假信息及与之相关的信息时会产生"每个人都在讨论，我要表达我的观点""点击数和转发数这么高一定是很有意思的内容"等想法，然后参与虚假信息的讨论或转发等传播过程，促使该虚假信息成为讨论的热门话题，进而吸引更多的人参与该虚假信息的讨论与传播，形成一个恶性循环。基于此，为了更好地提供可信赖的网络环境，提出一种有效的策略来降低虚假信息的交互频率是一个亟待解决的问题。

基于不同的应用场景已经有多种虚假信息的治理策略[150,151,152]，并且每种虚假信息治理策略具有不同的侧重点。然而，现有的虚假信息治理策略并没有重视用户之间的关系和虚假信息的交互量对虚假信息扩散的影响，也没有考虑虚假信息传播过程中的信息强化效应（记忆效应）。在在线社交网络中，虚假信息治理时为了尽量避免虚假信息成为热点话题，则需要探索如何在预算内尽可能地减少用户之间的虚假信息交互总量。下面将该问题建模为**点阻塞策略下的虚假信息交互量最小化问题**，目标是从在线社交网络的用户集中识别固定大小的用户（节点）进行阻塞以使用户之间的虚假信息交互总量最小。在虚假信息交互量最小化问题中，不仅希望最终接受虚假信息的用户数最少，更重要的是希望所有用户之间的虚假信息的交互量最小。然而，由于用户之间的虚假信息交互量因人而异，最终接受虚假信息的用户数的减少并不一定能使虚假信息的交互总量减少。因此，虚假信息交互量最小化问题并不是一个经典虚假信息影响力最小化问题，点阻塞策略下虚假信息交互量最小化问题是一个新问题。

我们对点阻塞策略下的虚假信息交互量最小化问题，设计一个节点候选集的过滤规则，构建一个两阶段贪心算法。

### 7.7.2 模型构建

在一个有向社交网络 $G(V,E,H)$ 中，给定虚假信息传播源 $R \subset V$，每条边 $e_{uv} \in E$ 有两个参数：$h_{uv} \in H$ 表示用户 $u$ 和用户 $v$ 之间的信息交互量；$p_{uv}$ 表示用户 $u$ 通过有向边 $e_{uv}$ 成功激活其子邻居 $v$ 的概率。每个节点 $u \in V$ 有一个参数 $\psi_V(u,R)$，表示在拓扑网络结构 $V$ 下节点 $u$ 被 $R$ 成功激活的概率，简写为 $\psi_V(u)$。基于交互独立级联模型的具体流程，用户 $u$ 被 $R$ 激活的概率 $\psi_V(u,R)$ 的计算公式为

$$\psi_V(u,R) = \begin{cases} 1, & u \in R \\ 0, & N_V^{\text{in}}(u) = \varnothing \\ 1 - \prod_{v \in N_V^{\text{in}}(u)} (1 - \psi_V(v,R)p_{vu}), & \text{其他} \end{cases} \quad (7.34)$$

其中 $N_V^{\text{in}}(u)$ 表示在拓扑网络结构 $V$ 下用户 $u$ 的父邻居集。显然，式（7.34）指出用户 $u$ 被 $R$ 激活的概率取决于其所有的父邻居用户。

在虚假信息传播的过程中用户之间虚假信息交互的次数越多，虚假信息传播的速度越快，范围越广。用户之间反复讨论和传播虚假信息是虚假信息快速传播的原因之一。当研究虚假信息传播的阻塞策略时，应以减少用户之间的虚假信息交互量为目标。基于此我们提出在线社交网络中点阻塞策略下虚假信息交互量最小化问题，即从社交网络中识别并阻塞包含 $K$ 个节点的集合 $B$ 从而使用户之间的虚假信息交互总量最小。下面给出虚假信息交互量最小化问题的定义。

**定义 7.4** 在一个有向社交网络 $G(V,E,H)$ 中，给定一个虚假信息传播源 $R$，一个正整数参数 $k$ 和交互独立级联模型。点阻塞策略下虚假信息交互量最小化问题的目标是从节点集 $V$ 中找到一个含有 $k$ 个节点的子集 $B$ 加以阻塞，使得用户之间的虚假信息的交互总量最小，即

$$f(B) = \sum_{u \in V \setminus B, v \in N_{V \setminus B}^{\text{out}}(u)} h_{uv}\, \psi_{V \setminus B}(u)$$

最小，等价于求

$$B^* = \operatorname*{argmin} \sum_{u \in V \setminus B, v \in N_{V \setminus B}^{\text{out}}(u)} h_{uv}\, \psi_{V \setminus B}(u) \quad (7.35)$$

其中 $\psi_{V \setminus B}(u)$ 表示在拓扑网络结构 $V \setminus B$ 下用户 $u$ 被 $R$ 成功激活的概率，$N_{V \setminus B}^{\text{out}}(u)$ 表示在拓扑网络结构 $V \setminus B$ 下用户 $u$ 的子邻居集。

**例 7.1** 以图 7.16 为例来阐释点阻塞策略下虚假信息交互量最小化问题。图 7.16 中的在线社交网络 $G(V,E,H)$ 包含 6 个节点和 6 条边，每条边旁的数值表示用户间的信息交互量。设图 7.16a 中用户间的影响概率为 1，灰色节点为虚假信息传播源 $R=\{u_4\}$。图 7.16b 和图 7.16c 分别表示选择用户（节点）$u_5$ 和 $u_7$ 作为阻塞节点，即图中黑色的节点。在图 7.16b 中，将节点 $u_5$ 作为阻塞节点，虚假信息传播后得到 5 个激活节点，即 $u_4$，$u_6$，$u_7$，$u_8$ 和 $u_9$，虚假信息的交互总量为 $f(\{u_5\})=13$。在图 7.16c 中，选择节点 $u_7$ 进行阻塞时虚假信息传播结束后共有 4 个节点（$u_4$，$u_5$，$u_6$ 和 $u_8$）被激活，虚假信息交互总量为 11，即 $f(\{u_7\})=11$。很显然在上面两个阻塞节点的方案中，更适合选择节点 $u_7$ 而不是节

点 $u_5$ 进行阻塞。

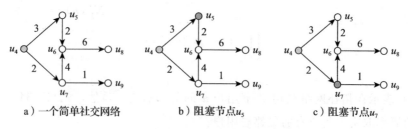

a)一个简单社交网络　　b)阻塞节点$u_5$　　c)阻塞节点$u_7$

图 7.16　虚假信息交互量最小化问题

## 7.8　虚假信息群组回音壁效应最小化问题

### 7.8.1　问题背景

在在线社交网络中，用户不仅可以通过有直接关系（朋友、同事或同学等）的用户进行交互虚假信息，还可以在他们组建或加入的主题不同的群组中交换虚假信息。换句话说，用户可能会受到其之前已建立联系用户的直接影响，也会受到其加入的群组的其他群组成员的全局影响。在线社交网络上的群组，大大增加了虚假信息的曝光率，提高了用户之间虚假信息交互的频率，扩大了虚假信息的传播范围。因此，有必要设计一种机制来降低群组的全局影响，从而降低虚假信息的曝光率及传播速度。

然而，目前已有的虚假信息治理策略仅考虑用户之间私有连接的直接影响，忽略群组内成员用户的全局影响。基于此，综合考虑用户之间私有连接的直接影响和群组的全局影响（群组回音壁效应），提出一种在线社交网络中群组解散策略来抑制虚假信息的传播。群组解散是指破坏用户主动或被动形成的相对封闭的环境，使组内的用户无法在封闭的环境中接收或发送信息，只能通过用户间的私有连接（边）直接分享信息。现实中破坏相对封闭的环境是通过使群组内所有成员禁言或干预群管理员自发解散被管理群等方法进行的。在群组解散策略下，探索如何在有限的预算内尽可能减少虚假信息的传播，将该问题建模为**虚假信息群组回音壁效应最小化问题**。群组回音壁效应最小化问题并不是一个经典的虚假信息影响力最小化问题[153]，这是一个新问题。

### 7.8.2　模型构建

在一个有向社交网络 $G(V,E,C)$ 中，给定虚假信息传播源 $R$ 以及虚假信息传播模型——群组级联模型，在虚假信息扩散过程中每个群组中的未激活用户不仅可以受到其已激活父邻居的直接影响，还可以受到其所处群组中已激活成员的全局影响。下面研究群组解散或屏蔽的虚假信息治理策略，探索群组解散策略的虚假信息影响力最小化问题，旨在识别和解散一个群组集以最大限度地减少群组回音壁效应对虚假信息传播的影响。虚假信息群组回音壁效应影响力最小化问题的定义如下。

**定义 7.5** 在一个有向社交网络 $G(V,E,C)$ 中，给定一个正整数 $k$、一个虚假信息传播源 $R$ 和虚假信息传播模型——群组级联模型，虚假信息群组回音壁效应影响力最小化问题旨在从群组集 $C$ 中识别并解散包含 $k$ 个群组的子集 $D$ 以最小化最终接受虚假信息的用户数，即

$$D^* = \underset{D\subset C, |D|\leqslant k}{\arg\min} E[\Phi_R(D)] \tag{7.36}$$

其中 $E[\cdot]$ 表示期望算子，$\Phi_R(D)$ 表示在拓扑网络 $C\setminus D$ 下虚假信息传播源 $R$ 激活的用户数。

在不引起歧义的情况下，将 $\Phi_R(D)$ 简写为 $\Phi(D)$。由于虚假信息传播是一个随机过程，所以对所有可能的虚假信息传播实例取期望。

**例 7.2** 图 7.17 中给出一个有向社交网络 $G(V,E,C)$，其包含两个群组结构 $c_1$ 和 $c_2$，即 $C=\{c_1,c_2\}$。设定用户 $u_8$（灰色节点）为虚假信息传播源 $R$，即 $R=\{u_8\}$，以及正整数 $k=1$。令用户之间的影响概率为 1 且群组全局影响概率 $P_c(\cdot)=1$。当选择群组 $c_1$ 进行解散时，即 $D=\{c_1\}$ 时，此时虚假信息传播源 $R$ 最终激活的用户数 $\Phi(D)=9$。同理，当解散群组集 $D=\{c_2\}$ 时，最终激活的用户数为 $\Phi(D)=4$。很显然，在上面两个群组解散方案中，更适合选择群组 $c_2$ 而不是群组 $c_1$ 进行解散。

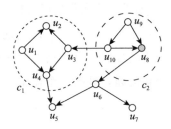

图 7.17 群组回音壁效应影响力最小化问题

## 7.9 虚假信息跨虚实交互网络传播最小化问题

### 7.9.1 问题背景

随着新媒体技术的颠覆性发展，虚拟社交网络与现实人际交互网络之间的界限越来越

模糊，在线社交已经成为人们社交互动的重要渠道。尽管在线社交媒体的兴起削弱了基于地理位置的人际交互网络在人们分享或交流信息中的地位，但在虚假信息传播过程中基于地理位置的人际交互网络仍具有重要的作用。例如，2019 年，专门针对父母的反麻疹疫苗运动的虚假信息在布鲁克林的威廉斯堡和纽约洛克兰县的哈西迪社区流行起来，这引发了自 2000 年美国根除麻疹以来最严重的麻疹爆发危机。尽管美国政府已经采取了多种措施，比如删除帖子和发布正确信息等，去抑制在线社交网络中有关反麻疹疫苗运动的虚假信息，但所取得的效果并不明显。虚假信息的治理措施，比如阻塞节点（关闭账号）和移除边（删除帖子）等，在虚假信息治理早期显示出良好的效率，但随着时间的推移，这些治理方法的劣势逐渐凸显。这种现象主要是由于在线社交网络中用户之间存在的弱关系和不安全感使人们更加相信在现实社会中形成的人际交互关系。为了更有效地治理虚假信息，需要综合考虑在线社交网络和基于位置的人际交互网络来设计虚假信息的治理策略。

阻塞节点、移除边以及发布正面信息等虚假信息治理策略，大都是针对在线社交网络的，并没有考虑基于地理位置的人际交互网络。基于此，我们提出虚实交互社交网络中的个体保护策略来最小化虚假信息的传播。"个体保护"是指利用个性化推荐技术，让部分个体在收到虚假信息之前提前知道正面信息或虚假信息的真伪性，使其在收到虚假信息时不会分享，从而达到主动"阻断"虚假信息传播的目的。在现实生活中，一旦人们受到经过验证的正确信息的影响，就会选择相信正确信息[154]。由于人们更倾向于向自己的朋友分享新信息[155]，则接收到正面信息的个体可能愿意分享它。考虑到强制个体传播正面信息违反了道德审查标准，本节假设个体接收到正面信息后并不传播它，并且拥有正确信息的人不会受到虚假信息的影响[92]。如果个体在收到虚假信息之前已经接收到正面信息，则在收到虚假信息时很可能会忽略它，不会再次分享，以实现主动"阻止"虚假信息传播的目的。下面将利用个体保护策略最小化虚假信息传播的问题建模为**虚实交互社交网络中个体保护策略下虚假信息影响力最小化问题**，试图从个体集中识别并保护部分个体以最小化虚假信息的影响。

### 7.9.2 模型构建

尽管在线社交网络的兴起削弱了空间和时间对人际关系的影响，但物理世界中的人际交互网络在虚假信息的传播过程中仍然占有重要地位。因此，本节提出治理虚假信息的个体保护策略，探索虚实交互社交网络中虚假信息影响力最小化问题，通过保护一些选定的个体来遏制虚假信息的传播，以达到减少最终被虚假信息激活的个体的目标。

在一个虚实交互社交网络 $U(V,\varepsilon,C)$ 中，给定一个虚假信息传播源 $R$，虚假信息传播

周期 $T^{cy}$，保护个体集 $B\subseteq V\setminus R$ 和虚假信息传播模型——虚实交互级联模型，被虚假信息传播源 $R$ 激活的个体数为

$$Q_R(B) = E\Big[\sum_{x\in V\setminus B}\bar{\omega}_x^{V\setminus B}\Big] \tag{7.37}$$

其中 $E[\cdot]$ 为期望算子，$\bar{\omega}_x^{V\setminus B}$ 指的是在拓扑网络结构 $V\setminus B$ 中虚假信息传播结束后个体 $x$ 被虚假信息激活的概率并且 $\bar{\omega}_x^{V\setminus B}$ 可以表示为 $\bar{\omega}_x^{U\setminus B} = 1 - \prod_{t=0}^{T^{cy}}(1-\bar{\omega}_x^{V\setminus B}(t))$。由于虚假信息传播是一个随机过程，对所有可能的虚假信息传播实例取期望。另外，在不引起歧义的情况下，下文将 $Q_R(B)$ 缩写为 $Q(B)$。下面将陈述**虚实交互社交网络中个体保护策略下虚假信息影响力最小化问题**的正式定义。

**定义 7.6** 给定一个虚实交互社交网络 $U(V,\varepsilon,C)$，一个虚假信息传播源 $R$，虚假信息传播周期 $T^{cy}$，一个正整数 $K$ 和虚假信息传播模型——虚实交互级联模型，**个体保护策略下虚假信息影响力最小化问题**旨在从个体集 $V\setminus R$ 中识别并选择一个包含 $K$ 个个体的集合 $B$ 进行保护以遏制虚假信息的传播，从而使被虚假信息激活的个体最少，即

$$B^* = \underset{B\subseteq V\setminus R,|B|\leq K}{\operatorname{argmin}} Q(B) \tag{7.38}$$

从式（7.38）中可知，个体保护策略下虚假信息影响力最小化问题是一个典型的离散优化问题。

## 7.10 虚实交互社交网络中竞争虚假信息关注度最小化问题

### 7.10.1 问题背景

随着虚拟现实技术的不断发展，虚拟世界中的一些交互过程与物理交互的差距越来越小，并且导致虚拟世界与物理世界相互对接甚至融合形成一个虚实交互社交网络。虚实交互网络为人们的社交互动开辟了新的可能性，为信息传播创造了新的渠道。然而，人们从各种信息来源中获得的有关经济、娱乐、政治、军事和科技等不同类型的信息并不全是真实的，其中必然夹着各种负面信息（虚假信息、谣言和假新闻等）。例如，在新型冠状病毒大流行期间，有人声称新冠肺炎症状是 5G 网络辐射造成的，这条虚假信息导致英国伯明翰市的多个手机信号塔被烧毁，而唐纳德·特朗普（Donald Trump）的误导性声明称羟氯喹能有效杀死新型冠状病毒，引发美国民众对该药的恐慌购买。

由于人们的决定和想法经常会受到他们所处社交网络的影响，社交网络中的虚假信息极易对人们的判断和决策产生误导，特别容易使人们产生恐慌和不满等情绪，甚至会引发

过激行为。事实上，并不是每个受到虚假信息影响（接受虚假信息）的个体都会做出非常规或非理性的行为。只有当人们面对与自身利益密切相关（关注度高）的虚假信息时，他们才会失去理智和判断力做出非理性的行为[156]。例如，2011 年日本福岛发生核泄漏后出现了一则"吃碘盐可以防辐射"的虚假信息，导致民众开始疯狂地抢购食用碘盐。在这种情况下，如果平时不做饭或很少做饭的个体即使相信了"吃加碘盐可以防辐射"的虚假信息，那么他很可能也不会做出非理性的行为——恐慌性地抢购含碘食盐。

受这种现实场景的启发，在治理虚假信息时应尽量避免虚假信息引导人们做出过激行为情况的发生。人们对虚假信息的关注度或虚假信息与人们自身利益的关联程度决定了人们的行为和思想，人们对虚假信息的关注度越高就越容易失去理智做出非常规甚至激进的行为。基于此，我们考虑如何在预算范围内尽可能减少用户对虚实交互社交网络中虚假信息的关注，并将该问题建模为竞争虚假信息关注度最小化问题。构建一个包含虚假信息传播源和个体对各种信息关注度的虚实交互社交网络，目标是在给定的预算下找到一组最佳的代理个体，发布与虚假信息相对应的正确信息，从而最大限度地减少最终接受虚假信息的用户对虚假信息的总关注度。

显然，竞争虚假信息关注度最小化问题并不是经典的、众所周知的竞争影响力最小化问题[154]。竞争影响力最小化是在给定的预算内找到一组代理个体发布正面信息，使得信息传播结束后最终接受虚假信息的个体数最小。然而，为满足"虚实交互社交网络中的个体尽可能不关注虚假信息"的要求，竞争虚假信息关注度最小化问题不仅希望最终受到虚假信息影响的个体数最小，更重要的是希望最大限度地减少接受虚假信息的个体对虚假信息的关注度。然而，对同一类型信息的关注度因人而异，导致最终接受虚假信息的个体数量的减少并不一定能降低接受虚假信息的个体对虚假信息的关注度。

### 7.10.2 模型构建

为了尽可能地减少个体对虚假信息的关注度，我们制定虚实交互社交网络中虚假信息治理的代理人发布正面信息的策略。然而，考虑到不同的个体在降低个体对虚假信息关注度方面存在差异，选择哪些个体以及多少个体进行发布正面信息是影响降低虚假信息关注度的最重要因素。下面给出**虚实交互社交网络中竞争虚假信息关注度最小化问题**的正式陈述。

**定义 7.7** 给定一个虚实交互社交网络 $\hat{A}(\hat{U},\hat{\varepsilon})$，一个虚假信息传播源 $\hat{R}$，一个正整数 $k$ 和虚假信息传播模型——虚实面对面交互模型，**竞争虚假信息关注度最小化问题**的目标是从个体集 $\hat{U} \setminus \hat{R}$ 中选择 $k$ 个个体集作为发布正面信息（与虚假信息相对应的正面信息）

的代理人,以尽量减少信息(虚假信息和正确信息)扩散结束后个体对虚假信息的总关注。

与一般的竞争传播问题类似,竞争关注度最小化问题也是典型的离散优化问题,近似离散次梯度算法可用于优化竞争虚假信息关注度最小化问题。

## 7.11 社交网络中虚假信息多源头溯源问题

### 7.11.1 问题背景

随着移动互联网技术的不断发展,在线社交网络迅速普及。在线社交网络极大地降低了社会交流成本,帮助人们实现实时便捷的沟通。但是在社会公共事件或危害性突发事件发生后,在线社交网络中往往会产生谣言等恶意信息,干扰正常社交活动秩序,引发群众恐慌,破坏社会和谐稳定大局。为了减少谣言等负面信息带来的危害,除了在传播过程中采取措施阻断谣言的传播外,如何追溯谣言源头并从根上阻断谣言的传播,也是当前维护网络安全、稳定社会舆情的重要举措之一。关于谣言溯源问题的研究对突发事件发生后开展有效的舆情管控具有重要作用。如何快速、准确地追溯谣言源头的理论研究同样意义重大。通过研究在线社交网络中谣言溯源问题,归纳提炼通用的数学理论和溯源技术。这些技术方法还可以扩展应用到人际接触网络中传染病"零号病人"的寻找、电子邮件网络中垃圾邮件来源的定位、计算机网络中计算机病毒的溯源和网络攻击者的定位等方面。

在现实社会中,如果虚假信息由单个节点往其邻居节点进行传播,从而扩展到多个网络之中,这种虚假信息只存在单个源头,这是无组织的单个节点的自发行为所造成的后果。然而在真实世界中,有可能存在有组织有安排的刻意虚假信息散布的情况,由于这是有预谋的刻意虚假信息传播行为,因此这种情况的发生往往将造成比单个源点扩散更为严重的后果和影响,这就是我们要研究的多点溯源问题。我们假设虚假信息是同时由多个节点在社交网络中进行传播感染的,传播模型基于第 2 章所提到的独立级联模型。

### 7.11.2 模型构建

在现实网络中,经常出现虚假信息的传播源不止一个的情况,而与单点溯源问题的不同之处在于多点溯源问题旨在同时寻找虚假信息的多个传播源。

$G(V,E,P)$ 是一个无向且连通的社交网络,其中 $V$ 代表用户集或节点集,即 $u$ 和 $v$,而每个节点只存在已感染和未感染两种状态,$E$ 是从节点 $u$ 到 $v$ 的边集,虚假信息集 $V_g \subseteq V$。对于每条边 $e_{uv}=(u,v) \in E$ 而言,$p_{uv} \in P$ 代表节点 $u$ 能够独立将虚假信息传播并成功

影响其邻点 $v$ 的概率,在虚假信息的传播过程中遵循独立级联模型。因此,在节点集 $V$ 上定义 0-1 函数 $r(\cdot)$,

$$r_v = \begin{cases} 1, & v \in V_g \\ 0, & v \in V \setminus V_g \end{cases} \tag{7.39}$$

在得到 0-1 函数之后,假设 $S \subset V_g$ 是虚假信息来源,则令 $|S|=k$。令 $I_S(v)$ 为 $v$ 的预期感染函数,即当随机选取网络中节点作为源点并在原始网络中进行传播后,将形成预期感染图。将预期感染图中的所有节点 $V_I$ 赋值为 1,而原始图中的其他所有节点赋值为 0,接着,将预期感染图中的节点和实际感染图中的节点进行比较,同时将预期感染图的失配总值定义为

$$\phi(S) = \sum_{v \in V} |I_S(v) - r(v)| \tag{7.40}$$

虚假信息多点溯源问题旨在选择 $S$,以便在独立级联模型下使预期失配总值 $\phi(S)$ 最小。

从图 7.18 不难看出,$V_I$ 和 $V_g$ 可能有部分节点重合,因此将预期感染图中的节点分为两部分,对于处在感染图内的节点,其失配值将表示为

$$\phi(S) = \sum_{v \in V} r(v) - I_S(v)$$

而对于感染图外的节点,失配值将转换为

$$\phi(S) = \sum_{v \in V} I_S(v) - r(v)$$

因此,定义目标函数为

$$\begin{aligned} \phi(S) &= \sum_{v \in V} |I_S(v) - r(v)| \\ &= \phi_1(S) + \phi_2(S) \\ &= \sum_{v \in R} (1 - I_S(v)) + \sum_{v \in V \setminus R} I_S(v) \end{aligned} \tag{7.41}$$

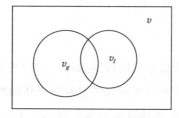

图 7.18 预期感染图与感染图节点集关系网络图

例如,在图 7.19~图 7.21 中,虚假信息源为 $A$ 和 $E$,假设选择节点 $A$ 和 $B$ 作为源点

得到预期感染图，则它们分别表示网络原始图、网络感染图和预期感染图。

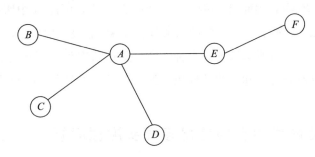

图 7.19　网络原始图

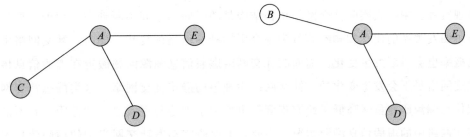

图 7.20　网络感染图　　　　　　图 7.21　预期感染图

因此可以得到完全图的节点集合为 $V=\{A,B,C,D,E,F\}$，而感染图节点集合为 $V_g=\{A,C,D,E\}$，预期感染图为 $V_I=\{A,B,D,E\}$。处于感染图内的节点集为 $V_g$，处于感染图外的节点集为 $\{B,F\}$，则以节点 $A$ 和 $B$ 作为源点可以计算出其失配总值 $\phi(S)$ 为 2。

为了更好地分析目标函数的相关性质，本节通过随机感染生成子图的方法来实现。给定 $G(V,E,P)$，$g$ 是通过一定概率生成的一个感染子图，其中 $V(g)\in V(G)$，$E(g)\in E(G)$，$P_e$ 为边的感染概率。

具体构造过程分两个步骤：

(1) 对于 $e\in E(G)$，在 0 和 1 之间均匀生成一个随机数 $r$；

(2) 当且仅当 $r\leqslant P_e$ 时，$e\in E(g)$。由此可以生成若干感染子图，设 $P[g]$ 为图 $g$ 出现的概率。

由此可以得到，

$$P[g]=\prod_{e\in E(g)}P_e\prod_{e\in E(G)\setminus E(g)}(1-P_e) \tag{7.42}$$

因此，目标函数可以转换为

$$\phi^g(S)=\sum_{v\in V}|I_S^g(v)-r(v)| \tag{7.43}$$

**定理 7.31** 对于种子节点集 $A \subset B \subseteq V$ 而言，其所生成感染子图包含的节点 $V_A \subseteq V_B$。

**证明** 由于 $A \subset B \subseteq V$，因此 $A$ 中的所有节点均在 $B$ 中，因此 $A$ 中所有节点可以感染的子节点均能被 $B$ 中的节点感染，而 $B$ 中的剩余节点将继续感染其他节点，因此 $V_A \subseteq V_B$。 □

由于目标函数中需要对所选取的某个种子节点集的所有生成子图进行线性转换，因此感染子图的相关函数性质与目标函数的性质一致，在感染子图中考虑相关函数性质。

## 7.12 动态社交网络中虚假信息多源头溯源问题

### 7.12.1 问题背景

在现实社会中，真实的社交网络拓扑结构是随时间和空间不断动态变化的，如微信社交网络中朋友关系的建立和删除等行为都会引发社交网络的变化。同时，社交网络中边上的传播概率也会不断发生变化。前面的社交网络虚假信息溯源问题假定在虚假信息传播过程中社交网络是不会发生变化的，社交网络为理想的静态社交网络。这类静态社交网络中的虚假信息溯源研究虽然降低了研究难度但也增大了理论与现实之间的差距，并不能客观反映现实网络中的虚假信息溯源情况。因此，下面研究动态社交网络中的虚假信息多源头溯源问题。

基于静态社交网络的虚假信息溯源问题认为社交网络是静止不变的，没有考虑社交网络拓扑结构的变化对虚假信息传播和溯源的影响。但实际上社交网络是不断发生变化的，这些变化不仅包括拓扑结构本身的变化，也包括边上传播概率的变化。通常，在虚假信息传播过程中社交网络的动态变化也是不能简单忽略的。如手机通信网络是一个每秒都在发生变化的网络，因此其上的信息级联传播过程应该考虑网络拓扑结构变化所带来的影响。

我们提出一种利用足够小的时间间隔 $\Delta t$ 将一段时间内的动态社交网络离散为若干层静态社交网络的方法来刻画动态社交网络。该方法认为在每个 $\Delta t$ 时段内社交网络是静止不变的，而在不同 $\Delta t$ 时段之间的网络是发生变化的。在具体应用中，$\Delta t$ 是一个吻合动态社交网络变化频度的时间段，因此 $\Delta t$ 在不同类型的网络中是不同的。如在一个人际接触网络中的变化频率可能是分钟，所以刻画该动态网络的时间间隔 $\Delta t$ 应该选为分钟级别。而在一个学生群体中的微信朋友关系网络变化频率可能是天，所以刻画该动态网络的时间间隔 $\Delta t$ 应该选为天级别。

图 7.22 是一个在 3 个时间戳分别获取网络快照的动态社交网络，具体刻画过程如图所示。每个时间戳之间的时间间隔是 $\Delta t$。相比于时间戳 $t=1$，在时间戳 $t=2$ 时社交网络发生了部分变化，如节点 $S$ 与节点 $A$ 之间的边消失和节点 $K$ 退出社交网络；但也存在一些

边没有发生变化，如节点 $S$ 与节点 $C$ 之间的边没有发生变化。同样地，相比于时间戳 $t=2$，在时间戳 $t=3$ 网络也发生了部分变化，如节点 $S$ 与节点 $D$ 之间的边重新建立，节点 $K$ 也重新进入了社交网络；但也存在一些边没有发生变化，如节点 $S$ 与节点 $E$ 之间的边没有发生变化。

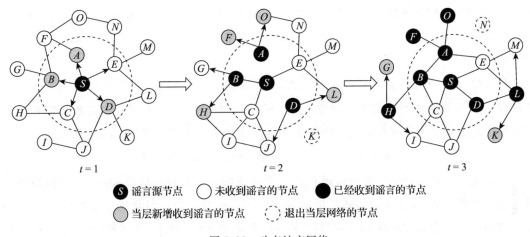

图 7.22 动态社交网络

## 7.12.2 模型构建

将含有 $k$ 个节点的真正的谣言源节点集记为 $S^*$，将谣言源节点集 $S^*$ 开始传播谣言的时刻记为 $t=1$，这也是动态社交网络开始时刻，因此谣言源位于动态社交网络的首层网络中。将谣言源节点集 $S^*$ 从时刻 $t=1$ 开始传播谣言在第 $t$ 层网络中的新增被感染节点记为 $I_t$ ($t=1,2,\cdots,T$)。一般情况下，受限于观察和监测条件，通常只能获取第 $T$ 层网络上的新增被感染节点集合 $I_T$，而不能获取中间层网络中的新增被感染节点集合 $I_t(t \leqslant T-1)$，即不知道谣言在中间传播过程中所感染的节点，这就是**非完全信息下的多源头溯源问题**。

将估计得到的谣言源节点集记为 $S^\dagger$。动态社交网络中的多源头溯源问题的目标是在动态社交网络的首层网络中找到一个含有 $k$ 个节点的估计的谣言源节点集 $S^\dagger$，使得其能合理解释所观察到的第 $T$ 层网络上的新增被感染节点集合 $I_T$。显然，当 $S^\dagger = S^*$ 时，找到了真正的谣言源节点集。

将首层网络中含有 $k$ 个节点的集合 $S$ 作为源头，让其从 $t=1$ 时刻开始按照谣言传播规则传播谣言并能够在第 $T$ 层网络上形成 $I_T$ 的概率记为 $P(I_T|S^*=S)$，那么根据极大似然估计理论可以得到

$$S^\dagger = \underset{S \subseteq V_1}{\mathrm{argmax}} P(I_T | S^* = S) \tag{7.44}$$

一般来说，这里的似然概率 $P(I_T|S^*=S)$ 很难直接计算。为了处理这种情况，本节提出以集合对称差的方法来量化似然概率 $P(I_T|S^*=S)$。将首层网络中任意一个含有 $k$ 个元素的节点集 $S$ 在每一层网络中的传播级联结果记为 $Q_i(S)(i=1,2,\cdots,T)$，则集合 $S$ 在第 $T$ 层网络上的新增级联结果是 $Q_T(S)$，只有当 $Q_T(S)$ 与已经观察到的 $I_T$ 最 "吻合" 时，即认为找到了最有可能的谣言源节点集。我们使用两个集合的对称差来量化集合 "吻合" 的程度。

$I_T \setminus Q_T(S)$ 表示在观察到的第 $T$ 层新增感染节点中并未包含在以 $S$ 作为源头的传播级联在第 $T$ 层网络中的节点集。同理，$Q_T(S) \setminus I_T$ 表示以 $S$ 作为源头的传播级联在第 $T$ 层网络中的节点并未出现在观察到的第 $T$ 层新增感染节点中的节点集。因此有

$$|Q_T(S) \oplus I_T| = |I_T \setminus Q_T(S)| + |Q_T(S) \setminus I_T| \tag{7.45}$$

因为谣言在社交网络中的传播过程是一个复杂的随机过程，所以 $Q_T(S)$ 有指数级别种可能的结果。而 $I_T$ 在谣言传播结束后是一个固定的节点集，因此每一个可能的 $Q_T(S)$ 结果都会对应一个 $Q_T(S) \oplus I_T$。用符号 $f(S)$ 表示 $Q_T(S)$ 与 $I_T$ 不匹配结果 $Q_T(S) \oplus I_T$ 的期望值，即

$$f(S) = E[Q_T(S) \oplus I_T] \tag{7.46}$$

综上所述，动态社交网络中的谣言溯源问题就是在首层网络的节点集合 $V_1$ 中寻找 $k$ 个节点作为谣言源节点集使得目标函数 $f(S)$ 最小。

$$S^\dagger = \underset{S \subseteq V_1}{\mathrm{argmax}} f(S) \tag{7.47}$$

## 7.13 有符号在线社交网络中净正面交互信息量最大化问题

### 7.13.1 问题背景

社交网络是一个由众多用户及其关系组成的复杂网络。这些面向自由通信的复杂网络在用户之间的相互影响中起着至关重要的作用，已经成为人们交流意见、传播信息的理想平台。

近年来，在线社交网站以其庞大的用户群和快速的信息传递能力成为企业和广告商的重要营销平台。在线购物几乎已经走入了每个人的生活，人们通过查看网络中别人的评论、推荐去了解并购买产品。甚至有专门做产品或服务等的测评软件，例如小红书、大众点评等。网络口碑已经变得越来越重要，好的口碑能够促进消费者的购买决策[157-162]，也

就是所谓的口碑效应（word-of-mouth，WOM）。口碑效应基于消费者和消费者之间的交互沟通，而不是企业直接向消费者传播有关产品或服务的信息，从而可以以更快且成本更低的方式找到目标消费者市场。病毒式营销（viral marketing）就是利用"口碑效应"，在社交网络中挑选少量的初始使用产品的用户，通过用户之间不断地推荐提升产品的知名度，营造"口碑效应"，挖掘更多的用户，最终为企业带来经济效益。

当商家的预算确定后，问题的关键变成如何选择有影响力的客户，最大限度地促进"口碑效应"。网络中有较多的关于产品的好评和尽可能少的差评，可以提高产品的销售能力。这个问题称为**净正面交互信息量最大化问题**，即考虑如何在预算范围内尽可能地激发社交网络中关于某个产品或某个话题的推荐或支持的讨论。

与影响力最大化问题不同，影响力最大化问题旨在在给定的预算内选择节点作为种子集，使得受信息扩散影响的节点的预期数量最大化。扩散模型大都基于一个基本假设，即受影响的用户必然会接受该信息或采用该产品，并进一步鼓励其周围的人接受或采用，但忽略了一个重要事实：用户不仅会通过网络传播正面评价，还会传播负面评价。在影响人们的决策方面，负面评价往往更具支配性和影响力。此外，最终目标是信息量而不是所影响的人数，因为使得口碑效应发生作用的是"口碑"而不是人数，口碑效应的人数对于销售额没有显著影响，即"说什么"比"说多少"更重要。例如，对商品或服务的默认好评与详细罗列使用感受、推荐原因的评价，对于刺激消费者购买的影响力是不同的，后者有助于减少潜在消费者的认知负担，或者提供情绪价值、精神价值[159-160]等从而促进销售。

为了满足"网络中有尽可能多的正面信息和尽可能少的负面信息"的要求，净正面交互信息量最大化问题不仅要求影响很多用户，更重要的是要最大化受影响者之间正面互动信息量总和的期望。由于用户可能发布负面信息，所以受影响的用户越多并不一定带来的净正面信息量越多；另外，因为交互信息的内容不同，即使都是正面评论，受影响的用户数和净正面信息量也不是一致的。

图7.23所示的灰色节点和黑色节点分别代表节点被激活为正面状态和负面状态，对应的灰色线段代表正面交互信息，黑色为负面信息，虚边代表交互信息量为1，实边则为0.5；另外还有两个信息传播源节点$A$和$B$。节点$A$能激活的总节点数为11，其中正面激活节点数为8；节点$B$总激活节点数9，正面激活节点数为6，且$A$的负面激活节点数（3个）比$B$（4个）少。但是$A$带来的净正面信息交互量仅为$5.5-4=1.5$，远小于$B$的$11-0.5=10.5$。

净正面交互信息量最大化是一个新问题，与经典的影响力最大化有很大不同。有研究曾讨论过活动最大化问题（activity maximization），可惜的是这种最大化问题仅考虑了人

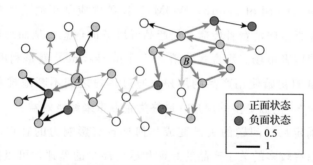

图 7.23 净正面交互信息量最大化与影响力最大化的区别

们对话题的关注度,而没有考虑推荐与差评对口碑的影响区别。影响力最大化方法和活动最大化方法有两个局限性:首先,没有关注用户之间的正面交互信息和负面交互信息的影响力差别。这种差别综合考虑扩散过程形成的网络结构和网络上节点的属性。现有的影响力最大化方法旨在简单地最大化活跃用户的预期数量,很少考虑扩散网络结构的正面状态或负面状态。其次,在技术层面,目标函数具有不同的模性。许多现有的解决影响力最大化问题的方法依赖于目标函数的次模性和超模性,并不适用于净正面信息量最大化问题。

受口碑效应中正面信息对消费的促进作用的启发,研究有符号的社交网络中净正面信息量最大化问题,目的是提高网络中的正面评论量。具体而言,在给定在线社交网络 $G=(V,E,X,P,C)$、有符号影响力扩散模型,以及正整数参数 $k$ 的情况下,在线社交网络中净正面信息量最大化问题是从节点集 $V$ 中选取包含 $k$ 个节点的种子集 $S$ 与其赋值函数 $F$:$S \to \{+,-\}$,使得传播结束时在线社交网络中正面信息量与负面信息量的差值最大。

下面用有符号的独立级联模型阐述"有符号在线社交网络中交互净正面信息量最大化问题",该问题是 NP 难的,其目标函数的计算是 $\sharp P$ 难的。该问题的模型既不是次模的,也不是超模的,主要原因是信息的组合效应。

首先,根据传播模型的传播规则提出传播路径,并设计了独立路径收益和组合路径收益,进一步给出路径的净正面收益值。接着,得到节点 $u$ 及其对应状态作为种子节点时对另一个节点的收益,进而构造正面激活集和正面信息量函数,从而将目标从原问题转化为求解正面信息量函数,由于正面信息量函数是单调次模的,因此可以用贪心算法求得解。

## 7.13.2 模型构建

**有符号独立级联模型**

有符号的独立级联模型是独立级联模型的扩展。用有向图 $G=(V,E,X,P)$ 建模社交网络中信息的传播,其中 $V=V^p \cup V^n$ 是用户集(节点集),$E=E^p \cup E^n$ 是有向边的集合,

图中共有 $N$ 个用户（节点），$M$ 条边，即 $|V|=N$，$|E|=M$。$V^p$ 和 $V^n$ 分别是正面激活的节点集和负面激活的节点集。$E^p$ 和 $E^n$ 分别代表正面和负面的边集。每条边 $(u,v) \in E$ 上用 $p_{u,v} \in P$ 代表用户 $u$ 成功推荐（激活）用户 $v$ 的概率。需要注意的是，图是不对称的，即 $p_{u,v} \neq p_{v,u}$。此外，有符号的社交网络中每条边上还有符号变量 $x_{u,v}=\{-1,1\}$，$x_{u,v} \in X$，$x_{u,v}=1$ 表示 $u$ 与 $v$ 之间为正面关系（代表朋友、信任、喜欢的关系），$x_{u,v}=-1$ 表示 $u$ 与 $v$ 之间为负面关系（代表敌人、不信任、不喜欢的关系）[163]。

在有符号的信息传播网络中每个节点有非激活状态、正面激活状态和负面激活状态三种状态。在基于独立级联模型的有符号网络中，信息的传播过程是以离散步骤 $t_0, t_1, t_2, \cdots$ 展开的。

(1) 初始状态 $t_0$ 下，给定的种子集 $S$ 中的节点状态是正面激活态或负面激活态，其他的节点是非激活的。

(2) 在每个时间步 $t$ 中，每个新激活的节点 $u$ 都有且只有一次机会以概率 $p_{u,v}$ 去尝试激活到目前为止还没有被激活的每一个邻居节点 $v \in N^{\text{out}}(u)$。邻居节点 $v$ 被激活为正面状态或负面状态取决于当前节点 $u$ 的状态及它们之间的关系。若用 $f$ 表示节点 $u$ 的状态，如果他们之间是正面关系，$x_{u,v}=1$，则将激活 $v$ 为状态 $f$；反之，若为负面关系 $x_{u,v}=-1$，则将激活 $v$ 为状态 $\bar{f}$，这里 $\bar{f}$ 代表 $f$ 的相反状态。

(3) 节点 $u$ 对 $v$ 的激活不会受到 $v$ 的其他邻居的影响，即邻居对节点 $v$ 的激活尝试是相互独立的。若在某个时间步 $t$ 中，一个非激活节点 $v$ 被它的在时间步 $t-1$ 时被激活的多个邻居尝试激活，按照随机顺序进行激活尝试，一旦 $v$ 被激活成功则改变状态，并且不再进行剩余邻居节点的激活尝试。

(4) 新激活的节点根据上述规则尝试激活其非激活态的邻居节点。这样的激活过程不断重复，直到网络中不再有节点被激活时，传播过程结束。

在图 7.24 中，初始状态以及边上的符号所导致激活节点的状态有正面和负面，种子节点及对应状态为 $S=\{(A,+),(B,-)\}$。考虑到深灰色节点将会在 $t=2$ 时同时受到正面激活尝试和负面激活尝试，有符号独立级联模型将以随机顺序对其进行激活（即两种顺序），一旦被第一个节点激活成功将不再被另外一个节点尝试激活。

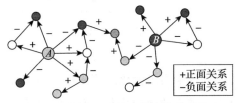

图 7.24　有符号网络中节点的激活状态

在有符号网络中，当正面影响通过负面边传播时，它将变为负面，负面影响在通过消极边传播后会变得有用。利用这种负面关系来有效地选择使网络中某信息正面评论数、信息量最大的种子是很重要的。

**净正面信息量最大化**

净正面信息量最大化问题通过额外的参数 $C$ 来描述信息交互量。每条边 $(u,v) \in E$ 均具有与用户之间交流信息强度有关的参数 $c_{u,v} \in C$。与表示节点如何影响（激活）其邻居 $v$ 的概率参数 $p_{u,v}$ 不同，$c_{u,v}$ 代表了当两个节点 $u,v$ 都处于激活状态时，所产生的交互信息量的多少。一对节点之间的交互信息量取决于应用程序的场景。例如，可以使用机器学习方法从交互日志数据中学习，或者简单地使用一些统计结果作为交互强度。在有符号的社交网络中，$c_{u,v}$ 所对应的边 $e_{u,v}$ 两端的激活节点状态不一定处于同一个状态。考虑研究对象为非对称的有向图（边 $e_{u,v}$ 代表 $u$ 能影响 $v$，反之不一定），因此所产生的交互信息量为正面或为负面取决于传入节点 $u$ 的激活状态。

给定有符号的在线社交网络 $G$、种子集 $S$ 及给 $S$ 中节点赋予状态的赋值函数 $F: S \to \{+, -\}$，在信息扩散模型下可以得到传播结束时的子图 $G_S = (V_S, E_S)$，其中 $V_S = V_S^+ \cup V_S^-$ 是由正面激活的节点集 $V_S^+$ 和负面激活的节点集 $V_S^-$ 共同构成的激活节点集，$E_S$ 是其两个端点均在 $V_S$ 集合中的所有边的集合：$E_S = \{(u,v) \in E | u \in V_S \cap v \in V_S\}$。然后，可以定义给定种子集 $S$ 的正面信息交互量为

$$\sigma_C(S) = E\Big[\sum_{(u,v) \in E_S, u \in V_S^+} c_{u,v} - \sum_{(u,v) \in E_S, u \in V_S^-} c_{u,v}\Big] \quad (7.48)$$

其中，$E[\cdot]$ 是期望算子。由于信息扩散是一个随机过程，所有取期望。信息交互量衡量激活状态的节点之间的整体交互量，反映社交网络中传播信息的整体信息量。

**定义7.8** 给定有符号在线社交网络 $G = (V, E, X, P, C)$、种子集 $S$ 和赋值函数 $F: S \to \{+, -\}$，经过传播得到传播结束时的子图 $G_S = (V_S, E_S)$。在线社交网络中正面信息量最大化问题就是选择 $k$ 个用户，并确定每个用户初始状态 $F$，组成种子集 $S$ 发布信息，使得最终网络中正面信息量减去负面信息量的差值最大，即

$$S^*, F^* = \arg\max \sigma_C(S) = E\Big[\sum_{(u,v) \in E_S, u \in V_S^+} c_{u,v} - \sum_{(u,v) \in E_S, u \in V_S^-} c_{u,v}\Big] \quad (7.49)$$

$$\text{s.t.} \quad S \in V$$
$$|S| = k$$

从定义可以看出，与传统的影响力最大化问题一样，净正面信息量最大化是一个离散优化问题。在原问题的基础上，节点的激活状态变为正面激活和负面激活两种。

## 7.13.3 理论分析

首先说明净正面信息最大化问题的求解难度和目标函数的非单调性，然后讨论目标函数 $\sigma_C(\cdot)$ 的模性。

**目标函数的复杂性**

**定理 7.32** 在有符号独立级联模型下，净正面信息量最大化问题是 NP 难的。

**证明** 选集合覆盖问题作为参照物[164]，集合覆盖问题是个 NP 完全问题。给定一个集合 $U=\{u_1,u_2,\cdots,u_n\}$ 和一个集合的集合 $S=\{S_1,S_2,\cdots,S_m\}$，$S$ 中集合的并集为 $U$。集合覆盖问题是判断 $S$ 中是否存在 $k$ 个集合，其并集等于 $U$。

构造一个数量为 $2n+m$ 个节点的图。为每个元素 $u_i$ 创建两个节点 $b_i^1$ 和 $b_i^2$，为每个集合 $S_j$ 构造一个节点 $a_j$。如果集合 $S_j$ 中包含元素 $u_i$，则构造传播概率 $p(e)=1$、边上符号 $x(e)=-1$、边上信息强度 $c(e)=0$ 的两条有向边 $e\in\{(a_j,b_i^1),(a_j,b_i^2)\}$。另外，还在每个元素 $u_i$ 对应的两个节点 $b_i^1$ 和 $b_i^2$ 之间构造传播概率 $p(e)=0$、边上符号 $x(e)=1$、边上信息强度 $c(e)=1$ 的有向连边 $e\in\{(b_i^1,b_i^2)\}$。

因为图中所有的边的概率为 0 或 1，所以信息扩散过程是一个确定性过程。另外，注意到边 $(a_j,b_i^1)$、$(a_j,b_i^2)$ 的符号 $x=-1$，我们选择初始节点时的状态为负面激活状态，即 $F:S\rightarrow\{-\}$。若有初始节点为正面激活状态，将其替换为负面激活状态后会增加目标函数 $\sigma_C(S)$ 的值，所以初始状态为负面激活状态。

所以集合覆盖问题等价于判断是否存在 $k$ 个初始状态为负面激活的节点 $a_j$ 的集合 $S$，使得 $\sigma_C(S)=n$。定理得证。 □

**定理 7.33** 给定一个种子节点集 $S$，在有符号独立级联模型下计算 $\sigma_C(S)$ 是 #P 难的。

**证明** 选择有向图中 $s-t$ 连通性的计数问题[128]，给定有向图 $G=(V,E)$ 和图中的两个节点 $s$ 和 $t$。$s-t$ 连通性的计数问题是计算 $s$ 连接到 $t$ 的 $G$ 的子图数量。可以看出，这个问题相当于当 $G$ 中的每条边独立地具有 1/2 概率连接、1/2 的概率断开时计算 $s$ 连接到 $t$ 的概率。

然后，将 $s-t$ 连通性的计数问题简化为净正面交互信息量问题。令 $\sigma_C(S,G)$ 表示给定种子集 $S$ 在图 $G$ 中的净正面交互信息量。首先，令 $S=\{s\}$，对于图 $G$ 中所有的边 $e\in E$ 的传播概率 $p(e)=1/2$，且边的符号 $x(e)=1$，种子集的初始状态均为正面激活状态 $F:S\rightarrow\{+\}$，因此传播过程中不会出现负面激活状态的节点，然后计算 $C_1=\sigma_C(S,G)$。接着，在图 $G$ 中添加一个新的节点 $t'$，$t$ 到 $t'$ 的有向边为 $(t,t')$，并令该边的传播概率 $p_{t,t'}=1$，

信息交互量 $c_{t,t'}=1$，从而得到一个新的图 $G'$，然后计算 $C_2=\sigma_C(S,G')$。用 $p(S,v,G)$ 表示节点 $v$ 在图 $G$ 中被种子集 $S$ 激活的概率，则 $C_2=C_1+p(S,v,G')\cdot c_{t,t'}$，此外，因为有 $p(S,v,G')=p(S,v,G)\cdot p_{t,t'}=p(S,v,G)$，所以 $C_2=C_1+p(S,v,G)$。因此 $C_2-C_1=p(S,v,G)$ 即为图 $G$ 中 $s$ 连接 $t$ 的概率，这就解决了 $s-t$ 连通性的计数问题。该问题是 $\sharp P$ 完全问题[128]，因此影响扩散计算问题是 $\sharp P$ 难的。  □

**目标函数的性质**

影响力最大化问题在独立级联模型中是单调次模的，从而可以采用贪心算法得到近似解[6]。但是，净正面交互信息量最大化问题的目标函数不是单调的也不是次模的。而且，$\sigma_C(\cdot)$ 也不是超模函数。

**定理 7.34** 在有符号独立级联模型下，$\sigma_C(\cdot)$ 不是单调的也不是次模的。

**证明** 用反证法。假设 $\sigma(\cdot)$ 是次模的，对于两个集合 $X,Y\subseteq V$ 且 $X\subseteq Y$，则必须满足 $\forall v\in V\setminus Y, \sigma(X\cup\{v\})-\sigma(X)\geqslant\sigma(Y\cup\{v\})-\sigma(Y)$。图 7.25a 的例子中边上的符号表示边的正、负关系，实线代表该边的传播概率 $p(e)=1$ 且信息量 $c(e)=1$，虚线代表 $p(e)=0$ 且 $c(e)=1$。令种子节点集中负面激活状态的节点的集合为 $A$ 和正面激活状态的节点的集合为 $B$，由传播规则可得 $\sigma_C((A,-))=-2$，$\sigma_C((B,+))=4$，$\sigma_C((A,-)\cup(B,+))=7-2=5$，因此可以得到，

$$\sigma_C((A,-))-\sigma_C(\varnothing)<\sigma_C((A,-)\cup(B,+))-\sigma_C((B,+))$$

所以 $\sigma_C(\cdot)$ 不是次模的。

因为 $\sigma_C((A,-)\cup(B,+))>\sigma_C(\varnothing)>\sigma_C((A,-))\sigma_C((A,-))$，所以 $\sigma_C(\cdot)$ 是非单调的。  □

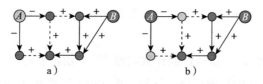

图 7.25 非次模和非超模的反例

**定理 7.35** 在有符号独立级联模型下，$\sigma(\cdot)$ 是非超模的。

**证明** 根据超模的定义，只需要给出一个不满足超模性的例子即可。以图 7.25b 为例，$A$ 和 $B$ 分别代表初始时正面激活状态的节点和负面激活状态的节点。$\sigma_C((A,+))=2$，$\sigma_C((B,+))=4$，$\sigma_C((A,+)\cup(B,+))=3$，因此可以得到

$$\sigma_C((A,+))-\sigma_C(\varnothing)>\sigma_C((A,-)\cup(B,+))-\sigma_C((B,+))$$

与假设矛盾，因此 $\sigma(\cdot)$ 不是超模函数。  □

定理 7.34 和定理 7.35 的证明采用的是同一个网络图,但是当种子节点初始状态翻转,将体现出不同的函数性质。导致这个现象的原因不仅是有符号网络上信息传播具有翻转的特性,更是因为节点之间的"信息组合效应"。可以看到由节点 $A$ 和节点 $B$ 激活的节点将会因为网络结构而有额外的信息量收益,即图 7.25a、b 中的三条虚线边,在单独激活节点 $A$ 或者 $B$ 时都没有信息量的收益,但若同时激活这两个节点就要考虑新添加的节点和现有的种子节点可能会激活一条边的两个端点从而带来信息量增益或减少,这与不考虑信息组合效应的网络结构的影响力最大化问题有很大不同。

有符号在线社交网络中净正面交互信息量最大化问题研究社交网络中正面信息量传播而非受影响人数的扩散。具体而言,从网络中选择一部分节点作为初始种子节点传播信息,利用有符号网络中"敌人的敌人是朋友"这一传播特性,使得传播结束时网络中正面交互信息量减去负面交互信息量最大化。注意,正面信息和负面信息是相对的概念。如果希望中性倾向的信息量最大化,那么中性即对应文中的正面。该问题是 NP 难的,计算是 ♯P 难的,另外,该问题没有单调性和模性。

## 7.14 基于马尔可夫链的谣言动态传播问题

深度学习在一些分类识别问题上具有极高的优越性,但这种方法对底层规律的探索还不足。对于谣言传播问题,除了在下游任务上的研究外,以科学角度去分析影响谣言传播的各种因素,从底层机制探究谣言网络传播扩散规律,并利用这些规律设计合理的谣言控制策略。

### 7.14.1 问题背景

随着网络科学的不断发展和网络技术的快速更新,在线社交网络上出现了越来越多的新功能,例如多群组结构。这样的功能使信息传播不再依赖以往的人际社交关系,而更像一个广播站一样面向整个群组成员。群组为大规模网络中信息的快速传播提供了更便利的环境,在线社交网站中用户不仅可以直接从有社交关系的朋友那里获取信息,还可以以加入群组的方式获取更多信息。用户不仅是信息的接收方,他们也可以成为信息的生产者和传播者。但是由于人们的背景相同,对于网络谣言的辨别力也不一样。在多群组社交网络中,用户不仅可能受到自己朋友的影响,还可能在群组中受到不认识的群组成员的影响。谣言一旦出现,有的用户就会在群里广为传播,因此网络谣言在多群组的社交网络中传播速度比以往传统的社交媒体更快更广。可以看出,群组的出现显著增加了谣言的曝光量,提高了人与人之间错误信息交互的频率，也扩大了谣言的传播半径。群体影响通常会使个体采纳其邻居所持有的行为，导致状态在整个网络中传播。

大多数模型建立在社交网络边基础上，没有考虑到群组这一新特点。而且为了适应更多的情况，大多数模型都是基于一般假设，忽略了个体间的差异性，假设人们是行为同质化的网络节点。但事实上，已有研究表明，不同的人格特征直接影响着人们在社交平台中的互动。此外，大多数研究者将谣言传播模型局限于静态网络，假设在每一轮传播中被激活的用户具有相同的传播概率。所以许多研究人员在建立传播模型时，都沿用了"抛硬币"的方法将网络转换为静态传播网络。而且为了简化模型，大多数研究也没有关注人们的意见转变，因此渐进式模型在以往的研究中占绝大部分。

我们试图探索谣言传播的内在规律。因此，在建立谣言传播模型时，同时考虑了个体知识的差异、观点的转移、传播时间的动态以及群组网络拓扑结构对谣言传播的影响。同时，基于用户对谣言的态度，给出一种新的用户意见分类方法，并提出一种新的基于马尔可夫链模型的谣言动态竞争传播模型。

在线社交网络首先是一个社会互动和个人关系的网络。一般而言，在线社交网络可以被建模为若干节点和边组成的图 $G(V,E)$。我们关注目前较常见的群组结构，对社交网络的拓扑结构进行拓展，构造多群组网络模型。与经典网络不同，这些群组是由用户自身的兴趣和共同关注而形成的。在一个社交网络中可以有多个群组，一个用户也可以同时加入很多群组。在群组中，信息传播不再是通过网络边的方式进行流动，而是通过群组的机制——群内信息共享。换句话说，群组中的用户可能是朋友，或者彼此不认识、没有任何关系，但群内信息的传播不再依赖用户之间的关系，即使群中互不认识的人发送消息，该消息也会对群中所有用户可见。这表明信息不仅可以在强关系中传播，也可以在弱关系中传播。事实上，多群组结构在许多广为人知的社交网络中都存在，例如微信、Facebook 和 YouTube 等。

### 7.14.2 模型构建

多群组在线社交网络可以被建模为一个有向无环图 $G(V,E,g)$，其中 $V$ 是节点集（每个节点代表一个个体），$E \subseteq V \times V$ 表示一个边集（每条边代表两个相邻个体之间的连接关系），$g$ 代表社交网络中所有群组的集合，$g^i(v_i,e_i) \in g$ 是一些用户自发形成的一个小群组。$v_i$ 和 $e_i$ 表示群组 $g^i$ 中的点集和边集，并且 $v_i \subseteq V$，$e_i \subseteq E$。如图 7.26 所示，这是一个多群组社交网络，其中包含了 10 个节点、12 条边和 3 个群组。从图中可看出，节点 1 和节点 5 都属于 $g^1$ 和 $g^2$。节点 3 属于 $g^2$ 和 $g^3$。在 $g^1$ 中，节点 1、4 和 8 没有任何连边，但

它们可以共享群 $g^1$ 中的信息。多群组社交网络是在普通的社交网络中添加了一些群组结构。群组是由于用户的相同兴趣或关注而形成的，因此群组内的个体通常在某些方面更具有相似性。

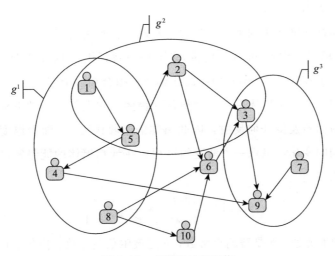

图 7.26　多群组社交网络

下面通过对个体异质性的分析，选出个体知识水平这一指标作为个体异质性的描述，然后在此基础上详细描述所提模型的理论依据、公式及方法。

**构造个体异质性变量**

在建立谣言传播模型时，尽管很难对人类的情绪、知识和选择策略进行建模，但个体的异质性却是一个重要的因素需要被考虑。Afassinou 指出，教育对制止谣言传播有显著的作用。这显示出个体的知识背景在谣言扩散过程中起着至关重要的作用。我们选择可量化的重要指标——知识水平——作为个体异质性的参数。总的来说，知识渊博的人对一个信息或一件事物有更全面的认识和理解。对于谣言而言，知识程度高的人比知识程度低的人可以从更多维度去分析信息的可信度和真实性。因此，可以将知识水平定义为个人评估信息可靠性的能力。对于每个节点 $v_i$，都设置一个代表个体知识水平的参数 $b_i$，其值在 $(0,1)$ 之间变化。$b_i$ 值越大，代表节点 $v_i$ 知识缺乏程度越高，拥有的知识越少。

接收到谣言的节点这里称为被谣言激活的节点。谣言能成功被传播是指一个激活的节点如果对谣言感兴趣，选择将此谣言发送给邻居或群组成员。在建立谣言传播模型时，由于个体异质性，谣言对不同个体的吸引力也是不同的。为了更好地模拟真实情况，将对不同个体接收谣言的吸引力进行了分析。在传播过程的初始阶段，谣言通常以引人注目的方式出现，因此人们特别容易被它吸引。在这一阶段，吸引值呈现快速增长的趋势，但随着收到的此类谣言数量的增加,该值呈现出逐渐下降的趋势。这一现象很容易从边际效应递减的经验中理解得到。此外,由于个体异质性,谣言对不同节点的吸引力也会发生变化。如上所述,知识越丰富的人越容易辨别信息的真假性。因此,对较高知识储备的用户而言,谣言对他们的吸引力会降低。

在分析多群组社交网络中的个体行为时,发现谣言吸引力函数的趋势与普朗克的黑体辐射定律中黑体辐射、波长和温度的曲线外观一致,因此使用普朗克黑体辐射定律(Planck's blackbody radiation law)中的曲线函数来拟合谣言吸引力的问题。在物理学中,普朗克黑体辐射定律描述了黑体是一种理想化的物体,它在任何条件下都可以完全吸收任何波长的外界辐射而不发生任何反射,因此黑体的吸收比为 1。随着温度的不同,黑体的颜色开始发生不同的变化,呈现一个渐进的过程。在计算黑体的能量密度时,普朗克给出了功率强度的理论表达式:

$$I(\lambda, T) = \frac{2\pi hc^2}{\lambda^5} \cdot \frac{1}{\mathrm{e}^{hc/\lambda kT} - 1} \tag{7.50}$$

这里的 $c$ 是真空中的光速,$h$ 是普朗克常数,$k$ 是玻尔兹曼常数。换句话说,黑体辐射的强度 $I(\lambda, T)$ 取决于波长 $\lambda$ 和黑体的温度 $T$。受此函数的启发,我们用一个类比,将谣言对个体的吸引力视为个体知识水平和个体接收谣言次数的函数。为了符合谣言传播模型,在此简化式 (7.50) 中的常数项,并降低参数的幂,以保证取值范围在 [0,1] 之间。因此,谣言对个体 $v$ 的吸引力可以被定义如下:

$$A_v(t, b_v) = \frac{1}{t^2} \cdot \frac{1}{\exp\left(\frac{1}{tb_v}\right) - 1} \tag{7.51}$$

这里的 $t$ 表示个体接收谣言的次数,$b_v$ 代表用户 $v$ 的个体知识缺乏程度。在式 (7.51) 中的个体知识缺乏程度 $b_v$ 好比式 (7.50) 中的温度 $T$,接收谣言的次数 $t$ 好比波长 $\lambda$。也就是说,随着个体知识的不同,谣言的吸引力也会开始发生变化,呈现出类似于式 (7.50) 的渐进过程。

在谣言传播过程中,节点第一次接收到谣言的次数记为 $t_0$,根据式 (7.51),可以画出谣言吸引力 $A_v(t, b_v)$ 在不同的知识缺乏程度 $b_v$ 以及不同的接收次数 $t$ 下的线图,如图 7.27 所示。

图 7.27 中横轴代表接收谣言的次数,即用户被激活的次数;纵轴代表谣言对用户的吸引力值。为了得到可测量和可视化的用户知识水平 $b_v$,这里取了 5 个值来衡量用户的知识缺乏程度。可以从图中看出,$b_v$ 分别取值为 0.1,0.3,0.5,0.7 和 0.9。取值越大,说明个体的知识缺乏程度越高。从线图中也可以看出,在相同激活次数的情况下,谣言的吸引力

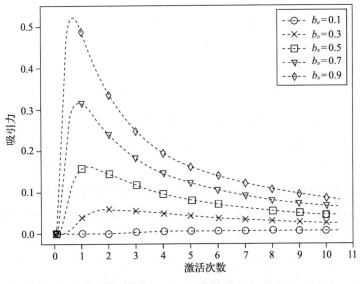

图 7.27 谣言对不同 $b_v$ 的用户的吸引力

随着个体知识缺乏程度增大而逐渐变高。正如前面分析的,知识水平越高的人往往越容易识别错误信息,因此这类人在人群中被谣言吸引的概率并不大。相反,知识水平越低的人则越容易被谣言吸引,因此传播谣言的可能性也就更高。此外,当个体第一次收到谣言时,个体有一个吸收和理解这个信息的过程。因此,从 $t_0$ 开始,谣言对个体的吸引力有一个快速增加的过程。当个体完全理解这个信息时,谣言的吸引力会逐渐降低。这种吸引力达到峰值后迅速衰减的特性也是网络中动态扩散的表现。这与传统的线性阈值和独立级联模型不同,传统的线性阈值和独立级联模型假设一个用户在谣言传播过程中只能被激活一次。根据实际情况,用户很可能在一个谣言传播周期中反复接收到相同的谣言信息。如果用户看到了谣言,就认为他被激活一次。这里需要强调的是,被激活的用户不一定会传播谣言。接下来,将详细介绍用户的激活过程。

**建模用户激活过程**

传播过程中用户的激活还是沿用独立级联模型中概率激活的思想,但不同的是,模型基于动态传播过程,因此需要对独立级联模型中固定传播概率进行拓展与改造。在多群组社交网络中,为每条边 $e(u,v) \in E$ 定义一个参数 $p_{uv}$,它表示节点 $u$ 对节点 $v$ 的影响。也就是说,节点 $u$ 向节点 $v$ 发送谣言,并且节点 $v$ 成功接收该谣言的概率。也可以称 $p_{uv}$ 是节点 $u$ 成功激活节点 $v$ 的概率。如果节点 $v$ 接收到已激活节点发送的谣言信息,则称节点 $v$ 被成功激活,否则,称节点 $v$ 未被激活。可见,成功激活包含两个方面:发送方和接收方。

因此，该模型将节点 $u$ 成功激活节点 $v$ 的概率定义为

$$p_{uv}(t) = p_u^{\text{send}}(t) \cdot p_v^{\text{acc}}(t) \tag{7.52}$$

此处 $p_u^{\text{send}}(t)$ 表示节点 $u$ 在 $t-1$ 时被激活，且在 $t$ 时愿意发送谣言的概率，$p_v^{\text{acc}}(t)$ 表示节点 $v$ 在 $t$ 时能接收到该条信息的概率。

对于发送端，节点 $u$ 是一个被谣言激活的节点，相信这个谣言，并愿意在 $t$ 时将其发送给其他节点。我们知道，谣言对用户的吸引力是用户在收到谣言后是否愿意转发该谣言的一个重要因素。因此用户发送谣言的可能性 $p_u^{\text{send}}(t)$ 取决于谣言对个人的吸引力 $A_v(t,b_v)$。此外，个体的影响力也会对谣言扩散产生影响。一般来说，人们更愿意相信和追随那些比自己受教育程度高或声望更高的人。通过研究热门微博中的社会热点事件，发现经过认证的用户往往会吸引更多关注。大多数用户更愿意转发认证用户发布的微博。这里的经过验证的用户就是在某个领域拥有大量知识和高影响力的人。因此，一个人是否愿意传播谣言也取决于是谁发送给他的。Kempe 等也声称，入度越高的节点对其他节点的影响力越大。因此，可以用传播节点 $s$ 和接收节点 $u$ 的知识缺乏程度的比值来评价用户之间的影响。节点 $u$ 的发送概率可构造为

$$p_u^{\text{send}}(t) = A_u(t,b_u) \cdot \frac{b_u}{b_s + b_u} \cdot \alpha \tag{7.53}$$

其中，$\alpha$ 是谣言传播过程中隐含参数，$b_u$ 是节点 $u$ 的知识缺乏程度，$b_s$ 是指节点 $s$ 的知识缺乏程度，节点 $s$ 是传播谣言给节点 $u$ 的父节点。这里需要指出的是，在所构建的模型中，初始负节点（发布谣言的用户）和初始正节点（发布正面信息或辟谣信息的用户）在最开始的发送概率都等于 1。

对于谣言接收方，由于用户在群组中和非群组中接收信息的方式各不相同，因此接收概率需要分别讨论。这也是研究多群组社交网络的意义所在。首先，讨论在非群组中的情况。在图 $G(V,E,g)$ 中，如果边 $e(u,v) \in E$，且激活节点 $u$ 通过这条边将谣言转发给它的子节点 $v$，那么节点 $v$ 的接收概率可以评估节点 $v$ 从其邻居中接收到该谣言的概率。节点 $v$ 的接收概率不仅与节点 $v$ 自身的度有关，还与其父节点 $u$ 的度有关。因为度大的节点对相邻节点的影响能力更强，同时也不容易被影响。因此，在非群组结构中，考虑到发送端 $u$ 对接收方 $v$ 的影响，节点 $v$ 的接收概率可表示为

$$p_v^{\text{acc}}(t) = \frac{d(u)}{d(v) + d(u)} \tag{7.54}$$

其中 $d(u)$ 是指节点 $u$ 的出度，$d(v)$ 指节点 $v$ 的入度。在谣言传播过程中，一旦非激活节点接收了谣言，就被激活。

下面讨论群组结构的影响。在图 $G(V,E,g)$ 中，由于群组的特点，群组中所有成员都

有权限接收群组中发送的信息,而不需要和发送人建立直接的社交关系。所以用户之间的边对群组内部用户的影响不大。但是如果一个个体愿意关注一个群组,那么这个个体就有更多的机会接收到群组内的信息。可见,个体对群组的关注意愿取决于个体对群体的黏性。为了衡量这种黏性,使用节点在群组中关注的朋友数和群组中节点的总数作为衡量指标。

$$p_v^{\text{group\_acc}}(t) = \frac{|F(g^i(v))|}{|g^i(v)|} \tag{7.55}$$

其中 $|F(g^i(v))|$ 代表节点 $v$ 在群组 $g^i$ 中的关注数,$|g^i(v)|$ 代表群组 $g^i$ 中节点总数。

根据上述分析,可以将其合并起来,用以下公式来计算节点 $v$ 被激活节点 $u$ 成功激活的概率。

$$\begin{aligned}p_{uv}(t) &= \begin{cases} p_u^{\text{send}}(t) \cdot p_v^{\text{acc}}(t), & e(u,v) \in E \\ p_u^{\text{send}}(t) \cdot p_v^{\text{group\_acc}}(t), & \{u,v\} \subseteq g^i, e(u,v) \in \emptyset \end{cases} \\ &= \begin{cases} A_u(t,b_u) \cdot \dfrac{b_u}{b_s + b_u} \cdot \dfrac{d(u)}{d(v) + d(u)} \cdot \alpha \\ A_u(t,b_u) \cdot \dfrac{b_u}{b_s + b_u} \cdot \dfrac{|F(g^i(v))|}{|g^i(v)|} \cdot \alpha \end{cases}\end{aligned} \tag{7.56}$$

到这里,完成了节点的激活阶段。为了最大限度地考虑谣言传播中非知情用户的体验,以疏通谣言的方式为主,故模型采取了竞争传播的策略。也就是说,整个传播过程既有谣言节点,也有正面疏导节点。因此当谣言传播开始后,网络中可以选择几个节点来传播正面信息,与谣言进行竞争。需要注意的是,在此过程中,受正面节点影响的节点将不再受谣言(负面)节点影响。例如,图 7.28 所示的是一个竞争传播的简单示例图。图中一共有 10 个节点和 2 个群组,它展示了在社交网络中带有一个正面节点的谣言传播过程。

由上图可知,假设节点 4 是 $t_0$ 时刻的初始负面节点,节点 6 是初始正面节点。在迭代时间步 $t_1$ 中,节点 4 根据连接和群组关系将负面信息传播到节点 1、2、3、6。在这个过程中,节点 1、2、3 被激活,但只有节点 1 和节点 2 愿意以各自的发送概率 $p_1^{\text{send}}$ 和 $p_2^{\text{send}}$ 传播负面信息。另一方面,初始正向节点 6 向邻居和群组发送正面信息,时间步 $t_1$ 中,节点 7、8、9 受到影响,节点 7 和节点 8 愿意以概率 $p_7^{\text{send}}$ 和 $p_8^{\text{send}}$ 传播正面信息。虽然节点 9 没有传播,但它不再受谣言节点的影响。在时间步 $t_2$ 中,节点 5 和节点 9 分别受节点 7 和节点 8 的影响成为正面节点。同时,节点 3 再次受到传播负面信息节点 2 的影响,成为传播负面信息节点。在时间步 $t_3$ 中,节点 5 和节点 9 分别向节点 1 和节点 0 传播正面信息。最终,节点 1 和节点 0 都受到影响,它们将继续影响它们的邻居和其他群组成员。

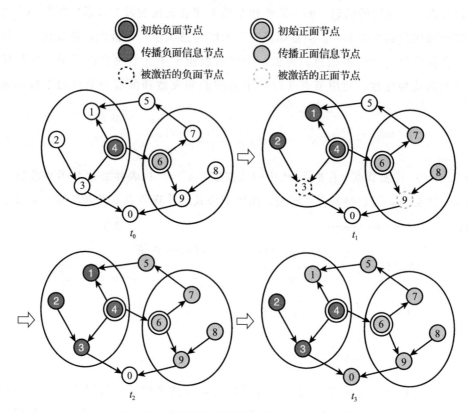

图 7.28 多群组社交网络中信息竞争传播示例

**个体意见转移模型**

很多传播模型假设节点被激活后就完成了传播,但是人们接收到信息只是一个前期的受众过程,这个过程应该和人们后续的行为分开处理。人们接收到信息后是愿意进一步传播(支持),还是对其视而不见(忽略),或是否认(拒绝)接收到的信息,这些反应会发生转移。因此对于谣言的传播过程,需要着重分析用户的个体意见行为。

**用户意见分类**

谣言在社交网络中的扩散过程基于自发过程和接触过程。如上所述,由于多群组中个体知识水平的差异,不同的人对同一个谣言会产生不同的看法。当用户接收到一个谣言信息时,他们可能会基于自己的主观意见选择支持、忽略或拒绝该谣言。这就是一个节点在接收到谣言后不一定会传播的原因。个体在不受外界干扰的情况下,根据自己的知识水平改变和修正观点的过程,是一个自发的过程。另一方面,与知识水平较高或传播正向信息的用户接触后,一个人的观点可能会改变。这个过程是一个接触过程。因此,基于以上两种机制，可以将用户意见分为两类。一种被称为**意见坚定者**，这类用户的意见一旦形成，就不会改变。例如，最初传播谣言的带有某种目的负面用户、发布辟谣信息的正面用户，以及受到正面信息影响的用户。另一种被称为**意见改变者**。用户会根据自己的知识、经验和接触的朋友的观点对自己的意见进行修正。可以看出，意见坚定者的状态是非常稳定的，但是意见改变者会导致传播的不确定性。因为他们的观点将在很大程度上决定谣言传播的速度和广度。因此，意见改变者是研究的重点。

图 7.29 中详细列出了用户意见的类别，并进一步将意见改变者分为三种：传播者，相信谣言并传播谣言的人；沉默者，可能因为对信息不感兴趣或者存有质疑而不参与传播谣言的用户；拒绝者，基于自己的知识辨别出信息是谣言的用户。

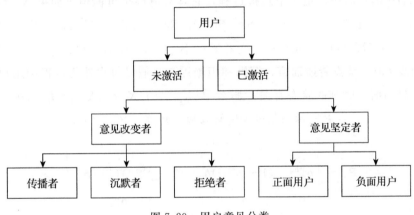

图 7.29 用户意见分类

谣言传播本质上是一个时空混合的传播过程，它不仅在网络结构上发生了改变，在传播过程中，整个系统的描述因子也在实时发生转移变化，所以在时间和空间上进行联合建模是非常必要的。传统的如马尔可夫链等方法非常适合此类问题，在有效简化问题的同时，还可以建模传播过程中的时序特性，将问题聚焦在时间转移矩阵上，通过对状态空间的分析与判断，在时序上建立一个可观测可计算的模型。

在谣言的动态传播中，用户的意见也体现了动态的过程。因为在谣言多次传播至同一个用户时，如果用户是意见改变者，那该用户的意见极有可能发生转变。而且用户下一时刻的意见转变只取决于现有状态，与过去状态无关。因为用户需要根据自己当前的状态做出判断，并结合信息发送者的影响对自己的意见做出修正。但这里假设在谣言传播的过程中，用户一旦收到正面辟谣节点发送的信息，就会变为正面的意见坚定者。由于这种意见转变是不可避免的，所以这里只讨论不受正面节点影响的激活用户的状态转变。因此根据这些分析，这里用一个离散时间马尔可夫链来构建意见改变者的意见动态转移过程。离散时间马尔可夫链是一个很好的工具,它能够描述单个节点动力学以及确定宏观临界特性和整个相图。

在建立意见转移模型之前,还需要考虑什么条件会改变用户的意见。已有的研究认为每个个体都有一个固定的先天意见,反映了个体在某个主题上的内在立场,以及一个表示对说服敏感性的阻力参数。事实上,是否相信虚假信息,主要取决于人们的主观判断。不同的知识背景也决定了不同的主观判断。因此,我们用个人知识水平作为衡量这种自发过程的因素。而且,如果被虚假信息激活的节点不愿意以发送概率 $p^{\text{send}}$ 传播消息,则用户肯定不会成为谣言传播者。除此之外,发送概率在一定程度上还包括父节点在传播过程中的影响,因此在构建模型时也应考虑用户的发送概率 $p^{\text{send}}$。

令 $\{X_t, t=0,1,2,\cdots\}$ 是一个随机过程,它具有有限个可能值。如果 $X_t=i$,则称在时刻 $t$,状态为 $i$。定义一个状态空间 $S=(\text{Sp}, \text{Oy}, \text{Re})$。在图 $G(V,E,g)$ 中,对于任何一个意见改变者 $v \in \text{OC}$(OC 代表意见改变者集),$\text{Sp}_v(t)$、$\text{Oy}_v(t)$ 和 $\text{Re}_v(t)$ 三种状态分别代表在时间步 $t$ 时,节点传播谣言、沉默和拒绝谣言。假设每次迭代过程中用户意见都会更新,并且只与前一时刻的状态有关。那么 $P\{X_{t+1}=j | X_t=i, X_{t-1}=i_{t-1}, \cdots, X_0=i_0\} = P\{X_{t+1}=j | X_t=i\}$,令 $\boldsymbol{P}$ 表示马尔可夫链转移概率矩阵,$\forall v \in \text{OC}$,

$$\boldsymbol{P}_v = \begin{bmatrix} p_v^{\text{send}} & 1-p_v^{\text{send}} & 0 \\ p_v^{\text{send}} & (1-p_v^{\text{send}})b_v & (1-p_v^{\text{send}})(1-b_v) \\ 0 & p_v^{\text{send}} & 1-p_v^{\text{send}} \end{bmatrix} \tag{7.57}$$

在图 7.30 中,给出了所提马尔可夫链状态转移过程图,它说明了意见改变者的意见转移方式。在这个过程中,传播和拒绝是两个极点,假设从一极到另一极的过渡至少应该通过中间状态。

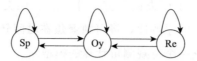

图 7.30 意见转移马尔可夫链

新兴媒体在提高信息传播效率的同时,也成为网络谣言的滋生地。信息技术的高速发展,网民好奇心不断增大,使网络谣言得以大肆传播。因此,在"互联网+"时代,对谣言传播的控制和监测当务之急。

群组化传播已成为谣言流动的一个主要模式。谣言在群组间的大肆流传,使网民情绪容易被模糊不清的谣言信息所点燃,转发度颇高的谣言也会引发泛意识形态化攻击。群组煽动容易形成传谣的氛围，网民容易被蛊惑，在事实让位于情感的情形下，断章取义的谣言陆续出现。特别是在一些突发重大事件中，如何治理网络谣言已经成为监管部门的一大考验。反映了监管组织协调、统筹规划、预案制定及执行的能力。这种能力的建设也将成为国家推进现代化治理体系的重要内容之一。治理网络谣言除了要完善相应的法律体系、建立合理的谣言治理行政机关、构建网络谣言传播监控平台外，还需要政府或者相关方面及时进行信息公开，以减少谣言滋生空间，抢占信息制高点。因此，为了提供优质的服务和准确的信息，有一个有效的策略进行信息公开、阻止或控制这些谣言的负面影响是至关重要的。

近些年，谣言控制在社交网络中已成为一个热门而富有挑战性的课题。这个课题中的影响力最大化和影响力最小化问题的目的是找到 $k$ 个种子用户，通过这些用户在网络中的传播信息，使受其影响的用户数量达到整体最大或者最小。这种问题往往是以静态网络信息传播模型为基础，只关注激活用户的数量。近些年，意见最大化作为影响力最大化问题一种新的延伸开始进入研究者的视野。意见最大化问题的目标是使网络中持某一意见的坚持程度最大化，而不是激活节点的数量。

### 7.14.3 理论分析

首先基于影响力最小化理论提出一种新的基于意见的扩展方法，称为"意见最小化"问题。它是意见最大化问题的逆问题。其次，通过马尔可夫稳态性质得到平稳分布，并从理论上证明了稳态解的存在性，从而找到三种意见的稳态解。最后，设计一种均衡意见最小化（EOM）算法来选择正面节点进行信息公开。其目标是在传播谣言的网络中，选择 $k$ 个节点发布正面信息，在两种信息竞争传播到达稳态后，支持谣言的用户的均衡负面意见的总和最小化。之所以提出"意见最小化"问题是因为在以往的影响力最小化问题中，用户接收谣言后的状态只有激活和未激活，但在实际情况下，被激活的节点也可能有积极的、中立的和消极的意见。所以在谣言控制策略方面，计算总体负面意见将发挥更重要的作用。

**意见最小化问题**

我们的目标是尽可能减少谣言在网络中对用户的影响。基于谣言传播模型，提出谣言的意见最小化问题。这里不能沿用以往影响力最小化问题的方法去最小化传播结束后激活节点的个数，而是应该选择一组正面节点，使得在它们的影响下，对谣言呈现支持意见的用户比例最小。在这个问题中，利用马尔可夫链的稳态收敛定理来分析意见的稳态分布。然后，通过构建均衡意见最小化框架，选取目标正面节点。最后，发现并精确定位目标正节点。

**稳态分析**

下面首先对意见转移马尔可夫链进行了稳态分析。根据马尔可夫链稳态收敛定理，要求马尔可夫链满足不可约和非周期的特征。此时，状态 $j$ 和稳态概率 $\pi_j$ 具有以下特征：

$$\lim_{n \to \infty} r_{ij}(n) = \pi_j, \quad \forall i,j \in S \tag{7.58}$$

**定理 7.36** 所构造的马尔可夫链是不可约的。

**证明** 定理 7.36 可以直接证明。很容易看出，在式（7.57）的概率转移矩阵 $P$ 中，$\forall i,j \in S$，$\exists n$，使得 $p_{ij}^n > 0$。也就是说，状态 $i$ 经过 $n$ 步后到达状态 $j$ 的概率大于 0，即状态 $i$ 是可以到达状态 $j$ 的。同样，从状态 $j$ 经过 $n$ 步后是可以到达状态 $i$ 的。所有状态间都是可相互到达的。因此，得证所提的马尔可夫链是不可约的。

**定理 7.37** 所构造的马尔可夫链是非周期的。

**证明** 在概率转移矩阵 $P$ 中，设 $d(i)$ 为状态 $i$ 重现的一个周期。$d(i) = \gcd\{n > 0: p(X_n = i | X_1 = i) > 0\}$，这里的 $\gcd\{\cdot\}$ 代表取集合中的最大公因子。对于 $S = (Sp, Oy, Re)$ 这三个状态，$d(Sp) = \gcd\{1,2,3,4,\cdots\}$，也就是说，在状态转移图中，状态 Sp 重现需要的步数是 1(Sp→Sp)，也可以是 2(Sp→Oy→Sp)，还可以是 3(Sp→Oy→Oy→Sp)，……由公式得到其步长的最大公因子为 1，因此状态 Sp 是非周期的。同理，$d(Oy) = \gcd\{1,2,3\}$，$d(Re) = \gcd\{1,2,3,4,\cdots\}$，它们重现的步长的最大公因子都是 1，即周期都为 1。因此，该马尔可夫链是非周期的。 □

通过上述分析可知，所构造的意见转移马尔可夫链是不可约的、非周期的。因此可以写出它的平衡方程，那么状态 $p_j$ 的平稳分布满足以下条件：

$$\pi_j = \sum_{j \in S} \pi_i P_{ij}, (i,j \in S) \tag{7.59}$$

$$\sum_{j \in S} \pi_j = 1 \tag{7.60}$$

通过求解以上两个方程可以得到各状态的稳态解。为简单起见，使用缩写 $p$ 和 $b$ 来表示转移概率矩阵 $P$ 中的 $p_v^{\text{send}}$ 和 $b_v$。

$$\begin{cases} \pi_{Sp} = \dfrac{p^2}{p - (p-1)(-p + b(p-1) + 1)} \\ \pi_{Oy} = \dfrac{-p(p-1)}{p - (p-1)(-p + b(p-1) + 1)} \\ \pi_{Re} = \dfrac{-(p-1)(-p + b(p-1) + 1)}{p - (p-1)(-p + b(p-1) + 1)} \end{cases} \tag{7.61}$$

**均衡意见最小化（EOM）**

谣言意见最小化问题可以写成一个优化问题，基于上述稳态解，可以形式化为以下公式，旨在最小化整体的均衡意见。

$$\min \xi(TS) = E\left[\vec{1}^T \sum_{u \in OC}^{N} \pi_{Sp}^u(T)\right] \tag{7.62}$$

这里 $TS$ 是所选择的正面目标节点。$\pi_{Sp}^u(T)$ 代表在时间 $T$ 后，谣言传播到达稳态时，支持并传播谣言的用户其状态 Sp 的稳态概率。$T$ 代表谣言扩散过程的时间范围。$E\left[\vec{1}^T \sum_{u \in OC}^{N} \pi_{Sp}^u(T)\right]$ 表示在扩散时间拥有 Sp 状态的节点的总体稳态概率的期望数目。

从式（7.62）也可以看出，谣言意见最小化问题与以往的影响力最小化问题完全不同。虽然这两个问题都想找到 $k$ 个目标节点来启动一个正面信息传播过程，但核心是意见和激活如何表示和构建。在所提出的谣言意见最小化问题中，意见被表示为稳态概率的加权实值。然而，影响力最小化问题是一个二进制状态（激活或未激活），目标是尽量减少受影响节点的总数。影响力最小化问题是一个 NP 难问题。下面证明在谣言动态竞争传播模型下，谣言意见最小化问题也是 NP 难的。

**定理 7.38** 在谣言动态竞争传播模型下，谣言意见最小化问题是 NP 难的。

**证明** 如果一个问题是 NP 难问题的任何泛化形式，那么这个问题也是 NP 难问题。由于影响力最小化问题已经被证明是 NP 难问题，现在只需要在谣言动态竞争传播模型下，将 NP 难影响力最小化问题的实例简化为意见最小化问题的实例即可。假设在谣言动态竞争传播模型中，图 $G(V,E,g)$ 中的所有节点具有相同的知识水平，且所有节点的传播概率均为 1，此时，这种情况就是影响力最小化问题的特例。本质上，相同的知识水平使个体同质化，因此在模型中，表示知识水平的参数不会影响传播概率。$\forall u \in V$，$p_u^{send}=1$ 意味着未激活的节点在激活后将成为传播者，即削弱了意见传递的步骤。因此，解决谣言意见最小化问题的这个实例等同于解决影响力最小化问题。因此，谣言意见最小化问题也是 NP 难的。 □

# 第 8 章 未来愿景与研究展望

社交网络的迅猛发展深刻地影响了信息传播的方式和范围,成为现代社会中不可忽视的现象。随着技术的进步和应用场景的不断拓展,社交网络信息传播研究面临着新的挑战和机遇。本章旨在探讨社交网络信息传播领域的前沿热点、理论前瞻研究以及数据集架构与采集方法,对未来的研究方向进行展望。希望通过这些分析和讨论,能够为研究者提供有价值的参考,推动社交网络信息传播研究的不断深入和创新。

## 8.1 社交网络信息传播问题前沿热点

### 8.1.1 异构社交网络信息传播模型研究

当前的信息传播模型为后续研究提供了很好的理论指导,但却简化了原本异常复杂的**现实场景**(real-world scenario)。用户还可以从电视、报纸以及网站等外部信息源获得信息,而不仅仅是社交网络中的邻居。同时,网络中会有各种不同种类的信息在传播,如竞争产品的信息,因此,在受外部影响的**异构社交网络**(heterogeneous social network)中,构建多种信息传播模型是一个重要的前进方向。异构社交网络是指由不同类型的节点(例如人、物品、地点等)和不同类型的关系(例如好友关系、关注关系、评价关系等)组成的社交网络,也指多层次的社交网络。这些网络同一层次和不同层次中的节点和边(关系)不仅在类型上存在差异,而且在功能和性质上也有所不同。在异构社交网络中,信息传播的路径和方式可能会因节点和关系的多样性而变得更加复杂。例如,一个异构社交网络可能包括用户之间的社交关系、用户与内容之间的关系(如点赞、评论)、用户与位置之间的关系(如签到、地理位置分享)等。研究异构社交网络的信息传播,通常需要考虑这些多样化的节点和关系,构建更复杂和更真实的传播模型,以准确描述和预测信息在网络中的传播动态。虚实融合网络是一类重要的异构网络,它融合了物理世界和虚拟世界的多种节点(如用户、物联网设备、虚拟角色等)和多样化的关系(如社交关系、设备交互、虚拟互动等),信息传播路径复杂多样[165]。在这种网络中,信息从物理传感器采集,经互联网传输至虚拟平台处理,再反馈回物理世界,广泛应用于智能城市、智能制造、医疗健康等领域[166]。

高度普及的社交媒体为人们提供了快速获取信息,表达观点和意见的开放、包容的网络环境,使得信息覆盖范围更广,传播速度更快,但这也成为虚假信息传播的温床,为虚假信息传播提供了快捷通道。虚实交互网络下的信息传播是指在物理世界和虚拟世界之间的信息的交互与传递。这种网络通过结合物联网(IoT)、增强现实(AR)、虚拟现实(VR)等技术,实现了虚拟与现实环境的无缝连接。虚拟空间的社交网络通常指在线社交网络,实体空间的社交网络通常指基于位置的人际社交网络,而虚拟空间与实体空间交互下的社交网络不仅有在线社交网络、基于位置的人际社交网络的特征,还包括虚拟空间与实体空间之间的信息传导机制,即虚假信息在虚拟空间滋生、传播,进而传导至实体空间并最终产生影响。结合网络数据挖掘方法与工具,分析虚实空间交互下社交网络结构,提取虚假信息在虚实空间下的传播特征,基于渗流理论(percolation theory)构建虚实空间交互下社交网络中的信息传播数学模型可以更好地帮助我们构建多种信息传播场景下的模型范式。

渗流理论反映了网络中出现巨大节点集群的临界概率。根据渗流理论,当虚假信息在虚实空间交互的社交网络中的传播概率达到临界概率时,系统发生"相变"并开始出现渗流。现有研究已确定社交网络信息传播中存在"相变"且相变临界概率小于均匀渗流模型中的相变临界概率。如何构建信息传播过程的渗流传播模型,利用现实社交网络数据计算相变的临界条件,挖掘信息传播过程中的关键事件、节点及路径,成为未来研究要解决的重要科学问题。

在虚实交互网络中的相关工作可以分为以下两个方面。第一,利用网络数据挖掘技术获取虚假信息相关案例数据,结合虚实空间交互下社交网络数据集分析,归纳有从虚拟空间向实体空间传导可能性的虚假信息特征,提炼虚实空间交互下社交网络中虚假信息传播的级联效应。第二,在虚实空间交互下社交网络中,围绕反映虚假信息传播特征的需要,结合反映随机扩散现象的渗流理论和复杂系统中渗流过程呈现的"相变"现象,确定虚假信息传播中发生"相变"的临界条件,构建虚实空间交互下社交网络虚假信息的传播模型。

在渗流模型中,通过轮盘选择法以概率$q_j$选取网络$G$中的$\beta N$个节点,$\beta$为节点选取比例,$N$为网络$G$中的节点数。选取的节点及边构成$G$的一个子网络$G'$,进而能确定$G'$的巨大连通分支。根据渗流理论,通过以下公式确定使网络发生"相变"的阈值$\beta_c$:

$$\beta_c = \sum_{k_i,k_o} P(k_i,k_o)[1 - t_c^{m(k_i,k_o)}] \tag{8.1}$$

其中，$t_c$ 为 $\sum_{k_i,k_o} k_i k_o P(k_i,k_o)[1-t_c^{m(k_i,k_o)}]=\langle k \rangle$ 的解析解，$k_i(k_o)$ 为节点的入度（出度）邻居数量，$P(\cdot)$ 和 $m(\cdot)$ 分别为网络 $G$ 的度分布、节点的活动性，两者均与节点的入度邻居数量、出度邻居数量有关。根据渗流理论，若以概率 $q_j$ 从网络 $G$ 中激活的节点数量满足 $\beta N > \beta_c N$，则有发生"相变"的可能。因此，虚假信息在虚实空间交互网络中传播时，激活节点比例 $\beta > \beta_c$ 才有可能引发"相变"。

简单网络中的渗流表现出二阶相变，而高阶相互作用网络中的渗流可转化为动力学过程。借鉴三元渗流理论中的三元相互作用，网络中的一个节点会调节（阻碍或促进）另外两个节点间的相互作用，且调节作用随时间不断变化，使整个网络处于动态变化中，这为构建更普适的动态渗流传播模型提供了思路。

### 8.1.2 动态网络演化模型研究

社交网络是在互联网的基础上形成的，社会个体成员和社会关系通过真实数据模型模拟了一个网络体系，使信息传播变得高效快捷且广泛[167,168]。社交网络的应用领域不仅局限于人与人之间的交流，还被广泛应用于交通业、航空业、电网和金融业等领域，形成了复杂多样的新型社交网络。现实中的社交网络数据具有五个明显特征：数据规模大、类型繁多、数据变化快、时效性强以及价值性。工业界和学术界都对社交网络研究表现出十分浓厚的兴趣，因为每种社交网络都拥有海量和种类繁多的数据信息，如果能将数据挖掘技术用于社交网络，将能挖掘出具有巨大潜在价值的信息。例如，从社交网络数据中寻找信息发布源头，并预测信息未来走势；为用户结交朋友提供帮助，例如向用户推荐有共同兴趣的朋友或共同领域的伙伴；挖掘社交网络中影响力最高的用户，并分析这些用户的属性：是否为少数领域或单一领域的专家，是否具有传播信息能力，是否具有创新能力等；挖掘用户的兴趣和爱好可以为其他应用服务。因此，挖掘社交网络中的有效信息具有重要研究价值[169,170,171]。

动态网络是一种在时间上变化的网络结构，网络中的节点和边可能会随着时间变化而发生变化（例如增减）。这种随着时间灵活变化的网络结构可以用于描述复杂的真实世界模型如社交网络、交通网络等。大多数现有的网络模型都是为静态网络设计的，而真实世界的数据是动态的，例如社交网络中的用户数量会随着时间不断变化。在社区发现中，社交网络具有动态性和时效性意味着在不同时间段内，社区中不同部分的节点和边会发生相互交叉变化，部分节点和边可能被增加或删除，从而导致一些社区结构的分裂或合并等现象。例如，微博用户之间的关注或取消关注、购物网站中用户对新商品的收藏或移除收藏、网络上论文合著关系的产生或转移等都是网络动态变化的结果。

迄今为止，动态网络模型给人们带来了巨大的便利。例如，在社交网络分析中，动态网络分析可以帮助人们研究社区成员的变化以及社区结构；在疾病传播建模中，动态网络可以帮助人们预测和控制疾病传播；在金融市场中，动态网络分析可以帮助人们评估金融风险并提供投资建议。因此，如何搭建一个高效的动态网络结构，是一个有意义的课题与方向[172-176]。

### 8.1.3 虚实空间交互下虚假信息一体化治理研究

人工智能技术正以摧枯拉朽之势重塑各行各业，2023 年的大语言模型 ChatGPT、2024 年的文生视频大模型 Sora 都给人类的认知带来了巨大的冲击，这其中蕴含的应用场景和商业价值巨大。然而科技是一把双刃剑，自动生成技术为虚假信息文本和视频的制造与传播提供了便利，伴随着公众获取信息的碎片化、同质性、被动性，也为虚假信息的传播提供了温床，放大了观点上的极端化，带来对实体空间的冲击。因此，研究虚假信息在虚拟网络空间与实体空间之间的传导作用机制，掌握虚假信息的滋生、传播与相变规律，进而探寻一体化的治理策略具有重要的理论意义和应用价值。

虚实交互社交平台紧耦合的"识-溯-防"一体化多模态虚假信息治理策略可以有效地防止虚假信息的蔓延。基于深度学习和自然语言技术，构建非线性组合优化模型，揭示次模、非次模函数的优化机理，研究相应的复杂度分析方法，实现多模态形式疑似虚假信息的高效识别及精准分类，为虚假信息治理提供科学依据和成套理论技术支撑。针对社交媒体平台上疑似虚假信息的识别、快速溯源和精准干预，主要工作包括：多模态疑似虚假信息精准识别模型构建，疑似虚假信息传播路径高效溯源模型构建，虚实交互协同下的疑似虚假信息干预模型构建。

**第一，多模态疑似虚假信息精准识别模型构建。**针对当前定义不明确的情况，虚假信息可能包括有意误导、可验证为假或可能误导性的内容。针对这种无法验证真伪但具有误导性的信息，建立一个多模态疑似虚假信息精准识别模型。方法是将语音信息转换为文字信息，视频信息转换为图片信息，以便从多个视角提取疑似虚假信息的关键特征，包括文字的语义特征和图像的视觉特征，例如图像颜色、清晰度、篡改程度以及是否为漫画图像等。运用机器学习和自然语言处理技术，结合对典型虚假信息数据集的标注和训练，对这些文字和视觉特征的关键信息点进行比对。此外，采用图论分析虚假信息的传播路径，对传播过程中的评论信息进行挖掘，若社交平台中针对信息真伪性的讨论激烈且持久而未有官方证实或辟谣，则认为该信息是真实的可能性较高。因此，构建基于信息熵的虚假信息识别指标 $E_t = -(p_t \log p_t + q_t \log q_t)$，其中 $p_t(q_t)$ 为 $t$ 时刻认为信息为假（真）的用户比例, $p_t+q_t=1$。当 $p_t$ 和 $q_t$ 稳定且指标 $E_t > E_c [E_c \in (0, \log 2)$ 为阈值] 时, 则认为信息更可能是真实的; 否则, 分析社交关系, 包括粉丝数量、关注架构等因素, 以及社交平台上的传播行为, 如点赞、转发等的数量级变化趋势, 进一步提炼真伪性辨别的特征信息。综合以上多模态特征, 构建疑似虚假信息识别的二分类模型, 在研究内容所采集的虚假信息典型数据集上进行模型测试和识别性能分析。

**第二, 基于传播路径的疑似虚假信息溯源模型构建**。针对社交网络结构复杂、随时间步变化大, 以及实时社交网络图获取困难的特点, 提出一种结合反向传播和在线优化的混合方法。通过当前识别到的虚假信息节点集反向追溯, 构建概率分布下的社交网络结构并根据影响力反馈进行迭代更新, 利用概率分布下的网络结构构建动态反向可达集。将动态社交网络离散成若干层静态社交网络 $G_t=(V_t, E_t, P_t)(t=1, 2, \cdots, T)$, 目的是在动态社交网络的首层网络中找到一个含有 $k$ 个节点的估计的谣言源头节点集 $S$, 使其能合理解释所观察到的第 $T$ 层网络上的被感染节点集 $I_T$。在集合 $S$ 为假定源头的条件下, 在 $G_t (t=1, 2, \cdots, T)$ 网络上进行虚假信息传播, 用模拟传播后得到的第 $T$ 层网络感染结果 $Q_T(S)$ 与真实感染节点集合 $I_T$ 之间的不匹配节点数量期望值建立目标函数 $y(S) = E[Q_T(S) \oplus I_T]$, 构建以最小化集合对称差 $y(S)$ 为目标的溯源模型。为降低模型求解的复杂度, 在集合 $S$ 的预选策略上融合使用图的谱半径、度中心性、$k$-core 等度量指标。

**第三, 虚实空间交互下的虚假信息干预模型构建**。给定如图 8.1 所示的虚实交互社交网络 $G=(G^V, G^R, \Gamma)$, 以及当前被虚假信息所影响的虚拟网络中的节点集 $R^R$, $R^R$ 中的节点将持续进行虚假信息传播。$G^V$ 和 $G^R$ 分别代表虚拟网络结构和真实网络结构, $\Gamma$ 表示真实网络节点与虚拟网络中节点的对应映射关系。在 $G^V$ 和 $G^R$ 中均用 $v \in V$ 表示节点, $(u, v) \in E$ 表示节点 $u$ 和节点 $v$ 之间的边。在真实网络层有 $G^R=(V^R, E^R, P^R)$, 其中 $V^R = \{v_1^R, v_2^R, \cdots, v_{n^R}^R\}$, $E^R = \{e_1^R, e_2^R, \cdots, e_{m^R}^R\}$; 在虚拟网络层有 $G^V=(V^V, E^V, P^V)$, 其中 $V^V = \{v_1^V, v_2^V, \cdots, v_{n^V}^V\}$, $E^V = \{e_1^V, e_2^V, \cdots, e_{m^V}^V\}$。$n^V, m^V$ 分别表示虚拟网络中的节点数和边数, $n^R, m^R$ 分别表示真实网络中的节点数和边数。基于给定的虚实交互社交网络模型, 挖掘多模态疑似虚假信息传播过程中的渗流相变现象中临界条件下的关键节点和关键路径, 构建与信息管理策略及实体管理策略耦合的虚假信息干预方法。

一方面, 设计合理的信息管理策略。定义虚拟空间中关键节点集 $V^{V'} \subseteq V^V \setminus R^V$ 和关键路径集 $E^{V'} \subseteq E^V$, 令 $G_{(V^{V'}, E^{V'})}^V = (V^V \setminus V^{V'}, E^V \setminus E^{V'}, P^V)$ 表示将节点集 $V^{V'}$ 和边集 $E^{V'}$ 从 $G^V$ 中去掉, 在新的虚拟网络 $G_{(V^{V'}, E^{V'})}^V$ 中, 虚假信息节点集 $R^V$ 经过虚实交互空间的信息传播最终可以扩散影响到的节点数目期望值表示为 $\sigma(R^V | G_{(V^{V'}, E^{V'})}^V)$, 目标是在一定预算约束下选择 $V^{V'}$ 和 $E^{V'}$ 使得 $\sigma(R^V | G_{(V^{V'}, E^{V'})}^V)$ 达到最小。在虚拟空间中考虑如何选择辟谣信息发

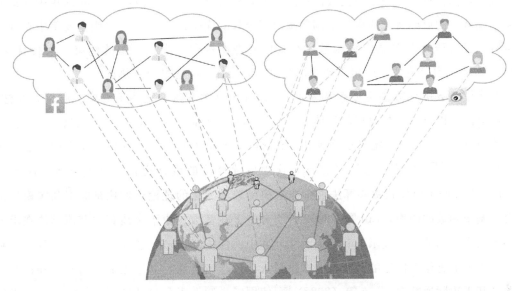

图 8.1 虚实交互社交网络

布策略中的源头集合，则需要首先给定辟谣信息在虚实交互协同网络下的传播模型 $M$，定义节点集 $S^V \subseteq V^V \setminus R^V$ 作为辟谣信息发布源，设定 $\sigma(S^V|R^V)$ 表示虚假信息和辟谣信息同时在虚实交互协同网络中传播最终虚假信息影响到的节点数目期望值，目标仍然是在一定预算约束下选择 $S^V$ 使得 $\sigma(S^V|R^V)$ 达到最小。

另一方面，设计有效的实体管理策略。根据虚拟网络中的节点集 $R^V$ 和虚实协同的网络间的相关关系 $\Gamma$，得到真实网络中被虚假信息所影响的实体集 $R^R \subseteq V^R$。对实体用户 $R^R$ 进行针对性专向虚假信息粉碎性疏导，并选取真实网络空间中 $S^R \subseteq V^R \setminus R^R$ 进行多形式、多模态、多角度的正向辟谣信息发布，实现在一定约束下选择 $S^R$ 使得虚实交互网络下虚假信息扩散影响到的节点数目期望值 $\sigma(R^V|R^R, S^R)$ 达到最小，实现虚假信息最优化干预。

基于社交网络虚实交互模型中信息传播的拓扑结构特点，结合信息管理策略及实体管理策略模型，探索虚拟空间和实体空间中虚假信息影响力最小化及辟谣疏导信息影响力最大化协同下的虚假信息干预最优化方法。

## 8.2 社交网络信息传播理论前瞻研究

### 8.2.1 基于次模比与曲率的非次模函数优化方法研究

从社交网络信息传播中提炼出的决策优化问题，特别是集函数优化问题，具有典型的非线性组合优化特征。关于集函数优化问题的研究可分为三个阶段：2000年前集中在运筹学研究领域有约束或者无约束的单调非减次模函数的优化；2010年左右则主要集中在理论计算科学领域研究非单调次模函数优化，以及带有背包约束或者拟阵约束的次模优化；2014年至今的研究主要是应用驱动的，非次模函数优化问题是研究热点。

非次模函数优化方法主要包括贪心算法、DS分解方法、三明治算法、启发式算法、自适应算法，以及基于整数格的最佳流算法等。为了度量集函数$F$的次模性以及与次模性的差距，Das等（2011）定义了次模比，Sviridenko等（2017）[177]提出了曲率的一般化定义，Kuhnle等[178]描述了边际递减率，这为后续算法的设计提供了理论基础。Bian等（2019）[179]证明了启发式贪心算法求解非次模函数最大化的理论近似比是曲率和次模比的组合。基于函数的曲率，Liu等（2022）[180]分析了在基数约束下离线算法和流算法在求解单调$\gamma$弱次模函数和超模函数和的最大化问题中的性能。Chang等（2023）[181]设计了一种在矩阵约束下近似率恒定的两阶段非次模最大化的求解算法，其中近似率与曲率和次模比相关。基于边际递减率，Liu等（2022）[182]使用二进制搜索和自适应测序技术设计了求解单调非次模函数的自适应算法。Shi和Lai（2024）[183]讨论了背包约束下非单调非次模的优化问题，基于弱单调性和弱次模性分析了贪心算法的性能。Iyer等（2012）[184]利用Lovász扩展方法证明了任何一个集函数可以表示成两个次模函数的差——DS分解方法，并提出了用模函数替代其中一个次模函数，然后不断迭代的近似算法。如何设计高效算法求解最大化DS分解是一个热门问题。Tang等（2018）[185]研究了两个次模函数差的非次模函数优化问题，提出了一种剪枝算法。Wu等（2018）[186]结合DS分解和三明治理论分析了迭代三明治方法，并给出了DS分解的通用理论分解策略。Zhang等（2020）[187]和Gao等（2020）[188]在非次模函数的具体优化问题中均应用了DS分解理论，结合曲率和次模比，分析了算法的性能。

从理论分析角度，针对现实空间信息传播所构建的组合优化模型，分析模型的计算复杂性以及目标函数的模性。例如，在虚实空间交互网络的信息传播过程中，由于层次结构复杂、多层信息交互往往会导致目标函数不具有次模性，从而产生非次模函数优化问题。我们重点分析所构建模型的理论复杂性，探索基于次模比、曲率以及多种约束条件下的非次模函数优化求解方法，以及利用虚实交互环境下典型虚假信息数据集，通过大规模计算实验对理论模型和算法效率进行评价分析。

首先，在非次模函数求解过程中，通过引入一些参数来描述非次模函数的特性，例如次模比、曲率等，根据优化问题的解析特征设计优化算法，并利用上述特性分析算法的性能。在非次模集函数中，次模比用于描述该函数与次模性的接近程度，单调函数$f$相对于

集合 $U$ 和参数 $k$ 的次模比用 $\gamma_{U,k}(f)$ 表示,

$$\gamma_{U,k}(f) = \min_{L\subseteq U, S: |S|\leqslant k, S\cap L=\varnothing} \frac{\sum_{x\in S} f(L\cup\{x\}) - f(L)}{f(L\cup S) - f(L)}$$

对于任意 $U,k$,当且仅当 $\gamma_{U,k}(f)\geqslant 1$ 时,函数 $f$ 为次模函数。曲率衡量单调递增函数的任意元素在最坏情况下的边际减少量,通常表示为

$$c = \max_{z\in X^*} \frac{f_\varnothing(z) - f_{X-z}(z)}{f_\varnothing(z)} = 1 - \min_{z\in X^*} \frac{f_{X-z}(z)}{f_\varnothing(z)}$$

其中,$X^* = \{z\in X: f_\varnothing(z) > 0\}$。当 $c=0$ 时,对于任意元素 $z$,线性集函数 $f$ 的边际增益保持不变。

其次,目前涉及的社交网络信息传播过程中的约束大多是单一的基数约束和背包约束,探讨多类型约束条件非次模优化问题的求解算法仍是一个具有挑战性的问题。因此,结合所求解问题的具体特征,对于涉及多类型约束条件非次模和次模优化问题,需要设计具有合理近似精度的通用性算法策略。现有的社交网络信息传播中约束条件主要包括:基数约束,$|S|\leqslant k$;背包约束,$c(S)\leqslant B$;拟阵约束:$S\in\mathcal{M}$;$K$ 拟阵约束:$S\in\bigcap_{j=1}^{K}\mathcal{F}_j$。不同的约束对算法的要求也有所差异,例如,对于基数约束和背包约束,贪心策略可以得到 $(1-e^{-\gamma})$ 近似估计,对于拟阵约束可以得到 $\gamma/(1+\gamma)$ 近似估计,对于 $K$ 拟阵约束可以得到 $\gamma/(K+\gamma)$ 的近似估计。

最后,在算法分析理论的基础上,利用现有的数据集或自己构建的数据集,结合反向抽样算法和分布式抽样算法,对算法性能进行分析和比较,使用并行计算提升算法执行效率。在算例选取和设计、算法参数设置、启发式或元启发式算法求解效果的比较以及算法时间复杂度和可靠性方面,对算法性能进行实验分析。在信息传播过程中,这些方法是提供具有完备性和可行性的建议和策略的有力支撑。

## 8.2.2 自适应次模性优化问题研究

在许多实际的优化问题中,人们需要自适应地做出一系列决策,并考虑过去决策结果。通常这些结果是不确定的,并且人们可能只知道它们的概率分布。在可观测的随机优化问题中寻找最优的决策策略是众所周知的棘手问题。

考虑到高速的数据传输和大量的参与者,现实社会网络中的扩散过程具有许多不确定性,于是提出了自适应性影响力最大化:在每一轮算法中,挑选一组种子,并观察它们传播信息的影响力范围,根据观察到的影响力传播为下一轮选择一组种子,目标是分配 $k$ 个种子以最大化影响力传播。可以使用自适应最大化研究这类随机优化中的顺序决策问题。

自适应最大化问题中有自适应单调和自适应次模两个重要的概念。自适应次模性推广了一般次模性的概念，已成功地用于开发各种非自适应优化问题的近似算法。直观上来说，次模性是一个收益递减的直观概念，它指出在一个小的集合中添加一个元素比在一个更大的（超级）集合中添加相同的元素更有帮助。在自适应单调性和自适应次模性的定义中，关键的挑战是找到单调性和收益递减条件的有效推广[189]。

**定义 8.1　条件边际收益**　给定一个部分实现 $\Psi$ 和一个元素 $e$，在观测到 $\Psi$ 的条件下，$e$ 的条件期望边际收益定义为 $\Delta(e|\Psi)$，

$$\Delta(e|\Psi) := E[f(\text{dom}(\Psi) \cup \{e\}, \Phi) - f(\text{dom}(\Psi), \Phi) | \Phi \sim \Psi] \quad (8.2)$$

其中期望是相对于 $P[\Phi]$ 取的。同样，决策 $\pi$ 的条件预期边际收益为

$$\Delta(\pi|\Psi) := E[f(\text{dom}(\Psi) \cup E(\pi, \Phi), \Phi) - f(\text{dom}(\Psi), \Phi) | \Phi \sim \Psi] \quad (8.3)$$

基于条件边际收益的定义，下文引出自适应单调和自适应次模的定义。

**定义 8.2　自适应单调性**　对于 $f: 2^E \times O^E \to \mathbb{R}_{\geq 0}$，如果任意项的条件边际期望值非负，即对所有 $\Psi$，$P[\Phi] > 0$，$e \in E$，都有 $\Delta(e|\Psi) \geq 0$，那么 $f$ 是关于 $P[\Phi]$ 的自适应单调函数。

**定义 8.3　自适应子模性**　对于 $f: 2^E \times O^E \to \mathbb{R}_{\geq 0}$，如果任何固定元素的条件预期边际收益没有随着元素的增加和条件观测 $\Psi$ 的增加而增加，即对于所有 $\Psi$ 和 $\Psi'$ ($\Psi \subseteq \Psi'$)，以及所有的 $e \in E$，都有 $\Delta(e|\Psi') \leq \Delta(e|\Psi)$，那么 $f$ 是关于 $P[\Phi]$ 的自适应次模函数。

从决策树的角度来看，条件 $\Delta(e|\Psi') \leq \Delta(e|\Psi)$ 相当于对于任何一个决策树 $T$，如果我们在 $T$ 中的节点 $v$ 处选择了一个元素 $e$，并将在 $v$ 处选择的 $e$ 的预期边际收益与在 $T$ 中 $v$ 的父节点处选择的 $e$ 的预期边际收益进行比较，那么后者一定不会小于前者。需要注意的是，在比较这两个预期边际收益时，之前被选中的项目集合在实现过程中的分布都是不同的。同样值得强调的是，自适应次模性是相对于现实分布 $P[\Phi]$ 而定义的；$f$ 有可能相对于一种分布是自适应次模的，但相对于另一种分布则不是。

与非自适应情况类似，自适应次模性与贪心算法的性能密切相关。然而，Golovin 和 Krause 在 2011 年发现，在具有近视反馈模型的社交网络中，影响力最大化不是自适应次模的，而且猜想贪心算法仍然具有良好的性能。这一猜想在 2019 年得到证明。

自适应性的相关研究在解决部分可观测条件下的复杂随机优化问题时发挥了关键作用，自适应次模性的概念在自适应影响力最大化的研究中起到了重要的作用，为贪心近似算法提供了理论保证。然而，仍然存在一些技术在非自适应情况下工作良好，但在自适应情况下无法工作。例如，在社交网络中的病毒营销和谣言阻断中，反向影响力抽样是一种非常成功的技术，可以为影响力最大化问题和各种优化问题设计有效的近似算法。因此，自适应和非自适应相关问题的相互转化也可以为一些研究提供有效的解决方案。

在自适应优化研究中,有两类重要的反馈模型:完全反馈模型和短视反馈模型。完全反馈模型是指激活节点 $u$ 后,反馈得到通过活跃边从节点 $u$ 可到达的所有节点 $v$ 的激活状态后再做出下一步的决策。短视反馈模型是指激活节点 $u$ 后,反馈得到所有节点 $u$ 外邻居节点状态后再做下一步的决策。完全反馈模型是指选完一轮种子节点后,等没有新的激活节点后再进行下一轮的选择;短视反馈模型是指选完一轮种子节点后,传播一步后观察影响力扩散情况,再进行下一轮的传播。

种子分配方式分为非自适应分配(即在一开始就确定其位置)还是自适应分配(也就是逐步分配种子)。不同种子分配方式之间的关联对于算法的设计发挥着至关重要的作用。Du 等[190]发现对于独立级联模型社交网络,影响力传播与种子节点的分配方式无关。更进一步,对于采用一般触发模型的社交网络,影响力传播与种子位置方式无关。因此,自适应优化的相关问题可以转化为非自适应优化问题来求解。

## 8.2.3 深度学习在社交网络中的应用

深度学习作为机器学习的一个分支,在处理复杂数据和提取特征方面表现出色。它能够从海量数据中自动学习潜在模式,并进行预测和分类。深度学习的优势使其成为社交网络分析的有力工具[191-195]。

随着计算机算力的不断提升和深度学习的迅速发展,强化学习的发展迎来了高潮。2013 年,DeepMind 首次将深度神经网络与 Q-Learning 相结合提出了深度 Q 网络算法(DeepQNetwork,DQN),开启了深度强化学习研究的新范式,通过用深度神经网络拟合 Q 表格的方式解决了 Q-Learning 中面临的"维度灾难"的问题。这项研究也让众多研究人员看到深度学习与强化学习相结合的潜力,

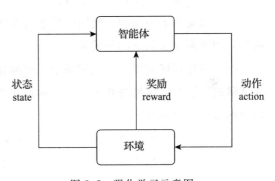

图 8.2 强化学习示意图

重新将目光聚集于强化学习的研究。从图 8.2 展示的强化学习示意图可以看出,强化学习框架中主要包含智能体和环境两部分。智能体在环境中不断探索,当其观察到自己在环境中的状态之后会利用自己已有的经验进行决策,即决策产生一个要执行的动作,在环境中执行这个动作之后状态会因为动作发生改变,同时环境也会对这个动作给予反馈,即给这个动作进行奖励(也可能是惩罚,也就是负奖励,后面将统一使用奖励来描述)。智能体的最终目的就是从环境中拿到尽可能多的奖励。从上述的描述中可以发现虽然强化学习不

存在像监督学习一样的标签，但是也需要在环境中不断地试错探索，并且利用过去在试错中所积累的经验。

现有的大多数研究根据 Q-Learning 技术将网络中的节点建模为可以自主决策的智能节点，用于揭示复杂网络中影响力传播和演化的内部机制[196,197]。DQN 算法采用深度神经网络来拟合状态价值函数，即采用神经网络替代 Q-Learning 算法中的 Q 表格，这有效解决了高维情况下 Q 表格维度大的问题。DQN 算法做了两大改进。一是固定 Q 目标。在 DQN 算法中需要在获取 Q 值之后对 Q 网络进行更新，而当它们使用同一个 Q 网络时，很容易造成训练不稳定的问题，为了解决这一问题引入 Q 目标网络，Q 目标网络的网络结构与 Q 网络完全相同，在训练过程中 Q 目标网络的参数不会被更新，而是通过一定的频率将 Q 网络的参数 $\theta$ 复制给 Q 目标网络的参数 $\theta'$ 从而固定 Q 目标，从而保证训练的稳定性。二是经验回放。引入经验池结构，将过去的经验存入经验池中，训练时随机从经验池中获取经验进行训练。

社交网络分析和深度学习在处理大规模、高维、不规则数据方面有很大的相似性。社交网络分析需要处理节点、边和属性等多种类型的数据，而深度学习则可以自动学习这些复杂的特征和模式。因此，深度学习在社交网络分析中具有很大的潜力，可以帮助解决许多复杂问题，如社交关系的预测、用户兴趣的发现、网络攻击的检测等。深度学习在社交网络分析中主要应用于以下几个方面。

（1）社交关系的预测：使用深度学习算法（如神经网络、卷积神经网络、循环神经网络等）预测两个节点之间的关系。

（2）网络社区的发现：使用基于深度神经网络的深度学习模型、深度非负矩阵分解和深度稀疏滤波等社区发现技术。深度神经网络进一步细分为卷积网络、图注意网络、生成对抗网络和自编码器。

（3）用户兴趣的发现：使用深度学习算法（如自编码器、朴素贝叶斯、支持向量机等）发现用户的兴趣特征，并建立用户兴趣的推荐系统。

（4）网络攻击的检测：使用深度学习算法（如卷积神经网络、循环神经网络、自然语言处理等）检测网络攻击，如恶意用户、恶意信息等。

（5）社交网络分析：深度学习算法帮助发现社交网络中的结构特征、行为模式等，为政策制定提供依据。

## 8.3 社交网络典型数据集架构与采集

目前已有的研究使用了两类可行的数据来源：公开数据库中大规模的可检索数据集和

基于社交网络爬虫方法形成的数据集。Figshare 公开数据集（https://figshare.com/）、加州大学欧文分校公开数据集（https://archive.ics.uci.edu/）、斯坦福大学网络数据集（http://snap.stanford.edu/data/）以及 Network Repository 数据库（https://networkrepository.com/index.php）等社交网络数据集，可为虚假信息在虚实交互网络中的传播模型与规律研究提供一定支持。利用网络爬虫技术，通过相关特殊字段构建供研究人员访问的社交网络数据库，能够进一步帮助解决信息传播研究中相关模型建立、参数确定等问题，从而为研究提供更有力的数据支撑。然而，现有的数据集和现有的社交网络数据集可能存在以下缺点。

（1）偏差。社交网络数据集可能无法完全代表整个社会群体，某些群体的数据可能被低估或忽略，导致偏差。

（2）隐私问题。社交网络数据集往往包含大量用户个人信息，需要严格保护隐私，以免泄露用户身份或敏感信息。

（3）噪声。数据中可能存在大量的冗余信息、错误信息或者由于人为因素引入的噪声，这些会影响模型的训练和预测准确性。

（4）动态性。社交网络数据集的内容和结构可能随时间变化，这种动态性使得数据的持续性和可靠性成为挑战。

（5）不完整性。部分用户可能选择保护个人信息或不完全填写资料，导致数据集中存在缺失或不完整的信息。

（6）互动复杂性。社交网络用户之间的复杂互动关系和信息传播路径可能难以完整地捕捉和分析，影响模型的建模效果。

（7）不均衡。在某些社交网络分析中，关键事件或信息的传播可能不均衡，导致在模型训练和预测中的偏好。

例如，在虚实空间交互环境下，目前已有的研究中各类虚实网络数据集体量较小、数据集中部分关键字段缺失等问题制约了相关研究的实施与发展。因此，复杂网络在复杂环境中的传播机理及规律等特征的数据集收集与数据库构建是一个亟待解决的问题。

解决该问题主要包含两个方面。第一，数据集架构的设计。基于信息传播机制，确定数据库核心要素的记录模式，形成可持续存储、检索以及更新的数据存储系统。规范数据库在物理层、逻辑层以及视图层的运行模式，以管理具有多模态、多主体、多阶段数据特点的虚实空间交互环境下虚假信息的传播数据。可以借助 MySQL 平台将结构化数据存入数据库，图 8.3 所示的数据库透视图给出了相应的字段标签。在搭建数据库时，首先需要有结构化的数据，创建数据表需要明确存储数据的标签及关系，根据数据结构设计表格。

规范数据表的结构以及每个字段的数据类型和约束,选择适合的数据存储类型,确保数据的完整性和一致性。设计数据表的主键及表间的链接关系,将数据插入数据库表格,并定期做好数据库的维护。

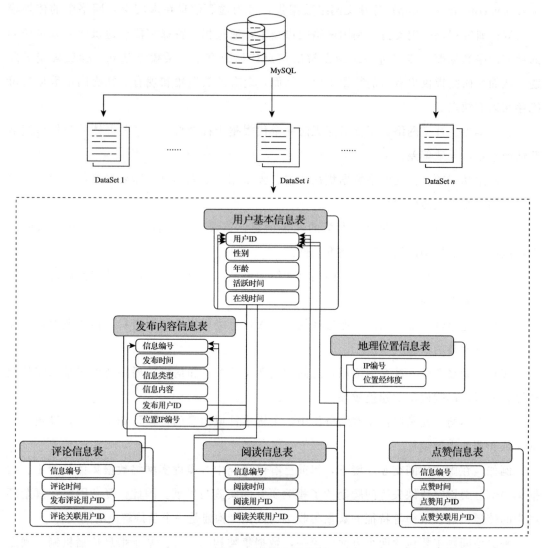

图 8.3　数据库透视图

第二,典型信息数据集的采集。对主要社交平台中的虚假信息进行爬虫,收集具有较高关注度、较大影响力的信息传播数据集,并按照数据要素对原始数据进行清洗、组织和存储,以满足多种研究背景下的数据获取需求。利用 Python,采用网络爬虫抓取技术可完整、准确地在复杂数据池中获得目标数据。可根据数据库要求,将较大规模的异构网络数据统一结构化,并规范地存储于数据库中。利用网络爬虫技术形成可记录的数据集包括以下三个阶段:网络原始数据的提取、数据的清洗与处理,以及数据入库后的维护与更新。首先,原始网络数据的提取需要明确用户社交活动所在平台的网络 API 或 HTML,使用 API 接口或基于 HTML 抓取所需数据。其次,根据数据的特征标签,如用户名、内容形式、转发对象、时间戳、用户位置等标签,对原始数据进行结构化处理。最后,数据入库后需要考虑其动态性,结合数据库特征形成可持续更新的数据集维护接口。

# 参考文献

[1] 胡长军,许文文,胡颖,等.在线社交网络信息传播研究综述[J].电子与信息学报,2017,39(04):794-804.

[2] 刘小洋.社交网络分析[M].北京:电子工业出版社,2021.

[3] GINEV D. Scientific conceptualization and ontological difference[M]. Boston: De Gruyter, 2019.

[4] 王仕勇,马逸凡.情绪共振视域下微信公众号的正能量传播:理论与实证[J].重庆工商大学学报(社会科学版),2021,38(03):102-111.

[5] DOMINGOS P, RICHARDSON M. Mining the Network Value of Customers[C]. Proceedings of the Seventh ACM SIGKDD International Conference on Knowledge Discovery and Data Mining, 2001: 57-66.

[6] KEMPE D, KLEINBERG J, TARDOS É. Maximizing the Spread of Influence Through a Social Network[C]. Proceedings of the Ninth ACM SIGKDD International Conference on Knowledge Discovery and Data Mining, 2003: 137-146.

[7] 王春佳.社交网络影响最大化问题研究综述[J].现代计算机,2020(15):95-100.

[8] JIN F, DOUGHERTY E, SARAF P, et al. Epidemiological Modeling of News and Rumors on Twitter[J]. Social Network Mining and Analysis, 2013.

[9] DIFRANZO D, GLORIA-GARCIA K. Filter Bubbles and Fake News[J]. XRDS: Crossroads, The ACM Magazine for Students, 2017, 23(3).

[10] CHEN W, WANG C, WANG Y. Scalable Influence Maximization for Prevalent Viral Marketing in Large-scale Social Networks[J]. Knowledge Discovery and Data Mining, 2010.

[11] BORGS C, BRAUTBAR M, CHAYES J, et al. Maximizing Social Influence in Nearly Optimal Time[C]. Proceedings of the Twenty-Fifth Annual ACM-SIAM Symposium on Discrete Algorithms, 2014: 946-957.

[12] SZABO G, HUBERMAN B A. Predicting the Popularity of Online Content [J]. Communications of theAcm, 2010, 53 (8): 80-88.

[13] MYERS S A, LESKOVEC J. Clash of the Contagions: Cooperation and Competition in Information Diffusion [C]. 12th IEEE International Conference on Data Mining (ICDM), 2012: 539-548.

[14] LOKHOV A Y, MÉZARD M, OHTA H, ZDEBOROVÁ L. Inferring the Origin of an Epidemic with a Dynamic Message-passing Algorithm [J]. Physical Review E, 2014, 90 (1).

[15] ZANG W Y, ZHANG P, ZHOU C, et al. Discovering Multiple Diffusion Source Nodes in Social Networks [C]. 14th Annual International Conference on Computational Science, 2014: 443-452.

[16] HUANG R H. Synthesis Lectures on Human Language Technologies [J]. Computational Linguistics, 2018, 44 (2): 375-377.

[17] GIRVAN M, NEWMAN M E. Community Structure in Social and Biological Networks [J]. Proceedings of the National Academy of Sciences, 2002, 99 (12): 7821-7826.

[18] VON LUXBURG U. A Tutorial on Spectral Clustering [J]. Statistics and Computing, 2007, 17 (4): 395-416.

[19] NG A Y, JORDAN M I, WEISS Y. On Spectral Clustering: Analysis and an Algorithm [C]. 15th Annual Conference on Neural Information Processing Systems (NIPS), 2001: 849-856.

[20] ZHANG J, CHANG Y, SHI W. Overview on Label Propagation Algorithm and Applications [J]. Application Research of Computers, 2013, 30 (1): 21-25.

[21] WANG F, ZHANG C S. Label Propagation Through Linear Neighborhoods [J]. IEEE Transactions on Knowledge and Data Engineering, 2008, 20 (1): 55-67.

[22] LIU W, HE J, CHANG S F. Large Graph Construction for Scalable Semi-Supervised Learning [C]. International Conference on Machine Learning, 2010.

[23] GREENE D, DOYLE D, CUNNINGHAM P. Tracking the Evolution of Communities in Dynamic Social Networks [C]. International Conference on Advances in Social Network Analysis and Mining (ASONAM), 2010: 176-183.

[24] 陈忆金, 曹树金, 陈少驰, 等. 网络舆情信息监测研究进展 [J]. 图书情报知识, 2011

(06): 41-49.

[25] 尹珏力, 陈会英, 王家坤. 在线社交网络中的负面舆情信息传播机制及演化博弈分析[J]. 情报科学, 2020, 38 (04): 153-162.

[26] VOSOUGHI S, ROY D, ARAL S. The Spread of True and False News Online [J]. Science, 2018, 359 (6380): 1146-1151.

[27] BALTRUNAS L, AMATRIAIN X. Towards Time-Dependant Recommendation Based on Implicit Feedback [J], 2009.

[28] OZSOY M G, POLAT F. Trust Based Recommendation Systems [C]. IEEE/ACM International Conference on Advances in Social Networks Analysis and Mining (ASONAM), 2013: 1267-1274.

[29] CHEN W, WANG Y, YANG S. Efficient Influence Maximization in Social Networks [C]. Proceedings of the 15th ACM SIGKDD International Conference on Knowledge Discovery and Data Mining, 2009: 199-208.

[30] GOMEZ-RODRIGUEZ M, SONG L, DU N, et al. Influence Estimation and Maximization in Continuous-Time Diffusion Networks [J]. Acm Transactions on Information Systems, 2016, 34 (2).

[31] NEWMAN M E J. Modularity and Community Structure in Networks [J]. Proceedings of the National Academy of Sciences, 2006, 103 (23): 8577-8582.

[32] BLONDEL V D, GUILLAUME J L, LAMBIOTTE R, LEFEBVRE E. Fast Unfolding of Communities in Large Networks [J]. Journal of Statistical Mechanics-Theory and Experiment, 2008.

[33] BEUTEL A, PRAKASH B A, ROSENFELD R, et al. Interacting Viruses in Networks: Can Both Survive? [C], Proceeding of the 18th ACM SIGKDD International Conference on KnowLedge Discovery and Data Mining, 2012.

[34] MYERS S, LESKOVEC J, ASSOC COMP M. The Bursty Dynamics of the Twitter Information Network [C]. 23rd International Conference on World Wide Web (WWW), 2014: 913-923.

[35] TANG J, QU M, WANG M Z, et al. LINE: Large-scale Information Network Embedding [C]. 24th International Conference on World Wide Web (WWW), 2015: 1067-1077.

[36] KIM Y J E A. Convolutional Neural Networks for Sentence Classification [J], 2014.

[37] LIU P, QIU X, HUANG X. Recurrent Neural Network for Text Classification with Multi-Task Learning [J], 2016.

[38] SU Y, ZHANG X, LIU L X, et al. Understanding Information Interactions in Diffusion: an Evolutionary Game-theoretic Perspective [J]. Frontiers of Computer Science, 2016, 10 (3): 518-531.

[39] WENG L, FLAMMINI A, VESPIGNANI A, et al. Competition Among Memes in a World with Limited Attention [J]. Scientific Reports, 2012.

[40] PARIMI P, ROUT R R. Genetic Algorithm Based Rumor Mitigation in Online Social Networks Through Counter-rumors: a Multi-objective Optimization [J]. Information Processing & Management, 2021, 58 (5): 102669.

[41] KHATRI I, CHOUDHRY A, RAO A, et al. Influence Maximization in Social Networks Using Discretized Harris' Hawks Optimization Algorithm [J]. Applied Soft Computing, 2023, 149: 111037.

[42] HU X, XIONG X, WU Y, et al. A Hybrid Clustered SFLA-PSO Algorithm for Optimizing the Timely and Real-time Rumor Refutations in Online Social Networks [J]. Expert Systems with Applications, 2023.

[43] NORMAN R Z. Structural Models: An Introduction to the Theory of Directed Graphs [J], 1965.

[44] FREEMAN L C. Turning a Profit from Mathematics: The Case of Social Networks [J]. Journal of Mathematical Sociology, 1984, 10 (3-4): 343-360.

[45] SEIDMAN S B, FOSTER B L. A Note on the Potential for Genuine Cross-fertilization Between Anthropology and Mathematics [J]. Social Networks, 1978, 1 (1): 65-72.

[46] ROBERTS F S. Discrete mathematical models, with applications to social, biological, and environmental problems [M]. New Jersey: Prentice-Hall, 1976.

[47] STOTHERS D, HAGE P, HARARY F. Structural Models in Anthropology (Book Review) [J]. International Social Science Review, 1986, 61 (1): 38.

[48] HARARY F. Graph Theoretic Methods in the Management Sciences [J]. Management Science, 1959, 5 (4): 387-403.

[49] HARARY F. On the Measurement of Structural Balance [J]. Behavioral Science, 1959, 4 (4): 316-323.

[50] FOSTER B L, SEIDMAN S B. Urban Structures Derived from Collections of Overlapping Subsets [J]. Urban Anthropology, 1982: 177-192.

[51] FOSTER B L, SEIDMAN S B. A Strategy for the Dissection and Analysis of Social Structures [J]. Journal of Social and Biological Structures, 1983, 6 (1): 49-64.

[52] FOSTER B L, SEIDMAN S B. Overlap Structure of Ceremonial Events in Two Thai Villages [J]. Thai Journal of Development Administration, 1984, 24 (1): 143-157.

[53] ZACHARY W W. An Information Flow Model for Conflict and Fission in Small Groups [J]. Journal of Anthropological Research, 1977, 33 (4): 452-473.

[54] BARNES J A, HARARY F. Graph Theory in Network Analysis [J]. Social Networks, 1983, 5 (2): 235-244.

[55] DAVIS J A. Clustering and Structural Balance in Graphs [J]. Human Relations, 1967, 20 (2): 181-187.

[56] LEAVITT H J. Some Effects of Certain Communication Patterns on Group Performance [J]. The Journal of Abnormal and Social Psychology, 1951, 46 (1): 38.

[57] PITTS F R. A Graph Theoretic Approach to Historical Geography [J]. The Professional Geographer, 1965, 17 (5): 15-20.

[58] BAVELAS A. Communication Patterns in Task-Oriented Groups [J]. The Journal of the Acoustical Society of America, 1950, 22 (6): 725-730.

[59] FREEMAN L C. Centrality in Social Networks: Conceptual Clarification [J]. Social Network: Critical Concepts in Sociology, 2002.

[60] MACKENZIE K D. The information Theoretic Entropy Function as a Total Expected Participation Index for Communication Network Experiments [J]. Psychometrika, 1966, 31 (2): 249-254.

[61] BONACICH P. Power and Centrality: A Family of Measures [J]. American Journal of Sociology, 1987, 92 (5): 1170-1182.

[62] BOLLAND J M. Sorting Out Centrality: An Analysis of the Performance of Four Centrality Models in Real and Simulated Networks [J]. Social Networks, 1988, 10 (3): 233-253.

[63] GÓMEZ D, FIGUEIRA J R, EUSÉBIO A. Modeling Centrality Measures in Social Network Analysis Using Bi-criteria Network Flow Optimization Problems [J]. European Journal of Operational Research, 2013, 226 (2): 354-365.

[64] MONTANGERO M, FURINI M. Trank: Ranking Twitter Users According to Specific Topics [C]. 2015 12th Annual IEEE Consumer Communications and Networking Conference (CCNC), 2015: 767-772.

[65] KATSIMPRAS G, VOGIATZIS D, PALIOURAS G. Determining Influential Users with Supervised Random Walks [C]. Proceedings of the 24th International Conference on World Wide Web, 2015: 787-792.

[66] LI J, PENG W, LI T, et al. Social Network User Influence Sense-making and Dynamics Prediction [J]. Expert Systems with Applications, 2014, 41 (11): 5115-5124.

[67] BOUGUESSA M, ROMDHANE L B. Identifying Authorities in Online Communities [J]. ACM Transactions on Intelligent Systems and Technology (TIST), 2015, 6 (3): 1-23.

[68] DEL POZO M, MANUEL C, GONZÁLEZ-ARANGÜENA E, et al. Centrality in Directed Social Networks. A Game Theoretic Approach [J]. Social Networks, 2011, 33 (3): 191-200.

[69] IRFAN M T, ORTIZ L E. On Influence, Stable Behavior, and the Most Influential Individuals in Networks: A Game-theoretic Approach [J]. Artificial Intelligence, 2014.

[70] PAL A, COUNTS S. Identifying Topical Authorities in Microblogs [C]. Proceedings of the Fourth ACM International Conference on Web Search and Data Mining, 2011: 45-54.

[71] SRINIVASAN M, SRINIVASA S, THULASIDASAN S. Exploring Celebrity Dynamics on Twitter [C]. Proceedings of the 5th IBM Collaborative Academia Research Exchange Workshop, 2013: 1-4.

[72] ANGER I, KITTL C. Measuring Influence on Twitter [C]. Proceedings of the 11th International Conference on Knowledge Management and Knowledge Technologies, 2011: 1-4.

[73] 陈超美，陈悦，侯剑华，等. CiteSpace II：科学文献中新趋势与新动态的识别与可视化 [J]. 情报学报, 2009 (03): 401-421.

[74] 李杰. 安全科学结构及主题演进特征研究 [D]. 北京：首都经济贸易大学, 2016.

[75] BURT, RS. The social structure of competition [M]. Boston: Harvard University

Press. 1992.

[76] 罗家德. 社会网分析讲义 [M]. 北京：社会科学文献出版社，2020.

[77] 李泉林，李超然，马静宇. 超图结构下的在线社交网络中隐性影响力评估 [J]. 系统工程学报，2020，35（01）：130-144.

[78] NEWMAN M E, GIRVAN M. Finding and Evaluating Community Structure in Networks [J]. Physical Review E, 2004, 69 (2): 026113.

[79] BLONDEL V D, GUILLAUME J-L, LAMBIOTTE R, et al. Fast Unfolding of Communities in Large Networks [J]. Journal of Statistical Mechanics: Theory and Experiment, 2008, 2008 (10): P10008.

[80] ZHANG Y, XIA X, XU X, et al. Review on Label Propagation Algorithms for Community Detection [J]. Journal of Chinese Computer Systems, 2021, 42 (5): 1093-1102.

[81] SHAO J, HAN Z, YANG Q, et al. Community Detection Based on Distance Dynamics [C]. Proceedings of the 21th ACM SIGKDD International Conference on Knowledge Discovery and Data Mining, 2015: 1075-1084.

[82] SUN H, LIU J, HUANG J, et al. LinkLPA: A Link-Based Label Propagation Algorithm for Overlapping Community Detection in Networks [J]. Computational Intelligence, 2017, 33 (2): 308-331.

[83] AHN Y-Y, BAGROW J P, LEHMANN S. Link communities reveal multiscale complexity in networks [J]. Nature, 2010, 466 (7307): 761-764.

[84] COSCIA M, ROSSETTI G, GIANNOTTI F, et al. Demon: a Local-First Discovery Method for Overlapping Communities [C]. Proceedings of the 18th ACM SIGKDD International Conference on Knowledge Discovery and Data Mining, 2012: 615-623.

[85] RAGHAVAN U N, ALBERT R, KUMARA S. Near Linear Time Algorithm to Detect Community Structures in Large-Scale Networks [J]. Physical Review E—Statistical, Nonlinear, and Soft Matter Physics, 2007, 76 (3): 036106.

[86] PALLA G, DERÉNYI I, FARKAS I, et al. Uncovering the Overlapping Community Structure of Complex Networks in Nature and Society [J]. Nature, 2005, 435 (7043): 814-818.

[87] REZVANI M, LIANG W, LIU C, et al. Efficient Detection of Overlapping Communities Using Asymmetric Triangle Cuts [J]. IEEE Transactions on Knowledge and

Data Engineering, 2018, 30 (11): 2093-2105.

[88] SAHAFIZADEH E, LADANI B T. The Impact of Group Propagation on Rumor Spreading in Mobile Social Networks [J]. Physica A: Statistical Mechanics and Its Applications, 2018, 506: 412-423.

[89] RHOUMA D, ROMDHANE L B. A New Centrality Measure for Identifying Influential Nodes in Social Networks [C]. Tenth International Conference on Machine Vision (ICMV 2017), 2018: 725-732.

[90] FORTUNATO S. Community Detection in Graphs [J]. Physics reports, 2010, 486 (3-5): 75-174.

[91] JIA P, WANG C, ZHANG G, et al. A Rumor Spreading Model Based on Two Propagation Channels in Social Networks [J]. Physica A: Statistical Mechanics and Its Applications, 2019.

[92] GHOSHAL A K, DAS N, DAS S. Influence of Community Structure on Misinformation Containment in Online Social Networks [J]. Knowledge-Based Systems, 2021.

[93] NI Q, GUO J, HUANG C, et al. Community-Based Rumor Blocking Maximization in Social Networks: Algorithms and Analysis [J]. Theoretical Computer Science, 2020.

[94] ZHU J, NI P, WANG G, et al. Misinformation Influence Minimization Problem Based on Group Disbanded in Social Networks [J]. Information Sciences, 2021, 572: 1-15.

[95] 孙吉贵, 刘杰, 赵连宇. 聚类算法研究 [J]. 软件学报, 2008 (01): 48-61.

[96] 刘宇, 吴斌, 曾雪琳, 等. 一种基于社交网络社区的组推荐框架 [J]. 电子与信息学报, 2016, 38 (09): 2150-2157.

[97] TIAN G, WANG J, HE K, et al. Time-Aware Web Service Recommendations Using Implicit Feedback [C]. 2014 IEEE International Conference on Web Services, 2014: 273-280.

[98] NTOUTSI E, STEFANIDIS K, NØRVÅG K, et al. Fast Group Recommendations by Applying User Clustering [C]. International Conference on Conceptual Modeling, 2012: 126-140.

[99] SARWAR B M, KARYPIS G, KONSTAN J, et al. Recommender Systems for Large-Scale E-commerce: Scalable Neighborhood Formation Using Clustering [C]. Proceedings of the Fifth International Conference on Computer and Information Technolo-

gy, 2002: 291-324.

[100] 康颖, 古晓艳, 于博, 等. 一种面向大规模社会信息网络的多层社区发现算法 [J]. 计算机学报, 2016, 39 (01): 169-182.

[101] ZHU Q, ZHOU M, LIANG J, et al. Efficient Promotion Algorithm by Exploring Group Preference in Recommendation [C]. 2016 IEEE International Conference on Web Services (ICWS), 2016: 268-275.

[102] 王梦瑶. 基于用户画像的农产品电商个性化推荐方法研究 [D]. 合肥: 安徽农业大学, 2021.

[103] 李连英, 成可. 任务契合度、互动性与消费者购买网络直播生鲜农产品意愿——基于 SOR 理论的多群组分析 [J]. 农林经济管理学报, 2023, 22 (01): 36-46.

[104] BANERJEE A. On the Spectrum of Hypergraphs [J]. Linear Algebra and Its Applications, 2021, 614: 82-110.

[105] SUO Q, SUN S, HAJLI N, et al. User Ratings Analysis in Social Networks through a Hypernetwork Method [J]. Expert Systems with Applications, 2015, 42 (21): 7317-7325.

[106] DU M. Research on Information Dissemination Model of Social Network Services Based on Probabilistic Hyper-graph [J]. International Journal of Signal Processing, Image Processing and Pattern Recognition, 2015, 8 (6): 267-274.

[107] GANGAL V, RAVINDRAN B, NARAYANAM R. HEMI: Hyperedge Majority Influence Maximization [J]. arXiv preprint arXiv: 1606.05065, 2016.

[108] TAO H, WU Z, SHI J, et al. Overlapping Community Extraction: A Link Hypergraph Partitioning Based Method [C]. 2014 IEEE International Conference on Services Computing, 2014: 123-130.

[109] YANG W Y, WANG G J, BHUIYAN M Z A. Partitioning of Hypergraph Modeled Complex Networks Based on Information Entropy [C]. International Conference on Algorithms and Architectures for Parallel Processing, 2015: 678-690.

[110] ZHANG Z-K, LIU C. A Hypergraph Model of Social Tagging Networks [J]. Journal of Statistical Mechanics: Theory and Experiment, 2010, 2010 (10): P10005.

[111] 肖玉芝, 赵海兴. 基于超图理论的在线社会网络用户行为分析 [J]. 计算机应用与软件, 2014, 31 (07): 50-54.

[112] FANG Q, SANG J, XU C, et al. Topic-Sensitive Influencer Mining in Interest-

Based Social Media Networks Via Hypergraph Learning [J]. IEEE Transactions on Multimedia, 2014, 16 (3): 796-812.

[113] YOU Z-Q, HAN X-P, LÜ L, et al. Empirical Studies on the Network of Social Groups: the Case of Tencent QQ [J]. PLoS One, 2015, 10 (7): e0130538.

[114] JIANG Y, MI Q, ZHU L. Neurocomputational Mechanism of Real-Time Distributed Learning on Social Networks [J]. Nature Neuroscience, 2023, 26 (3): 506-516.

[115] LAZER D M J, BAUM M A, BENKLER Y, et al. The Science of Fake News [J]. Science, 2018, 359 (6380): 1094-1096.

[116] SHU K, WANG S, LEE D, et al. Disinformation, Misinformation, and Fake News in Social Media [M]. Berlin: Springer, 2020: 1-19.

[117] 邵成成. 在线社会网络中虚假信息传播的研究 [D]. 北京: 国防科技大学, 2018.

[118] KUMAR S, WEST R, LESKOVEC J. Disinformation on the Web: Impact, Characteristics, and Detection of Wikipedia Hoaxes [C]. Proceedings of the 25th international Conference on World Wide Web, 2016: 591-602.

[119] YANG J, LESKOVEC J. Patterns of Temporal Variation in Online Media [C]. Proceedings of the Fourth ACM International Conference on Web Search and Data Mining, 2011: 177-186.

[120] DELVICARIO M, BESSI A, ZOLLO F, et al. The Spreading of Misinformation Online [J]. Proceedings of the National Academy of Sciences, 2016, 113 (3): 554-559.

[121] 殷飞, 张鹏, 兰月新, 等. 基于系统动力学的突发事件网络谣言治理研究 [J]. 情报科学, 2018, 36 (4): 57-63.

[122] 王长春, 陈超. 基于复杂网络的谣言传播模型 [J]. 系统工程理论与实践, 2012, 32 (1): 203-210.

[123] GOLDENBERG J, LIBAI B, MULLER E. Talk of the Network: A Complex Systems Look at the Underlying Process of Word-of-Mouth [J]. Marketing Letters, 2001, 12 (3): 211-223.

[124] GRANOVETTER M. Threshold Models of Collective Behavior [J]. American Journal of Sociology, 1978, 83 (6): 1420-1443.

[125] GUILLE A, HACID H, FAVRE C, et al. Information Diffusion in Online Social Networks: A Survey [J]. ACM Sigmod Record, 2013, 42 (2): 17-28.

[126] ZHU J, ZHU J, GHOSH S, et al. Social Influence Maximization in Hypergraph in Social Networks [J]. IEEE Transactions on Network Science and Engineering, 2018, 6 (4): 801-811.

[127] ZHOU Q S, OLSEN T L. Inventory Rotation of Medical Supplies for Emergency Response [J]. European Journal of Operational Research, 2017, 257 (3): 810-821.

[128] VALIANT L G. The Complexity of Enumeration and Reliability Problems [J]. SIAM Journal on Computing, 1979, 8 (3): 410-421.

[129] CHEN W, YUAN Y, ZHANG L. Scalable Influence Maximization in Social Networks under the Linear Threshold Model [C]. The 10th IEEE International Conference on Data Mining, 2010: 14-17.

[130] DE SA C M, ZHANG C, OLUKOTUN K, et al. Rapidly Mixing Gibbs Sampling for a Class of Factor Graphs Using Hierarchy Width [J]. Advances in Neural Information Processing Systems, 2015: 28.

[131] FENG W, HAYES T P, YIN Y. Distributed Symmetry Breaking in Sampling (Optimal Distributed Randomly Coloring with Fewer Colors) [J]. arXiv preprint arXiv: 1802.06953, 2018.

[132] FISCHER M, GHAFFARI M. A Simple Parallel and Distributed Sampling Technique: Local Glauber Dynamics [J]. arXiv preprint arXiv: 1802.06676, 2018.

[133] FENG W, YIN Y. On Local Distributed Sampling and Counting [C]. Proceedings of the 2018 ACM Symposium on Principles of Distributed Computing, 2018.

[134] GUO H, JERRUM M, LIU J. Uniform Sampling Through the Lovász Local Lemma [J]. Journal of the ACM, 2019, 66 (3): 1-31.

[135] FENG W, VISHNOI N K, YIN Y. Dynamic sampling from graphical models [C]. Proceedings of the 51st Annual ACM SIGACT Symposium on Theory of Computing, 2019.

[136] 凤维明, 尹一通. 分布式采样理论综述 [J]. 软件学报, 2022, 33 (10): 3673-3699.

[137] FENG W, SUN Y, YIN Y. What Can be Sampled Locally? [C]. Proceedings of the ACM Symposium on Principles of Distributed Computing, 2017.

[138] 陈铁洲, 刘旭生, 孙林檀, 等. 基于图神经网络的社交网络影响力预测算法 [J]. 南京大学学报（自然科学版）, 2022, 58 (3): 386-397.

[139] GRAVES A, MOHAMED A-R, HINTON G. Speech Recognition with Deep Recur-

rent Neural Networks [C]. 2013 IEEE International Conference on Acoustics, Speech and Signal Processing, 2013.

[140] MA H. An Experimental Study on Implicit Social Recommendation [C]. Proceedings of the 36th International ACM SIGIR Conference on Research and Development in Information Retrieval, 2013.

[141] DONG Y, CHAWLA N V, SWAMI A. Metapath2vec: Scalable Representation Learning for Heterogeneous Networks [C]. The 23rd ACM SIGKDD International Conference, 2017.

[142] ANAGNOSTOPOULOS A, KUMAR R, MAHDIAN M. Influence and Correlation in Social Networks [C]. Proceedings of the 14th ACM SIGKDD International Conference on Knowledge Discovery and Data Mining, 2008.

[143] DAS A, KEMPE D. Approximate Submodularity and Its Applications: Subset Selection, Sparse Approximation and Dictionary Selection [J]. J. Mach. Learn. Res., 2018, 19 (1): 74-107.

[144] BAI W, BILMES J. Greed is Still Good: Maximizing Monotone Submodular+Supermodular (BP) Functions [C]. Proceedings of the 35th International Conference on Machine Learning, 2018: 304-313.

[145] BACH F. Learning with Submodular Functions: a Convex Optimization Perspective [J]. Foundations and Trends® in Machine Learning, 2013, 6 (2-3): 145-373.

[146] HALABI M E, JEGELKA S. Optimal Approximation for Unconstrained Non-submodular Minimization [C]. Proceedings of the 37th International Conference on Machine Learning, 2020: 371.

[147] DOMINGOS P, RICHARDSON M. Mining the Network Value of Customers [C]. KDD01: ACM SIGKDD International Conference on Knowledge Discovery and Data Mining, 2001: 57-66.

[148] NEMHAUSER G L, WOLSEY L A, FISHER M L. An Analysis of Approximations for Maximizing Submodular Set Functions—I [J]. Mathematical Programming, 1978, 14: 265-294.

[149] LU W, CHEN W, LAKSHMANAN L V. From Competition to Complementarity: Comparative Influence Diffusion and Maximization [J]. Proceedings of the VLDB Endowment, 2015, 9 (2): 60-71.

[150] ZHANG H, ZHANG H, LI X, THAI M T. Limiting the Spread of Misinformation While Effectively Raising Awareness in Social Networks [C]. Computational Social Networks: 4th International Conference, 2015: 35-47.

[151] PHAM C V, PHU Q V, HOANG H X, et al. Minimum Budget for Misinformation Blocking in Online Social Networks [J]. Journal of Combinatorial Optimization, 2019, 38 (4): 1101-1127.

[152] YAO Q, ZHOU C, XIANG L, et al. Minimizing the Negative Influence by Blocking Links in Social Networks [C]. International Standard Conference on Trustworthy Computing and Services, ISCTCS 2014, November 28, 2014 - November 29, 2014, 2015: 65-73.

[153] YAN R, LI D, WU W, et al. Minimizing Influence of Rumors by Blockers on Social Networks: Algorithms and Analysis [J]. IEEE Transactions on Network Science and Engineering, 2020, 7 (3): 1067-1078.

[154] YANG L, LI Z, GIUA A. Containment of Rumor Spread in Complex Social Networks [J]. Information Sciences, 2020, 506: 113-130.

[155] BERGER J, SCHWARTZ E. What Drives Immediate and Ongoing Word of Mouth? [J]. Journal of Marketing Research, 2011, 48 (5): 869-880.

[156] WARNER E L, BASEN-ENGQUIST K M, BADGER T A, et al. The Online Cancer Nutrition Misinformation: a Framework of Behavior Change Based on Exposure to Cancer Nutrition Misinformation [J]. Cancer, 2022, 128 (13): 2540-2548.

[157] 金立印. 网络口碑信息对消费者购买决策的影响: 一个实验研究 [J]. 经济管理, 2007 (22): 7.

[158] DE BRUYN A, LILIEN G L. A Multi-Stage Model of Word-of-Mouth Influence through Viral Marketing [J]. International Journal of Research in Marketing, 2008, 25 (3): 151-163.

[159] GOPINATH S, THOMAS J S, KRISHNAMURTHI L. Investigating the Relationship Between the Content of Online Word of Mouth, Advertising, and Brand Performance [J]. Marketing Science, 2014, 33 (2): 241-258.

[160] SWEENEY J C, SOUTAR G N, MAZZAROL T. Word of Mouth: Measuring the Power of Individual Messages [J]. European Journal of Marketing, 2012.

[161] GODES D, MAYZLIN D. Using Online Conversations to Study Word-of-Mouth

Communication [J]. Marketing Science, 2004, 23 (4): 545-560.

[162] YE Q, LAW R, GU B, et al. The Influence of User-Generated Content on Traveler Behavior: an Empirical Investigation on the Effects of E-Word-of-Mouth to Hotel Online Bookings [J]. Computers in Human Behavior, 2011, 27 (2): 634-639.

[163] HEIDERF. Attitudes and Cognitive Organization [J]. The Journal of Psychology Interdisciplinary and Applied, 1946, 21 (1): 107-112.

[164] KARP R M. Reducibility among Combinatorial Problems in Complexity of Computer Computations [C]. Proceedings of a Symposium on the Complexity of Computer Computations, 1972.

[165] WANG Z, YANG Y, PEI J, et al. Activity Maximization by Effective Information Diffusion in Social Networks [J]. IEEE Transactions on Knowledge and Data Engineering, 2017, 29 (11): 2374-2387.

[166] NI P, GUIDI B, MICHIENZI A, et al. Equilibrium of Individual Concern-Critical Influence Maximization in Virtual and Real Blending Network [J]. Information Sciences, 2023, 648: 119646.

[167] LI Q, WANG Z, WU B, et al. Competition and Cooperation: Dynamical Interplay Diffusion Between Social Topic Multiple Messages in Multiplex Networks [J]. IEEE Transactions on Computational Social Systems, 2019, 6 (3): 467-478.

[168] LI S, ZHAO S, YUAN Y, et al. Dynamic Security Risk Evaluation via Hybrid Bayesian Risk Graph in Cyber-Physical Social Systems [J]. IEEE Transactions on Computational Social Systems, 2018, 5 (4): 1133-1141.

[169] MENG Y, CHEN N, YI Y, et al. Research on the Dynamic Multisocial Networks Influence Maximization Problem Based on Common Users [J]. IEEE Access, 2021, 9: 127407-127419.

[170] QIN X, ZHONG C, YANG Q. An Influence Maximization Algorithm Based on Community-Topic Features for Dynamic Social Networks [J]. IEEE Transactions on Network Science and Engineering, 2022, 9 (2): 608-621.

[171] SUN L, ZHANG Z, WANG F, et al. Aligning Dynamic Social Networks: An Optimization Over Dynamic Graph Autoencoder [J]. IEEE Transactions on Knowledge and Data Engineering, 2023, 35 (6): 5597-5611.

[172] XIONG Z, NIYATO D, WANG P, et al. Dynamic Pricing for Revenue Maximiza-

tion in Mobile Social Data Market With Network Effects [J]. IEEE Transactions on Wireless Communications, 2020, 19 (3): 1722-1737.

[173] XU T, ZHU H, ZHONG H, et al. Exploiting the Dynamic Mutual Influence for Predicting Social Event Participation [J]. IEEE Transactions on Knowledge and Data Engineering, 2019, 31 (6): 1122-1135.

[174] YE M, LIU J, ANDERSON B D O, et al. Evolution of Social Power in Social Networks With Dynamic Topology [J]. IEEE Transactions on Automatic Control, 2018, 63 (11): 3793-3808.

[175] ZHANG X, LIU J, LI J, et al. Large-Scale Dynamic Social Network Directed Graph K-In&Out-Degree Anonymity Algorithm for Protecting Community Structure [J]. IEEE Access, 2019, 7: 108371-108383.

[176] ZHIYULI A, LIANG X, CHEN Y, et al. Modeling Large-Scale Dynamic Social Networks via Node Embeddings [J]. IEEE Transactions on Knowledge and Data Engineering, 2019, 31 (10): 1994-2007.

[177] SVIRIDENKO M, VONDRÁK J, WARD J. Optimal Approximation for Submodular and Supermodular Optimization with Bounded Curvature [J]. Mathematics of Operations Research, 2017, 42 (4): 1197-1218.

[178] KUHNLE A, SMITH J D, CRAWFORD V, et al. Fast Maximization of Non-Submodular, Monotonic Functions on the Integer Lattice [C]. International Conference on Machine Learning, 2018: 2786-2795.

[179] BIAN A A, BUHMANN J M, KRAUSE A, et al. Guarantees for Greedy Maximization of Non-submodular Functions with Applications [C], 2017: 498-507.

[180] LIU Z, JIN J, CHANG H, et al. Improved Algorithms for Non-submodular Function Maximization Problem [J]. Theoretical Computer Science, 2022, 931: 49-55.

[181] CHANG H, JIN J, LIU Z, et al. Two-Stage Non-submodular Maximization [J]. Theoretical Computer Science, 2023, 968: 114017.

[182] LIU B, SU H, GONG S-F, et al. Adaptive Algorithms on Maximizing Monotone Nonsubmodular Functions [J]. Journal of the Operations Research Society of China, 2022.

[183] SHI Y, LAI X. Approximation Algorithm of Maximizing Non-monotone Non-submodular Functions under Knapsack Constraint [J]. Theoretical Computer Science,

2024, 990: 114409.

[184] IYER R, BILMES J A. Algorithms for Approximate Minimization of the Difference Between Submodular Functions, with Applications [C]. Twenty-eighth Conference on Uncertainty in Artificial Intelligence, 2012.

[185] TANG J, TANG X, YUAN J. Towards Profit Maximization for Online Social Network Providers [C]. IEEE INFOCOM 2018-IEEE Conference on Computer Communications, 2018: 1178-1186.

[186] WU W-L, ZHANG Z, DU D-Z. Set Function Optimization [J]. Journal of the Operations Research Society of China, 2019, 7 (2): 183-193.

[187] ZHANG Y, YANG W, WU W, et al. Effector Detection Problem in Social Networks [J]. IEEE Transactions on Computational Social Systems, 2020, 7 (5): 1200-1209.

[188] GAO C, DU H, WU W, et al. Viral Marketing of Online Game by DS Decomposition in Social Networks [J]. Theoretical Computer Science, 2020, 803: 10-21.

[189] CHEN W, PENG B, SCHOENEBECK G, et al. Adaptive Greedy versus Non-adaptive Greedy for Influence Maximization [J]. Proceedings of the AAAI Conference on Artificial Intelligence, 2020, 34 (01): 590-597.

[190] DU H W, DU Y L, ZHANG Z. Adaptive Influence Maximization: Adaptability via Nonadaptability [J]. INFORMS Journal on Computing, 2024: ijoc. 2023. 0267.

[191] HE Q, FANG H, ZHANG J, et al. Dynamic Opinion Maximization in Social Networks [J]. IEEE Transactions on Knowledge and Data Engineering, 2021: 1-1.

[192] LEE S, BAIN P A, MUSA A J, et al. A Causal Network-Based Markov Decision Process Model for Intervention Planning [J]. IEEE Transactions on Automation Science and Engineering, 2024, 21 (1): 706-720.

[193] CHEN T, YAN S, GUO J, et al. ToupleGDD: A Fine-Designed Solution of Influence Maximization by Deep Reinforcement Learning [J]. IEEE Transactions on Computational Social Systems, 2024, 11 (2): 2210-2221.

[194] WANG C, WANG P, QIN T, et al. SocialSift: Target Query Discovery on Online Social Media With Deep Reinforcement Learning [J]. IEEE Transactions on Neural Networks and Learning Systems, 2023, 34 (9): 5654-5668.

[195] XIAO J, LOU Y. An Online Reinforcement Learning Approach for User-Optimal

Parking Searching Strategy Exploiting Unique Problem Property and Network Topology [J]. IEEE Transactions on Intelligent Transportation Systems, 2022, 23 (7): 8157-8169.

[196] LUO Z, JIANG C, LIU L, et al. Deep-Reinforcement-Learning-Based Production Scheduling in Industrial Internet of Things [J]. IEEE Internet of Things Journal, 2023, 10 (22): 19725-19739.

[197] BORKAR V S, REIFFERS-MASSON A. Opinion Shaping in Social Networks Using Reinforcement Learning [J]. IEEE Transactions on Control of Network Systems, 2022, 9 (3): 1305-1316.